KB109474

우리도
몰랐던

한국사
비밀37

우선 세상의 수많은 책 중에서 저희 북오션의 책을 읽어주신 독자님께 감사드립니다.
저희 책을 읽으시다가 새로운 생각이 떠오르신 분, 주제가 비슷하지만 변주하실 수 있는
분, 색다른 테마의 도서를 기획하고 계신 분은 주저없이 북오션의 문을 두드려주시기
바랍니다. 북오션은 24시간 열려 있습니다.
독자의 말에 귀를 기울이고, 저희에게 보내 주신 원고나 제안은 진지하게 검토해서 연락
드리도록 하겠습니다. bookocean@naver.com으로 보내주시기 바랍니다.

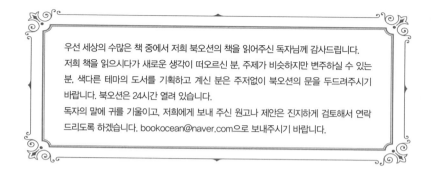

우리도 몰랐던 한국사 비밀37

초판 1쇄 인쇄 | 2019년 5월 10일
초판 1쇄 발행 | 2019년 5월 15일

지은이 | 이수광
펴낸이 | 박영욱
펴낸곳 | (주)북오션

편 집 | 이상모
마케팅 | 최석진
디자인 | 서정희 · 민영선

주 소 | 서울시 마포구 월드컵로 14길 62
이메일 | bookocean@naver.com
네이버포스트 : m.post.naver.com ('북오션' 검색)
전 화 | 편집문의: 02-325-9172   영업문의: 02-322-6709
팩 스 | 02-3143-3964

출판신고번호 | 제313-2007-000197호

ISBN 978-89-6799-473-0 (03910)

추리소설 기법으로 살펴본 기이한 한국사

우리도 몰랐던 한국사 비밀37

이수광 지음

우리도 몰랐던
한국사 비밀 32
전면개정판

북오션
콘텐츠그룹

역사에 기록되지 않은 행간

공자의 《춘추^{春秋}》는 '사^史'라고 하지 않고 '경^經'이라고 한다. 역사가 아니고 경전인 것은 공자가 노나라의 역사를 다루면서 자신의 철학과 사상을 《춘추》에 고스란히 담은 까닭이다. 그렇게 《춘추》는 오래도록 경전이었다가 좌구명, 여불위 등이 '전^傳'을 펴내며 비로소 역사가 되었다. 그러므로 《춘추》를 읽는 것은 중국 춘추시대를 관통하는 철학과 사상을 대하는 것이고 그 시대의 삶과 생활을 엿보는 것이다.

역사는 기록되었으나 기록되지 못한 행간에 많은 의혹과 미스터리를 숨기고 있다. 《삼국사기》나 《고려사》, 《조선왕조실록》에는 역

사의 수수께끼, 이해하기 어려운 의문들이 숨어 있다. 그 숨은 이야
기를 추려내《우리도 몰랐던 한국사 비밀37》을 내게 되었다.

역사란 무수히 많은 물방울이 모여 내를 이루고, 수많은 내가 모
여 이루어진 강인 것이다. 따라서 이 책에는 강과 같은 거대한 역사
의 흐름도 담겨 있지만 시냇물과 같은 민중의 이야기도 담겨 있다.
조선의 늑대소녀나 여자검객을 다룬 이야기가 그렇다.

《우리도 몰랐던 한국사 비밀37》은 역사교과서와는 다른 내용을
다루기도 한다. 원균은 간신, 이순신은 충신으로 알려졌다. 이순신
의《난중일기》에 의해 원균은 희대의 간신이 되었지만, 임진왜란의

전황을 분석해 보면 일본의 간악한 책략에 조선 조정이 이용당한 것이다. 원균은 도원수 권율에게 곤장을 맞고 일본군이 파놓은 함정인 전쟁터로 출정했다가 전사한다. 패전의 책임은 그에게 떠넘겨지고 그는 간신이 되었다. 역사의 행간을 읽어야 하는 예다.

　역사는 마음으로 읽는 것이다. 사람의 마음은 20대, 40대 그리고 60대 때 다를 수 있다. 역사도 20대에 읽을 때와 40대에 읽을 때가 다르고 60대에 읽을 때 또 달라진다. 같은 역사를 읽더라도 시간의 흐름에 따라 달리 읽힌다. 이 책은 역사의 이면을 보고 그 행간을 살피는 것을 목표로 한다. 5천 년 역사에 남은 수많은 의

문과 미스터리 중 대표적인 사건들을 재구성해 독자와 함께 읽고 나누고자 한다.

이 책은 앞서 《우리도 몰랐던 한국사 비밀 32가지》로 출간됐다. 포스코신문에 연재한 이야기를 묶어 출간했는데 뜻밖에 호응이 좋았다. 깊은 감사를 드리며 기존의 내용을 수정하고, 다섯 꼭지를 더해 《우리도 몰랐던 한국사 비밀 37》로 전면개정판을 내게 되었다. 따뜻한 봄날, 이 책이 독자에게 앎의 즐거움을 전하길 바란다.

차례

머리말

 1장 길은 달라도 민중을 사랑하는 마음은 통한다

2장　권력은 피를 부른다

3장 전란의 위기 민중의 삶은 고달팠다

4장 여성들은 힘이 세다

 궁중의 사생활, 재발견

 우리 역사에 등장하는 기인들

1장

길은 달라도
민중을 사랑하는
마음은 통한다

"임금이 하는 일은 잘못되었다고 하는 것은 무슨 까닭이냐?"

- 한글 창제의 비밀

조
선왕조를 건국한 인물은 태조 이성계였지만, 조선을 설계하고 500년 역사의 왕조가 이어지도록 초석을 다진 인물은 정도전이었다.

"한고조가 장자방을 쓴 것이 아니라, 장자방이 한고조를 쓴 것이다."

정도전이 술에 취하면 입버릇처럼 읊었다고 한다. 한고조 유방이 뛰어나서 책사인 장량을 수하에 거느린 것이 아니라 장량이 현명하여 한고조 유방을 선택했다는 말로, 이성계가 정도전을 발탁한 것이 아니라 정도전이 이성계를 발탁했다는 뜻이다.

정도전은 1398년 8월 26일 밤 태종 이방원이 왕자의 난을 일으켰을 때 살해되었다. 이 무렵 세종은 어머니 민씨의 무릎에 앉아 있었다. 정도전은 그날 어둠 속으로 들어가서 다시 밝은 빛이 있는 곳으로 나오지 못했다. 그는 조선왕조가 끝난 뒤에야 개혁가로, 정치 사상가로, 위대한 문인으로 평가받은 덕분에 무덤 속에서 나와 학자들의 집중적인 연구 대상이 되었다. 그에 대한 책과 논문이 수백 편에 이를 정도로 새롭게 조명 받은 것이다. 그가 이처럼 학자들의 연구 대상이 된 것은 그가 조선왕조의 초석을 놓았고, 그의 개혁 사상이 오늘날에도 여전히 유효하기 때문이다.

선유가 말하기를 '아침에는 정사를 처리하고, 낮에는 어진 이를 방문하고, 저녁에는 조령朝令을 만들고, 밤에는 몸을 편히 쉰다'고 했는데 이것이 인군의 부지런함을 일컫는 것입니다. 또 이르기를 '어진 이를 구하는 데는 부지런하고, 어진 이를 임명하는 데는 빨라야 한다'고 하였습니다. 그래서 신이 근정전勤政殿으로 지었습니다.

《조선왕조실록》

정도전은 조선왕조의 상징인 경복궁의 정전을 근정전이라고 이름 짓고 태조 이성계에게 아뢰었다. 근정전의 의미는 임금도 백성을 위해 열심히 일하라는 것이었다. 그러나 정도전은 왕자의 난에 의해 죽고 이방원이 태종으로 즉위했다.

정도전의 철학, 즉 '임금도 부지런히 일해야 한다'는 것을 가장 잘 실천한 임금이 세종이었다. 그는 밤늦게까지 공부하며 정사를 보았다.

과거 선조께서 《소학》의 가르침에 늘 마음을 두셨으므로 내가 9세 이전에 이 책을 다섯 번 강독하였는데, 매 차례마다 규정을 두어 100번 이상을 읽었다. 그러므로 36년이 지난 지금에 와서 구두로 점검해 봐도 처음 배우던 그때처럼 생생하기만 하다.

《조선왕조실록》

세종은 《소학》을 100번 이상 읽어 늙은 뒤에도 내용을 모두 기억한다고 술회하고 있다. 이처럼 학구적인 인물인 세종은 중국 글자인 한문에 불만이 있었다. 한문은 뜻글자이기 때문에 일일이 해석해서 읽어야 했다. 세종은 세종 2년차에 집현전을 확대·개편하고 유능한 학사들을 불러들여 학문에 전념하게 했다. 그러나 집현전 학사들은 한문을 공부했고 한문 공부를 한 선비들만이 조정에 진출했다.

'글이 너무 어렵다. 이렇게 어려운 글을 백성들이 어떻게 배우겠는가?'

세종은 늘 선비만 글자를 아는 것이 불만이었다. 백성들이 글을 모르니 나라에서 법을 선포해도 무슨 법을 선포했는지 몰랐다. 계약이나 약속도 하기 어려웠다.

"내가 새로운 글을 만들어야겠다. 어찌 생각하느냐?"

세종이 성삼문에게 물었다.

"새 글자라 하셨습니까?"

"그렇다. 우리 조선말이 한자와 다르다. 그러므로 백성들이 글을 쓰고 싶어도 못한다. 그대는 어찌 생각하는가?"

"대국의 글자이옵니다."

"나라마다 글자가 있는 것은 아니나 글자가 있는 나라가 큰 나라가 될 것이다."

"대신들이 반대할 것입니다."

"대신들이 반대한다고 못하겠는가?"

세종은 여러 날을 고민하다가 마침내 한글 창제에 들어갔다. 세종이 한글을 창제하게 된 배경을 둘러싸고 여러 가지 설이 전해진다. 이 중 한 가지로, 이규경이 쓴 《오주연문장전산고伍洲衍文長箋散稿》에 의하

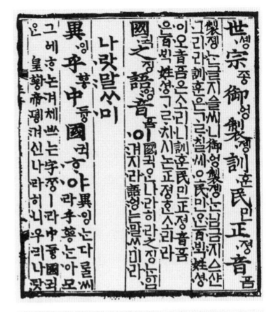

훈민정음언해

면 세종이 하루는 어전에서 측주厠籌를 배열하다가 홀연히 깨달아서 성삼문 등을 시켜 창제했다고 한다. 측주는 인도인들이 화장실에서 종이 대신 쓰는 대나무 조각으로 중국에서는 중들이 사용했다고 한다.

세종은 《훈민정음》 서문에서 한글 창제의 깊은 뜻을 밝혔다.

나랏말이 중국과 달라 한자와 서로 통하지 아니하므로, 우매한 백성들이 말하고 싶은 것이 있어도 마침내 제 뜻을 잘 표현하지 못하는 사람이 많다. 내 이를 딱하게 여기어 새로 28자를 만들었으니, 백성들로 하여금 쉬 익히어 날마다 쓰는 데 편하게

할 뿐이다.

　훈민은 백성을 가르친다는 뜻이니 세종은 자신의 통치를 백성들까지 골고루 알게 하고자 '훈민정음'을 창제 · 반포한 것이었다.

　세종은 집현전 안에 언문청을 만들어 정인지, 신숙주, 성삼문, 최항에게 언문을 창제하라는 영을 내렸다. 그러자 집현전 학자들은 언문을 창제하는 일은 옳지 않다고 일제히 반대했다. 세종은 이미 중국어에도 지대한 관심을 갖고 학자들에게 연구하게 했다.

　한글 글자의 모양은 대개 고전古篆, 중국에서 한자를 표기하는 데 쓰던 서체의 하나인 전자 篆字을 본떠서 초성初聲, 중성中聲, 종성終聲으로 나누었다.

　"명나라의 한림학사 황찬이 요동에 유배되어 있다고 한다."

　세종이 성삼문을 불러 말했다.

　"신도 들었사옵니다."

　"네가 황찬에게 가서 음운音韻을 자세히 배워 오도록 하라."

　"예."

　세종은 성삼문을 요동에 파견해 음운을 배워 오게 했다. 집현전 학자들과 대신들의 반대에도 세종의 한글 창제는 계속되었다. 세종은 성삼문을 요동에 13차례나 보내면서 《운서韻書, 일종의 발음 사전》에 대해 알아 오게 했다. 처음에 반대하던 집현전 학자들은 세종이 한글을 창제한다 하더라도 그것을 실제로 사용하지는 않으리라 생각했지만, 결국 세종의 명을 받들어 한글 창제에 모든 정성을 기울였다. 세종 역시 한글에 모든 노력을 경주했다.

　모두가 임금의 뜻을 잘 받들어 상賞을 거듭 내려 주고 대우하는 것을 넉넉하고 후하게 하였다.

《조선왕조실록》

실록에서 볼 수 있듯 세종은 자음 사전《운서》를 번역하는 집현전 학자들에게 상을 주고 풍족하게 대우했다. 이런 각고의 노력 끝에 한글 창제가 이루어진 것이다.

세종 26년 2월 20일 집현전 부제학 최만리 등이 언문 제작이 부당하다는 상소를 올렸다.

백성의 이로움을 생각한 성군 세종의 묘

"신등이 엎드려 보옵건대 언문을 제작하신 것이 지극히 신묘하와 만물을 창조하시고 지혜를 운전하심이 천고에 뛰어나시오나, 신등의 구구한 좁은 소견으로는 오히려 의심되는 것이 있사와 감히 간곡한 정성을 펴서 삼가 뒤에 열거하오니 부디 살펴주시기 바랍니다."

최만리의 상소는 점잖게 시작되었다. 그러나 곧 이어 그는 한글을 야비하고 상스러우면서 무익한 글자라고 비난했다.

"너희들이 이르기를 '음音을 사용하고 글자를 합한 것이 모두 옛 글에 위반된다' 하였는데, 설총의 이두도 역시 음이 다르지 않느냐? 또 이두를 제작한 본뜻이 백성을 편리하게 하려 함이 아니겠느냐? 만일 그것이 백성을 편리하게 한 것이라면 지금의 언문 또한 백성을 편리하게 하려 하는 것이다. 너희들이 설총은 옳다 하면서 임금이 하는 일은 잘못되었다고 하는 것은 무슨 까닭이냐?"

세종이 불쾌한 심사를 감추지 않고 최만리를 논박했다. 세종은 한글 창제를 반대하는 최만리, 신석조, 김문, 정창손, 하위지, 부수찬 송처검 등을 의금부에 하옥했다가 이튿날 석방했으나 김문과 정창손은 파직시켰다.

한글을 창제할 무렵 세종은 건강이 악화되었다. 그는 앞에 있는 사람 얼굴이 흐릿하게 보일 정도로 시력까지 악화되었다. 그러나 고루한 대신들의 반대와 병마에 시달리면서도 그의 집념은 변하지 않았다.

우여곡절 끝에 한글이 완성되었다. 세종은 훈민정음을 반포한 뒤에 이를 실질적으로 사용할 수 있는 방안을 모색했다.

유학자들은 중국의 글자인 한문을 참글자라고 하여 진문^{眞文}이라 불렀고 훈민정음은 천민이나 부녀자들이 배우는 글이라 하여 속된 말이라는 뜻의 언문^{諺文}이라 불렀다. 관리들은 대부분 어릴 때부터 한문을 배워 과거에 급제했다. 새삼스럽게 언문을 배우려니 익숙하지 않았을 것이다.

그러나 세종은 한글을 창제한 것에 그치지 않고 이를 적극적으로 활용하게 했다.

"이과^{吏科}와 이전^{吏典}의 취재^{取才} 때에는 《훈민정음》도 아울러 시험해 뽑게 하라."

세종은 하급 관리들의 시험 과목에 《훈민정음》도 넣게 했다. 이어 〈용비어천가〉〈월인천강지곡〉을 모두 한글로 쓰게 하여 한글 사용을 권장했다.

"읽은 것이 아니라 외웠습니다."

– 정약용의 비밀

조선시대 최고의 지식인이라면 많은 이가 다산 정약용을 첫 손가락에 꼽는 데 주저하지 않을 것이다. 그는 다양한 분야에서 수백 권의 저서를 남겼는데 대부분 강진에서 유배 생활할 때 저술한 노작이었다. 분야도 다양해서 관리들의 필독서가 되는《목민심서牧民心書》, 살인 사건을 전문으로 다룬《흠흠신서欽欽新書》, 조선의 관제와 토지 제도, 부세 제도 등 모든 행정 제도의 개혁을 주장한《경세유표經世遺表》, 마진麻疹과 홍역의 치료법을 소개한 의서《마과회통麻科會通》을 비롯하여 시문집까지 그의 저서는 500권이 넘는다.

'일표이서'와《마과회통》을 통해 살필 수 있듯 그의 저서는 문학, 역사, 의학, 법학 등 다양한 분야를 망라하고 있어 그 지식 세계가 광범위하다는 것을 알 수 있다. 그의 저술은 대부분 18년 동안의 유배 기간과 해배되어 고향에 돌아왔을 때 이루어졌다.

정약용은 1762년 음력 6월 16일에 진주목사를 여임했던 정재원과 윤선도의 손녀인 해남 윤씨 사이에서 4남 1녀 중 4남으로 태어났다. 그가 태어난 경기도 양주 마현은 남한강이 한눈에 내려다보이는 수려한 곳이었다. 그의 부친은 음사陰仕로 진주목사를 지냈으나, 고조 이후 삼대가 포의布衣, 벼슬이 없는 선비로 살다가 세상을 떠났다.

정약용은 부친인 정재원에게서 기초적인 학문을 배웠다. 어릴 때부터 병약했기 때문에 나가서 뛰어노는 것보다 책을 읽는 것으로 소일했다. 천연두를 앓았는데 그 당시 신의로 불리던 몽수 이헌길에게 치료를 받고 소생했다.

정약용이 지은 《몽수전夢叟傳》의 기록에 의하면 천연두는 1775년 그가 열세 살이 되었을 때 크게 유행했다. 이헌길이 한양에 올라왔다가 잠깐 사이에 본 것이 시체를 100여 구나 지고 가는 모습이었다니 얼마나 많은 사람이 천연두로 죽었는지 알 수 있다.

정약용은 9남매를 낳는데 6남매가 천연두로 죽었다. 자신도 천연두로 고생했고 자식들도 여섯이나 천연두로 잃었기 때문에 의학에 깊은 관심을 기울였다. 훗날 홍역이 창궐하여 많은 아이가 죽자 그는 홍역 치료법을 기록한 《마과회통》을 저술하기도 했다.

정약용은 일곱 살 때 〈산〉이라는 시를 짓고 열 살 이전의 어린 시절에 지은 시를 모아 《삼미자집三眉子集》이라는 책으로 엮었다.

하루는 실학 4대가로 불리는 이서구가 영평에서 대궐로 돌아오다가 한 소년을 만났다. 소년은 당나귀에 서책을 가득 싣고 북한사北漢寺로 올라가고 있었다. 이서구는 10여 일 후에 고향으로 돌아가다가 그 소년을 다시 만났다. 소년은 당나귀 위에 서책을 가득 싣고 북한사에서 내려오고 있었다.

"너는 무엇을 하는 녀석인데 글을 읽지도 않고 이리 왔다 갔다만 하느냐?"

이서구가 의아하여 소년에게 물었다.

"책을 읽고 절에서 내려오는 중입니다."

소년이 공손하게 대답했다.

"당나귀에 실은 책이 무슨 책이냐?"

"강목綱目입니다."

소년이 망설이지 않고 대답했다. 강목이란 《자치통감강목資治通鑑綱目》을 일컫는 것으로 중국 역사를 다룬 방대한 책이다. 송나라 때 사마광이 집필한 역사서 《자치통감》을 주희가 다시 편집하고 해석한 것이다.

"강목을 어찌 열흘 만에 다 읽을 수 있다는 말이냐?"

"읽은 것이 아니라 외웠습니다."

소년의 말에 이서구가 깜짝 놀라 책을 여기저기 펼쳐 문제를 뽑아 시험해 보았다. 그러자 소년은 거짓말처럼 모두 맞혔다. 황현의 《매천야록梅泉野錄》에 있는 이야기로 그 소년이 바로 정약용이다. 읽기도 어려운 《자치통감강목》을 10여 일 사이에 외웠다는 것은 정약용이 천재적인 두뇌를 갖고 있었다 하더라도 얼마나 치열하게 공부했는지 알 수 있는 대목이다.

정약용은 성인이 되자 승지 벼슬을 지낸 홍화보의 딸 홍씨와 혼인한다. 누님의 남편인 이승훈, 큰형의 처남인 이벽과 친밀하게 지내면서 남인 학자들인 이가환과 이승훈의 영향을 받았다. 이승훈은 조선에서 최초로 천주교 세례를 받은 인물이고, 이가환은 이승훈의 외삼촌이었다. 이가환은 성호 이익의 종손으로 당시 이익의 학풍을 계승했다.

이익은 어릴 때 병약하여 열 살이 되어서야 형인 이잠에게서 글을 배우기 시작했으나 학문이 뛰어나 일가를 이루었다. 그는 고루한 성리학에서 벗어나 좀 더 진보적인 실학적 입장을 취했고, 그의 학문에 감명 받은 문인들이 몰려들었다.

정약용은 스물두 살에 진사가 되어 성균관에 들어갔고, 1789년 정조 13년 마침내 대과에 급제하여 관직에 진출했다. 이후 10여 년간 승정원의 가주서, 예문관 검열을 지내는 등 여러 청직淸職, 깨끗한 벼슬을 지냈다. 그의 마지막 벼슬은 형조참의다. 정조가 살아 있었다면 영의정까지도 할 수 있는 경륜을 지니고 있었으나 그전에 정조가 급서하는 바람에 남인 학자들과 함께 몰락의 길을 걸었다.

남양주에 소재한 정약용의 생가, 여유당

정약용은 이벽, 이승훈, 권철신 등과 집중적으로 서학에 대해 토론했다. 천주교 교리에 완전히 동의하진 않았으나, 학문적으로 접근하려 했다. 그래서 천주교를 하나의 학문이라는 뜻으로 '서학'이라고 불렀다. 정약용이 이벽을 통해 천주교 책을 본 것은 학문이 인간에게 이로움을 주어야 한다는 실학적 입장과 크게 다르지 않았다. 그는 《천주실의天主實義》만 읽은 것이 아니라 《변려문駢儷文, 4자 또는 6자로 이루어진 글》을 공부하고 표表 · 전箋 · 조詔 · 제制를 익혀 수백 권을 수집하였다.

이벽은 박아博雅, 학식이 넓고 성품이 우아함하여 명성을 떨친 인물이다. 하루는 정조가 그들의 학문을 시험했다. 이벽은 이발理發과 기발氣發에 대하여 퇴계의 학설을 주장했고, 정약용의 대답은 우연히 율곡과 일치했다.

"정모丁某가 이와 같은 경지에 이르렀으니 훗날 반드시 크게 명성을 떨칠 것이다."

정조는 이들이 답해 올린 글을 보고 정약용을 칭찬했다. 정조는 정약용을 총애하여 수원 화성을 건설하게 하는 등 중책을 맡겼다. 그러나 1800년 정조가 급서하면서 정약용에게도 어두운 그림자가 드리워졌다. 정조가 살아 있을 때는 숨을 죽이던 정순대비와 노론이 남인을 몰아내기 위해 서학을 탄압했다. 이를 신유사옥辛酉邪獄이라고 한다.

정약용은 신유사옥이 일어나자 의금부에 체포되어 혹독한 고문을 당한 뒤에 장기현으로 유배되었다가 황사영 백서사건이 터지자 다시 의금부에 압송되어 조사를 받은 뒤 강진에 유배되었다. 강진은 서해안 끝자락에 있는 오지였다.

'아아, 내가 무슨 죄가 있어서 유배형을 받아야 한다는 말인가?'

정약용은 몹시 실망했다. 그의 죄명은 천주학을 믿는다는 것이었으나 실제로는 남인의 대표적 학자인 정약용을 정계에 발붙이지 못하게 하려는 노론의 책략이었다. 정약용의 죄는 이미 정조에게 사면 받았으나, 18년 동안이나 해배되지 않았다.

'정치만 세상을 바꿀 수 있는 것이 아니다.'

정약용은 바닷바람이 차가운 산속에서 초가집을 짓고 책을 읽으며 글을 쓰기 시작했다.

신유년^{1801, 순조 1년} 봄에 대신^{大臣} 민명혁 등이 서학의 일을 발계^{發啓, 미심한 점을 다시 조사해 임금에게 보고하다}하여, 이가환·이승훈 등과 함께 하옥되었다. 얼마 뒤에 두 형 약전과 약종도 용^鏞과 함께 체포되어 하나는 죽고 둘은 살았다. 모든 대신들이 백방^{白放, 무죄로 판명되어 놓아줌}의 의^議를 올렸으나 오직 서용보만이 불가함을 고집하여, 용은 장기현으로 정배되고, 약전은 신지도로 정배되었다.

가을에 역적 황사영이 체포되자 악인 홍희운, 이기경 등이 갖은 계책으로 용을 죽이기를 도모하여 조정의 뜻을 얻으니, 용과 전^銓이 또 체포당하였다. 일을 안찰한 결과 황사영과 관련된 정상이 없으므로 옥사가 또 성립되지 않았다. 태비^{大妃}의 작처^{酌處, 죄의 경중을 따라 처단함}를 입어서 용은 강진현으로, 전은 흑산도로 정배되었다.

계해년^{1803, 순조 3년} 겨울에 태비가 용을 석방하도록 명하였는데, 상신 서용보가 그를 저지하였다. 경오년^{1810, 순조 10년} 가을에 아들

학연의 명원^{鳴寃}으로 방축향리를 명하였으나 당시 대계가 있음으로 인하여 금부에서 이를 시행하지 않았다. 그 뒤 9년 만인 무인년^{1818, 순조 18년} 가을에 비로소 향리로 돌아왔다. 기묘년 겨울에 조정의 논의가 다시 용을 등용하여 백성을 편안히 하려 했는데, 서용보가 또 저지하였다.

용이 적소에 있은 지 18년 동안 경전에 전심하여 《시^詩》《서^書》《예^禮》《악^樂》《역^易》《춘추^{春秋}》및 사서^{四書}의 제설^{諸說}에 대해 저술한 것이 모두 230권이니, 정밀히 연구하고 오묘하게 깨쳐서 성인의 본지^{本旨}를 많이 얻었으며, 시문^{詩文}을 엮은 것이 모두 70권이니 조정에 있을 때의 작품이 많았다. 국가의 전장^{典章} 및 목민^{牧民}·안옥^{按獄}·무비^{武備}·강역^{疆域}의 일과, 의약^{醫藥}·문자^{文字}의 분변 등을 잡찬^{雜纂}한 것이 거의 200권이니 모두 성인의 경^經에 근본하였으되 시의^{時宜}에 적합하도록 힘썼다. 이것이 없어지지 않으면, 혹 채용할 사람이 있을 것이다.

〈자찬묘지명^{自撰墓誌銘}〉

정약용 스스로 쓴 묘지명이다.

그는 불우하게 18년 동안이나 유배 생활을 했으나 북학자들과 함께 실학 사상을 실천했다. 《오학론^{伍學論}》을 써서 당대의 주요 학문인 성리학, 훈고학^{訓詁學}, 문장학^{文章學}, 과거학^{科擧學}, 술수학^{術數學}을 지적하여 그 폐단을 날카롭게 비판했다. 그의 학문적 입장은 철저하게 실학에 바탕을 둔 것이었다. 정약용이 살인 사건을 집대성한 《흠흠신서》를 집필한 것도 이런 실학적 입장을 반영한 것이다.

그는 전 생애를 통해 위기에 처한 조선의 현실을 개혁하고자 했으며, 현실 개혁의 이론적 근거를 확보하고자 학문 연구를 게을리하지 않았다.

3

"두 사람의 마음속 일은
두 사람만이 알리라."

– 조선 풍속화의 비밀

초승달이 어스름하게 떠 있는 깊은 밤, 등롱^{燈籠. 호롱불이 꺼지지 않게 직} _{사각 모양으로 상자를 만들어 창호지를 바른 등불}을 들고 통영갓을 쓴 남자는 여인 쪽으로 얼굴을 돌리고 무엇인가 은밀하게 속삭이고 있다. 여인은 쓰개치마를 둘러쓰고 고개를 살짝 숙인 채 남자의 말에 얼굴을 붉힌다. 내외해야 하고 체통을 차려야 하는 조선의 양반들이 여비^{女婢}도 종복도 대동하지 않은 것을 보면 이들의 만남이 지극히 은밀하다는 것을 알 수 있다.

남자의 도포자락이 무릎에 닿을 듯이 넓은 중치막이고 갓에 옥관자를 늘어뜨리지 않은 것을 보면 양반은 양반이되 벼슬아치가 아닌 한량일 것이다. 여인은 하얀 저고리에 소매 깃과 동정 깃이 모두 자주색이고 치마도 풍성한 연초록빛인데 잔뜩 걷어올려서 허리띠를 매어 속바지가 드러나 있다. 남녀가 가난하지 않다는 것은 두 사람이 운혜^{雲鞋. 왕실이나 양반가의 여인네들이 신던 가죽신}를 신었다는 데서 알 수 있다.

야반도주라도 하는 것인가. 여인이 치마를 걷어올린 것은 먼 길을 걸어왔거나 걸어갈 것이라는 것을 암시하고, 남자와 내밀한 사이라는 것을 짐작케 한다. 얼핏 보면 부부가 밤길을 걸어오다가 남자가 여자에게 길을 재촉하는 모습으로 보이기도 하지만 '월하정인^{月下情人}'이라는 제목과 흡사 담벼락에 써놓은 듯한 시구는 이들의 관계가 부부가 아니라 연인이라는 것을 보여준다. 이 그림은 조선의 풍속화가로 널리 알려진 신윤복의 〈월하정인〉이라는 작품이다.

<table>
<tr><td>달이 지는 깊은 밤 삼경</td><td>月下深夜三更</td></tr>
<tr><td>두 사람의 마음속 일은 두 사람만이 알리라</td><td>兩人心事兩人知</td></tr>
</table>

신윤복의 풍속화 〈월하정인〉

절묘하고 아름다운 이 시구는 조선조의 문신 김명원이 남긴 시에서 따온 것이다. '사람들이 모두 잠이 든 깊은 밤, 삼경의 달빛 아래 어디론가 가고 있는 두 정인의 마음은 두 사람만이 알 것'이라는 내용을 잘 설명하고 있다.

신윤복은 김홍도와 함께 조선 풍속화의 쌍벽을 이루는 인물이다. 한때 〈바람의 화원〉이라는 소설(2007)과 드라마(2008) 때문에 '여자가 아닌가' 하고 생각할 수도 있으나 첨절제사의 벼슬을 지냈으니 남자이다.

김홍도는 1745년[영조 21년] 생으로 단원[檀園]이라는 호로 널리 알려졌고 술을 좋아하여 취화선[醉畵仙]이라는 별명으로 불리기도 했다. 당대 문인 화가인 강세황의 천거로 도화서 화원이 되었다. 그는 강세황의 지도를 받아 화격[畵格]이 높아졌으며 불과 스물아홉 살이던 1773년에 영조의 어진을 그리기도 했다. 1781년[정조 5년]에 익선관을 쓴 정조의 어진을 그릴 때 한종유, 신한평 등과 함께 동참화사[同參畵師]로 활약했다. 신한평은 신윤복의 부친이다. 신윤복은 1758년[영조 34년] 생으로 호는 혜원[蕙園]이고 김홍도보다 열세 살 어리다. 김홍도와 신윤복은 비슷한 시기에 활약했다.

김홍도는 영조의 어진을 그려 명성을 떨쳤으나 풍속화도 많이 남겨 조선시대 서민들의 생활사를 엿보게 해주었다. 〈무동〉〈서당〉〈씨름〉〈우물가〉〈타작〉〈자리 짜기〉 등 조선시대 농민들의 모습을 사실적이면서 담백한 필치로 표현했다. 조희룡의 《호산외기[壺山外記]》에 의하면 김홍도는 외모가 수려하고 풍채가 좋았으며, 도량 또한 넓고 성격이 활달해서 신선과 같았다 한다.

"김홍도는 신필이다."

강세황은 김홍도가 금세에 다시 태어나기 어려운 천재 화가라고 칭송했다. 김홍도는 특히 매화를 좋아했다. 한번은 어떤 사람이 그에게 매화를 팔려고 했다. 김홍도가 매화를 보니 지극히 아름다워 그 값을 물었다.

김홍도의 〈타작〉

"그 매화가 얼마입니까?"

"2천 냥이오."

김홍도는 돈이 없어 매화를 살 수 없었다. 이때 어떤 사람이 김홍도에게 그림을 그려 달라고 청했다.

"그림 값은 3천 냥이오."

김홍도는 그림을 부탁하는 사람에게 말했다. 그렇게 그림 값을 받자마자 매화 주인에게 달려가 2천 냥을 주고 매화를 산 뒤에 기루에 가서 800냥을 내놓고 성대한 잔치를 열라고 말했다. 그는 벗들을 초청하여 매화를 감상하면서 술을 마셨다. 그가 쌀과 땔나무를 사라고 집에 보낸 돈은 200냥밖에 되지 않았다.

"대체 그 매화가 얼마나 대단하기에 2천 냥씩이나 주고 선뜻 샀는가?"

벗들이 김홍도에게 물었다.

"매화는 군자의 벗이네. 군자가 벗을 얻는 데 2천 냥이 많다고 생각하지 않네."

김홍도의 벗들은 모두 매화를 감상하며 즐겁게 술을 마셨다.

김홍도는 많은 풍속도와 춘화도를 남겼다. 그는 허위에 찬 양반들의 삶보다 민중들의 삶에 더 관심이 많았다. 그가 남긴 수많은 풍속화와 춘화도는 단순하게 풍속만을 묘사한 것이 아니라 당시 민중의 삶과 그의 이면까지 살피고 있다.

> 가인家人이 일찍이 말하기를 '매일 밤 베갯머리에서 말을 모는 소리가 들리고, 또 당나귀의 방울 소리가 들렸습니다. 어떤 때는 마부가 발로 차서 잠을 깨웠으나, 그 까닭을 알 수 없습니다' 하였다. 하루는 막 잠들려 할 무렵에 어렴풋하게 소리가 나는 것을 들었는데, 그 소리가 병풍에서 나오는 것을 알게 되었다. 병풍은 바로 단원 김홍도가 그린 풍속화였다. 이상하게 여겨 옮겨 놓자 아무런 소리도 나지 않았다. 그림의 신비함이 예부터 그러하였던 것이다.
>
> 《임하필기林下筆記》

조선 말엽의 학자 이유원이 《임하필기》에 남긴 글에 따르면, 김홍도의 그림은 그림 속에서 소리가 들린다고 생각할 정도로 경지에 이르렀다고 한다.

한편 신윤복의 그림에는 기방 풍경이 많이 등장한다. 〈월야밀회〉

신윤복의 〈이부탐춘〉

〈계변가화〉 〈기방무사〉 〈단오풍정〉 〈무녀신무〉 〈미인도〉 〈삼추가
연〉 〈쌍검대무〉 〈상춘야흥〉 〈연소답청〉 〈야금모행〉 〈월하정인〉 〈유
곽쟁웅〉 〈이부탐춘〉 등이다. 그의 그림 중 현재 널리 알려진
것은 〈미인도〉와 〈단오풍정〉이다. 그러나 〈이부탐춘〉을 비롯하여
절묘하게 성에 대한 은밀한 호기심을 표현하는 풍속화들도 있다.

〈이부탐춘〉에는 은밀한 여인들의 속내가 절묘하게 드러나 있다.
'이부탐춘'은 과부가 봄을 탐한다는 뜻이다. 봄을 탐한다는 것은
농밀한 사랑을 의미한다. 꽃이 흐드러지게 핀 후원, 작은 개 두 마
리가 교미하고 있고 대갓집 여자로 보이는 과부와 그녀의 몸종으로

보이는 부인네가 소나무 등걸에 앉아 얼굴을 붉히며 이 장면을 지켜보고 있다. 만물이 생동하는 봄, 원초적인 본능을 억제하지 못하는 두 여인, 그리고 짝을 찾아 난리를 피우는 참새 두 마리, 성을 표현하는 것이 금기시되었던 조선시대에 동물에 비유하여 여인들의 성에 대한 욕망을 절묘하게 표현하고 있다.

이처럼 당대 민중의 애환과 희로애락을 그리며 그들의 삶을 위로했던 김홍도와 신윤복의 풍속화는 후기 민화에도 많은 영향을 미쳤고 조선시대 사회사를 연구하는 데 귀중한 자료가 되고 있다.

"백성들이 머지않아 줄지어서 죽어갈 것입니다."

— 대동법의 비밀

조선 후기 백성의 삶에 중대한 영향을 미친 인물이 잠곡^{潛谷} 김육이다. 김육은 일생에 걸쳐 자신의 모든 역량을 동원하여 대동법을 실시하고자 했고, 죽음에 임박했을 때도 대동법의 전국 실시를 간곡하게 청했다. 그는 왜 그토록 대동법 실시를 간절히 원했을까.

대동법은 조선 시대 모든 세금을 쌀로 바꾸어 내는 것이다. 논 1결에 12두의 쌀만 세금으로 내는 것뿐이어서 농민들에게는 획기적인 제도였다. 농토가 없는 소작농이나 천민들은 세금을 내지 않아도 되었다. 대동법 실시 이전에는 세금을 현물로 거둔 탓에 부패가 만연하고 백성들의 고통이 심했다. 그러나 세금을 쌀로 통일해서 내게 하면서 조선의 세금 제도에 획기적인 변화를 가져왔고, 공인^{貢人}의 등장으로 상업이 발달하는 계기도 되었다. 평생을 바친 김육 덕분에 대동법은 전국적으로 실시되어 갑오경장 때까지 약 2백 년간 존속된다.

김육은 기묘사화가 일어났을 때 희생된 김식의 후손이다. 김식은 기묘명현의 한 사람으로 성균관 대사성을 지냈고 조광조와 함께 사림파를 이끌었다. 어머니는 조광조의 동생 조숭조의 손녀딸이다. 명문 집안에서 태어난 김육은 어릴 때는 아버지 김흥우와 퇴계 이황의 제자인 지산 조호익에게 글을 배웠다. 그는 다섯 살 때 《천자문》을 외워 신동이라는 말을 들었고, 12세 때는 〈육송처사전六松處士傳〉과 〈귀산거부歸山居賦〉를 지었다.

선조 23년에 할아버지께서 세상을 떠나시자 아버지께서 묘 아래에서 여묘살이를 하셨다. 나는 그때 나이가 11세로 아버지에게 글을 배우고 있었다. 이듬해 여름에 일찍이 〈오류선생전伍柳先生傳〉과 〈귀거래사歸去來辭〉를 읽고는 마음속으로 몹시 좋아하였다. 이에 그것을 본떠서 〈육송처사전〉과 〈귀산거부〉를 지었다.

《잠곡유고潛谷遺稿》 1권에 있는 글이다.

김육이 13세 때 임진왜란이 일어났다. 동래와 부산진에 상륙한 일본군은 파죽지세로 한양을 향해 내달렸다. 그의 일가도 피난하지 않을 수 없었다. 그는 피난을 다니면서도 소매 속에 책을 넣고 다녔다. 임진왜란은 학문에 열중하는 그를 괴롭게 했다. 그는 15세 때 아버지를 따라 우계 성혼을 만났다.

김육은 나이가 15세인데 문리가 크게 통하고 시어詩語가 맑고

위만하여 몹시 기이하고 아취가 있으니, 기동奇童이라고 할 만하다.

성혼이 김육을 칭찬했다. 그러나 그 해, 아버지 김흥우가 불과 31세의 나이로 죽었다. 김육은 상복喪服을 입고 여묘살이를 하며 매일 밤마다《사략史略》7권을 읽었다.

김육의 생활은 어려워졌다. 그의 아버지는 본래 재산이 넉넉하지 않았다. 어머니가 그를 데리고 청주에 사는 이모부 남익수의 집에 가서 의탁했지만, 그 집도 넉넉하지 않아 연안 지봉촌이라는 곳으로 이사했다.

김육은 여러 곳으로 이사를 다니면서 가난하게 살았다. 전쟁 중이었기 때문에 가난이 더욱 심했고, 그는 양반이었으나 천민처럼 허드렛일까지 해야 했다. 임진왜란은 그가 20세가 되었을 때 끝났으나, 21세가 되었을 때 어머니마저 세상을 떠났다. 그는 어머니와 아버지를 합장하고 돈이 없어서 손수 흙과 떼를 지고 날라서 봉분을 만들었다.

김육은 25세 때 혼인했다. 그가 뒤늦게 혼인한 이유는 임진왜란 때문이기도 했으나 무엇보다 가난했기 때문이다. 그는 혼인하던 해에 사마시 초시에 급제했다. 26세가 되었을 때는 3월에 사마시 회시會試에 급제하고 성균관시에서 수석을 차지했다. 그가 지은 〈각모귀부却毛龜賦〉를 세상 사람들이 다투어 외웠다.

선조 말년은 점점 피폐해졌다. 선조는 영창대군에게 보위를 물려주려고 서인들을 등용했다. 김육은 찢어질 듯 가난했으나 성균관에서 공부를 계속했다.

선조가 죽고 광해군이 즉위했다. 이때 정인홍이 유림의 존경을 받는 이언적과 이황을 공개적으로 비난했다. 정인홍은 남명 조식의 문인으로 임진왜란이 일어났을 때 의병을 일으켜 싸웠다. 광해군을 세자 시절부터 지원하여 신임이 두터웠다.

'정인홍이 감히 유림의 종사를 헐뜯을 수 있는가? 이런 자는 선비가 아니다.'

김육은 성균관 재임儒任으로 있으면서 정인홍의 유적儒籍을 삭제했다. 정인홍으로서는 치욕적인 일이었다.

"누가 이런 짓을 했는지 조사하여 엄벌에 처하라."

광해군이 크게 노해 명을 내렸다. 그러자 성균관 유생들이 일제히 권당捲堂을 하고 모두 떠나갔다. 때마침 대신 이덕형과 이항복 등이 온 힘을 다해 간곡하게 아뢰어 더 이상 문제 삼지 않게 되었다.

'임금이 이러하니 나라가 어지러울 것이다.'

김육은 광해군에게 실망하여 경기도 가평의 깊은 산골짜기인 잠곡으로 낙향했다. 그는 골짜기에 작은 집을 짓고 회정당晦靜堂이라고 이름을 지었다.

"어진 자는 산을 좋아하고 지혜로운 자는 물을 좋아한다 했으니 군자의 분명한 앎을 감히 말하고, 등용되면 행하고 버려지면 은거한다 하였으니 공자의 밝은 가르침을 따르기를 원하는도다. 비바람 속에 닭이 울 때면 북문에 나아가 걱정하면서 술에 취하였고, 하늘 속으로 기러기 날면 동쪽 언덕 향해 슬픈 노래 불렀도다."

김육은 스스로 상량문을 지었다. 그는 본래부터 재산이 있는 인물이 아니었다. 스스로 화전을 일구고 숯을 구워 팔았다. 야사에는 그가 10년 동안 잠곡에서 농사를 짓고 숯을 구워 팔았다고 기록되어 있다. 그는 언제나 새벽 같이 숯지게를 지고 홍인문^{興仁門, 동대문}에 이르렀다. 날이 밝아 병사들이 문을 열면 으레 그가 기다리고 있었다.

"거참, 부지런도 하군. 어디서 오는 길이오?"

병사는 김육이 가까이 오자 혀를 차면서 물었다. 몇 년째 새벽마다 문을 열다 보니 그가 낯익었다. 그의 숯지게가 무거워 보였다.

"잠곡에서 옵니다."

아침이지만 한여름이라 날씨가 후텁지근했다. 그는 땀을 흥건하게 흘리고 있었다.

"잠곡이 어디요?"

"가평입니다."

김육은 홍인문을 지키는 병사에게 싱긋 웃고는 빠르게 걸어갔다. 그는 문안으로 들어서자 바쁘게 걸음을 놓아 남대문 앞의 난전에 이르렀다. 난전에는 이미 많은 사람이 나와서 장사를 준비하고 있었다. 온갖 과일이며 채소, 유기와 약재 같은 물건을 파는 장사치들이 난전을 열 준비를 했다. 사내는 숯지게를 내려놓고 담벼락에 기대앉았다.

그는 시끄러운 난전에서 책을 읽기 시작했다. 그러나 그의 숯은 참나무 숯으로 질이 좋아서 한나절이 되자 모두 팔렸다. 그는 숯이 다 팔리자 서책을 읽으며 돌아갔다. 그가 잠곡에 이르렀을 때는 날이 어두웠다.

"아버지 오셨다."

김육이 초가 밖에 지게를 내려놓자 아이들이 우르르 달려 나왔다.

"아직 안 잤구나. 일찍 자지 그랬느냐?"

그는 아들을 보고 자애롭게 웃었다.

"고생하셨어요."

부인 윤 씨가 김육을 위로했다. 그녀는 남편이 숯을 구워 가족들을 부양하는 것을 보니 가슴이 아팠다. 김육은 천하를 경영할 만한 지식과 포부를 지녔으나 불운했다. 시대를 잘못 만난 탓에 불행한 삶을 살고 있었다. 그러나 그는 조금도 개의치 않았다. 그는 가족들이 둘러보는 가운데 저녁식사를 마치고 건넌방으로 갔다. 촛불을 켠 뒤에 단정하게 앉아서 책을 읽기 시작했다. 김육은 숯을 굽고 농사를 지으면서 백성들이 세금에 허덕이는 것을 보고 세금제도를 개혁해야 한다고 생각해 그에 대해 연구했다.

'대동법을 실시하면 백성들이 괴롭지 않겠구나.'

대동법은 선조 때 본격적으로 논의되었다. 류성룡과 이이 등이 주장하기도 했다. 그러나 대신들의 반대가 극심했다. 게다가 김육은 산골의 일개 나무꾼에 지나지 않았다. 김육이 잠곡에 들어와 농사를 짓기 시작한 지 10년이 되던 1623년 인조반정이 일어났다. 그의 나이 44세 때였다. 그는 산림에 숨어 있는 인재라고 하여 의금부 도사에 제수되었다. 그러나 면신벌례免新閘禮 등의 규정을 혁파하기를 청하다가 파직되었다.

김육은 한성시漢城試 초시에서 장원한 다음 해에 전시에서 장원하여 사간원 정언에 제수되었다. 이때부터 순탄하게 벼슬했다.

'요 임금은 천자의 지위에 있으면서도 쓰러져가는 움막에 살았다. 음식은 백성들과 같이 거친 쌀과 푸성귀만을 먹고, 여름에는 누더기 같은 옷을 걸치고, 겨울에는 녹피鹿皮 한 장을 입고 지냈다. 의복이 헤어져 너덜너덜해질 때까지는 결코 새 옷으로 갈아입지 않았다.'

김육은 《서경》의 〈요전堯典〉을 몇 번이나 되풀이하여 읽으면서, 요임금처럼 태평성대를 이루어야 한다고 생각했다. 그는 막연한 이상주의자가 아니었다. 그는 조광조처럼 도학정치를 실현해야 한다고 생각했으나, 실질적으로 농민들의 삶을 안정시키는 정책을 먼저 시행해야 한다고 생각했다. 그는 관직에 늦게 나갔지만 개혁을 건의하고 조금씩 실천해 나갔다. 김육이 평생을 바쳐 이룬 것은 대동법 시행이었다.

"선혜청의 대동법은 실로 백성을 구제하는 데 절실합니다. 경기와 강원도에 이미 시행하였으니 본도에 무슨 행하기 어려울 리가 있겠습니까. 신이 도내 결부結負의 수를 모두 계산해 보건대, 매결句結마다 각각 면포 1필과 쌀 2말씩 내면 진상하는 공물의 값과 본도의 잡역雜役인 전선戰船, 쇄마刷馬 및 관청에 바치는 물건이 모두 그 속에 포함되어도 오히려 남는 것이 수만입니다. 지난날 권반權盼이 감사가 되었을 때에 도내의 수령들과 더불어 이 법을 시행하려고 하다가 하지 못했습니다. 지금 만약 시행하면 백성 한 사람도 괴롭히지 않고 번거롭게 호령도 하지 않으며 면포 1필과 쌀 2말 이외에 다시 징수하는 명목도 없을 것이니, 지금 굶주린 백성을 구제하는 방법으로 이보다 좋은 것이 없습니다."

김육은 충청도 관찰사가 되자 적극적으로 대동법의 실시를 요청했다. 조정에서는 대동법의 실시와 혁파를 주장하는 사람들이 팽팽하게 맞섰다.

"백성을 넉넉하게 하는 방법이 여기에 있습니다."

김육은 대동법을 더욱 상세하게 부연하여 임금에게 아뢰었다. 그가 충청도 관찰사로 있을 때 농민들의 삶은 처절했다.

"도내의 백성들이 기아가 이미 절박한데, 봄추위가 풀리지 않아서 눈이 온 들판에 가득 쌓여 있습니다. 이에 채소조차 얻기가 쉽지 않은 탓에, 소매로 얼굴을 가리고 신발도 제대로 신지 못한 자들이 길에서 비틀거리면서 돌아다니고 있으니, 머지않아 줄지어서 죽어갈 것입니다. 보기에 몹시 참혹하고 측은합니다. 기근이 든 가운데 온역마저 몹시 성하여 도내의 각 고을을 휩쓸고 있습니다. 아산, 신창, 공주, 온양이 특히 더 심하여 병에 걸린 자들이 죽어갑니다. 대개 추위에 얼고 굶주린 백성들이 갑자기 역질에 걸리면 형세상 살아나기가 어렵습니다. 추위와 따뜻함이 교차될 때는 이 병이 반드시 더 심합니다."

김육은 충청도의 절박한 상황을 보고한 뒤에 명종 때 출간한 《구황촬요救荒撮要》를 구해 언해諺解하고, 《벽온방辟瘟方》을 구해 두 책을 합해 한 책으로 만들어 인쇄하여 각 고을에 반포했다. 이는 흉년으로 고통 받는 농민들의 굶주림과 전염병을 막으려는 것이었다.

《구황촬요》에는 굶주려서 죽어가는 사람을 살리는 방법, 굶주려 병든 사람을 치료하는 법, 느릅나무껍질로 즙을 만드는 법, 솔잎죽을 만드는 법, 느릅나무껍질로 떡을 만드는 법, 풀뿌리를 이용해 임시방편으로 기아를 해결하는 방법 등이 기록되어 있다.

김육은 수차와 수레를 개발하여 쌀 생산을 높이고, 은광을 개발하고, 점포를 설치하여 상공업을 발전시키려고 했다. 전국의 큰 촌락에서 화폐를 유통하고 전국으로 확대하여 시장경제를 활성화하려고도 했다. 그러나 병자호란으로 김육의 개혁은 이뤄질 수 없었다. 조선은 청나라에 침략당하여 남한산성에서 40일 동안 항전했으나 강화도가 함락되자 굴욕적으로 항복했다. 소현세자와 봉림대군은 볼모로 심양으로 끌려가게 되었고, 김육은 세자의 보양관이 되어 심양까지 수행하고 돌아왔다.

'우리가 청나라에 패한 것은 농민들의 삶이 안정되지 않았기 때문이다.'

많은 대신이 북벌을 주장했으나, 김육은 그보다는 농민을 안정시키는 것이 국가를 부강하게 하는 것이라고 생각했다. 그가 생각하기에 농민이 안락한 삶을 살려면 세금 제도를 바꾸어 대동법을 실시해야 했다. 그러나 인조시대는 난정亂政의 시기였다. 이괄의 난을 비롯하여 잇달아 역모사건이 발생하고 소현세자의 부인 강씨가 역모로 몰려 죽는 등 어수선했다.

인조가 죽고 효종이 즉위했다. 효종시대도 북벌로 나라가 어수선했다. 김육은 대사헌이 되었다가 청나라에 다녀온 뒤에 우의정이 되었다. 대동법 혁파 문제로 김집과 대립하다가 영중추부사로 전직되었으나 곧바로 영의정이 되었다. 김육은 대동법 시행을 강력하게 주장하여 관철시켰지만, 늙고 병들었다. 그는 영의정에서 물러났다.

"신의 병이 날로 더욱 깊어지기만 하니 실낱같은 목숨이 얼마나 버티다가 끊어질지 모르겠습니다. 아마도 다시는 전하의 얼굴을 뵙지 못할까 생각되므로 궁궐을 바라보며 비 오듯이 눈물을 흘렸습니다. 호남의 일에 대해서는 신이 이미 서필원을 추천하여 맡겼는데, 이는 신이 만일 갑자기 죽게 되면 하루아침에 돕는 자가 없어 일이 중도에서 폐지되고 말까 염려되어서입니다. 그가 사은하고 떠날 때 전하께서는 힘쓰도록 격려하여 보내시어 신이 뜻한 대로 마치도록 하소서."

김육은 죽을 때 올리는 유소遺疏에서도 호남에 대동법을 시행할 것을 권했다. 대신들이 유소를 올릴 때면 일반적으로 덕을 쌓으라거나 선정을 베풀라는 등 판에 박힌 이야기를 하는데, 김육은 실질적으로 필요한 정책을 요구하고 있어 진정한 개혁주의자라는 사실을 알 수 있다.

"경의 차자를 살펴보니 매우 놀랍고 염려가 된다. 진술한 말은 모두가 지극한 의논이었다. 깊이 생각하지 않을 수 있는가. 호남의 일에 대해서는 이미 적임자를 얻어 맡겼으니 근심하지 말라."

효종이 영을 내렸다. 얼마 지나지 않아 김육이 죽었다는 소식이 들려오자 크게 슬퍼했다.

《조선왕조실록》의 〈졸기〉에 다음과 같이 기록돼 있다.

김육은 기묘명현인 대사성 김식의 후손이다. 젊어서부터 효행이 독실하였고 장성하자 문학에 해박하여 사류들에게 존중받았다. 광해조 때는 세상에 뜻이 없어 산속에 묻혀 살며 몸소 농사짓고 글을 읽으면서 일생을 마칠 것처럼 하였다. 인조반정에 이르러 제일 먼저 천거받아 특별히 현감에 제수되고 벼슬이 영의정에 이르렀다. 사람됨이 강인하고 과단성이 있으며 품행이 단정 정확하고, 나라를 위한 정성을 천성으로 타고나 일을 당하면 할 말을 다하여 피하지 않았다. 평소에 백성을 잘 다스리는 것을 자신의 임무로 여겼는데 정승이 되자 새로 시행한 것이 많았다. 양호雨湖의 대동법은 그가 건의한 것이다. 그가 죽자 상이 탄식하기를 '어떻게 하면 국사를 담당하여 김육과 같이 확

고하여 흔들리지 않는 사람을 얻을 수 있겠는가' 하였다. 나이
는 79세였다.

그는 잠곡에서 10년 동안 농사를 지으며 조세제도가 얼마나 잘
못되었는지 알았고, 잘못된 제도를 개혁하기 위해 평생을 헌신했던
것이다. 효종은 부음이 들려오자 사흘 동안 조회를 정지하게 하고
예조좌랑 강호석을 파견하여 조문했다.

5

"백성들로 하여금
천수를 다하도록 하라."
- 문무대왕의 비밀

신라의 제30대 법민왕의 시호는 문무대왕이다. 5천 년 우리 역사에서 대왕이라는 시호가 붙는 왕은 광개토대왕, 문무대왕, 세종대왕뿐이다. 이들은 대왕이라는 시호에 걸맞은 중요한 업적을 남겼기 때문이다.

문무대왕의 아버지 김춘추는 백제를 멸망시키면서 무열왕이라는 시호를 얻었다. 법민왕의 아들은 정치를 잘해 태평성대를 이루었기 때문에 신문왕이라는 시호를 얻었다. 그런데 문무대왕은 독특하게 문文과 무武를 합친 문무라는 시호를 얻었다. 일반적으로 정치에서 업적을 남기면 문왕, 전쟁에서 업적을 남기면 무왕이라는 시호를 올렸는데, 문무대왕은 문과 무를 함께 시호로 얻은 왕인 것이다.

문무대왕은 태어났을 때 법민이라는 이름으로 불렸다. 그의 아버지는 무열왕 김춘추이고 어머니는 김유신의 동생 문희다. 김춘추가 무열왕이 되면서 문희는 문명왕후가 되었다.

김춘추가 문희와 결혼한 데는 다음과 같은 이야기가 전해진다. 김유신에게는 보희와 문희라는 두 동생이 있었다. 보희가 하루는 꿈에 서산에 올라가 오줌을 누는데 폭포처럼 쏟아져 서라벌에 가득 찼다. 보희가 깨어나서 동생인 문희에게 꿈 이야기를 했다.

　　"언니, 그 꿈 나한테 팔아라."

　　문희가 보희에게 꿈을 팔라고 졸랐다.

　　"꿈을 팔아? 꿈을 어떻게 팔아?"

　　보희가 터무니없는 일이라는 듯 웃었다.

　　"그냥 팔면 되지 왜 못 팔아? 언니야, 나한테 팔아라."

　　문희가 생글생글 웃으면서 보챘다.

　　"얼마 낼 건데?"

　　"음……. 언니가 갖고 싶어 하던 비단치마를 줄게."

　　"좋다."

　　보희가 허락하자 문희가 치마를 벌려 꿈을 받는 시늉을 했다. 보희가 그 모양을 보고 까르르 웃음을 터트렸다. 문희는 약속대로 보희에게 아끼던 비단치마를 주었다.

　　'보희의 꿈은 무슨 의미가 있는 것일까?'

　　김유신은 두 동생의 꿈 이야기를 듣고 고개를 갸우뚱했다. 막냇동생인 문희에게 엉뚱한 구석이 있기는 했지만 꿈까지 사는 것이 황당했다.

　　김춘추와 김유신은 가까웠다. 김춘추가 김유신의 집 앞에서 축국을 하면서 놀았는데 옷깃이 찢어져 떨어졌다. 김유신이 그의 옷자락을 밟았기 때문이었다.

　　"이런! 내가 큰 실수를 했습니다. 집에 들어가서 꿰맵시다."

김유신이 김춘추를 청하여 집으로 들어오게 한 뒤에 보희에게 꿰매라고 했다.

"그런 것은 하녀가 하는 일입니다. 나는 하지 않겠어요."

보희가 거절하자 김유신은 문희에게 대신 꿰매게 했다. 문희는 거절하지 않고 김춘추의 옷자락을 꿰매 주었다. 김춘추의 눈에 바느질하는 문희가 아리땁기 그지없었다. 김춘추는 문희에게 반해 정을 통하고, 처녀인 문희는 임신하게 되었다. 문희는 배가 불러 오자 하나의 계책을 세웠다. 김유신은 동생의 계책을 듣고 어이가 없었다. 그러나 달리 방도가 없었기 때문에 그녀의 뜻대로 했다.

"네가 부모의 허락도 받지 않고 임신을 했으니 죽어 마땅하다. 모월모일^{某月某日} 너를 불태워 죽일 것이다."

김유신은 서라벌에 문희를 화형에 처한다는 소문을 널리 퍼트렸다. 문희가 화형당한다는 소문이 퍼지자 김춘추는 전전긍긍했다. 선덕여왕이 남산으로 행차하는 날, 여왕이 대궐을 떠났다는 보고를 받은 김유신은 마당에 장작더미를 쌓아놓고 불을 질렀다.

"폐하, 서라벌에 연기가 나고 있습니다."

수행을 하는 대신들이 아뢰었다. 선덕여왕이 서라벌을 살피자 과연 연기가 치솟고 있었다.

"누구네 집에서 불이 난 것이냐?"

"불이 난 것이 아니라 유신 공이 누이동생을 불태워 죽이려는 것입니다."

"누이동생이 무슨 잘못을 저질러 불태워 죽이려는가?"

"유신 공의 누이동생이 결혼하지 않았는데 임신했습니다."

"그러면 결혼을 시키면 될 일이지 죽일 필요가 있는가?"

"남자는 이미 부인이 있습니다."

"누구의 소행인가?"

이때 김춘추가 옆에 있었는데 안색이 크게 변했다. 대신들은 김춘추를 살피면서 웃기만 할뿐 대답하지 않았지만 영특한 선덕여왕은 단박에 눈치챘다.

"그대의 소행이구나. 속히 가서 구하라."

선덕여왕이 영을 내렸다. 김춘추가 김유신의 집에 달려가 왕명으로 화형을 중지하게 했다. 김춘추는 선덕여왕의 영으로 문희와 혼례를 올렸다. 법민은 이렇게 하여 김춘추와 문희 사이에서 태어났다. 법민이 태어나고 자란 시절 신라는 약소국이었고, 고구려와 백제는 강성했다. 그 때문에 신라는 고구려와 백제의 침략을 자주 받았다.

서기 642년, 선덕여왕 11년 7월, 백제 의자왕이 군사를 크게 일으켜 서쪽 지방의 40여 성을 공격해 빼앗고, 8월에 다시 고구려와 동맹을 맺고 신라를 공격했다. 백제의 윤충 장군은 1만 군사를 몰아서 신라의 대야성大耶城, 경남 합천군으로 달려갔다. 대야성은 도독 품석과 죽죽이 방어하고 있었다.

양군은 대야성에서 치열하게 전투를 벌였다. 윤충은 대야성을 맹렬하게 공격했다. 신라는 대군을 동원하여 대야성을 구원할 수 없었다. 신라군이 서라벌을 비웠을 때, 백제군이 침략해 올까봐 불안했기 때문이었다.

품석은 대야성의 사지 벼슬에 있던 검일의 아내를 간음한 일이 있다.

'품석이 내 아내를 범했다. 용서할 수 없는 일이다.'

검일은 원한을 품고 있다가, 윤충이 공격해오자 비밀리에 그를 찾아갔다.

"그대는 무슨 이유로 나를 찾아왔는가?"

"대야성의 성주 품석을 죽여주시오."

"무슨 일인가? 품석은 그대들의 성주가 아닌가?"

"놈이 내 아내를 간음했소. 복수하기 위해 백제를 도울 테니 무엇을 하면 좋을지 알려주시오."

"군량창고에 불을 지르라."

윤충이 명령을 내렸다. 검일은 대야성으로 돌아와 밤이 되자 군량창고에 불을 질렀다.

"불이다!"

군사들이 이리 뛰고 저리 뛰었다. 군량창고가 불에 타자 신라군의 사기가 떨어졌다. 죽죽이 결사항전을 했으나 품석은 결국 백제군에 항복했다. 윤충은 품석과 품석의 아내 고타소를 비롯하여 많은 포로를 사로잡아 백제로 개선했다. 품석과 고타소는 백제의 감옥에서 죽었다.

고타소는 김춘추의 첫 번째 부인 보라궁주의 딸이다. 품석과 고타소가 죽었다는 소식은 즉시 김춘추에게 날아갔다. 고타소는 김춘추가 애지중지 키운 딸이었다. 그는 급보를 받고 온종일 기둥에 기대서서 눈도 깜빡이지 않은 채, 사람이나 물체가 앞을 지나가도 알아보지 못했다.

"무엇으로 위로해도 공의 아픈 가슴을 위로할 수는 없을 것이오. 이럴 때일수록 기운을 내서 적을 섬멸합시다."

김유신이 김춘추를 찾아와 위로했다.

'누님이 백제의 감옥에서 비참하게 죽었구나.'

법민은 고타소가 죽었다는 말을 듣자 가슴이 아팠다. 어머니가 다르지만 한 형제였다. 그러나 백제는 강성한 나라였고, 백제의 침략을 막으려면 힘을 길러야 했다. 법민은 학문과 무예 수련을 게을리하지 않았다. 김유신은 백제군이 쳐들어올 때마다 동분서주하면서 물리쳤다.

신라는 나라를 지키고자 군사를 양성하고 군량을 비축했다. 선덕여왕을 비롯해 김유신과 김춘추는 백제와 고구려를 방어하느라 전전긍긍했다.

그때 상대등 비담이 반란을 일으켰다. 김유신 등이 반란을 제압했으나 선덕여왕은 물러나고 진덕여왕이 즉위했다. 진덕여왕은 성골의 마지막 왕이었다.

"우리의 국력으로는 고구려와 백제의 무력을 감당할 수 없구나."

김춘추가 한숨을 내쉬었다.

"그렇다면 당나라를 움직여야 합니다."

법민이 단호하게 말했다.

"당나라의 힘을 빌려 고구려와 백제를 멸망시키자는 것입니까?"

김인문이 물었다. 인문은 법민의 동생이었다.

"도리가 없지 않느냐?"

"당나라의 지배를 받을 수도 있습니다. 그럴 수는 없습니다."

법민의 주장을 김인문이 반대했다.

"아니야. 당나라의 힘을 이용해 백제와 고구려를 멸망시킨 뒤에 그들을 몰아내면 되는 거야. 당나라를 이용하면 돼."

법민이 단호하게 말했다.

"국가의 체면은 어떻게 할 것이냐?"

김춘추가 곤혹스러운 표정으로 물었다.

"잠시 잊어야지요. 삼국일통을 하면 다시 찾을 수 있습니다."

법민이 단호하게 말했다. 신라는 법민의 제안대로 당나라를 상대로 외교전을 벌이기로 했다. 법민은 진덕여왕 4년 6월 직접 당나라에 가서 진덕여왕이 썼다는 태평송太平頌을 바치기까지 했다.

> 위대한 당나라 왕업을 열었으니
> 높고 높은 황제의 앞길 번창하여라.
> 전쟁을 끝내 천하를 평정하고,
> 학문을 닦아 백대에 이어지리라.

태평송의 일부다. 당나라 고종이 태평송을 읽었다. 당고종은 당태종 이세민의 아들이자 측천무후의 남편이다. 측천무후도 태평송을 읽고 만족해 누가 지었는지 물었다.

"여왕께서 지으셨습니다."

"여왕이 짓기는 했지만 문장을 보니 남자의 글인 것 같소."

측천무후가 옆에서 말했다. 법민은 대답할 수 없었다. 당나라의 환심을 사기 위해 실은 그가 짓고는 진덕여왕이 지었다고 한 것인데 측천무후가 눈치챈 것이다.

"그대가 지었는가?"

"망극하옵니다."

"글이 아름답다. 신라는 우리 당나라 연호를 사용하겠는가?"
"그리하겠습니다."

당고종과 측천무후는 법민에게 대부경大府卿이라는 당나라 벼슬을 제수하여 돌려보냈다. 신라는 해마다 당나라에 사신을 파견했고, 김춘추는 방문해서 아들 김인문을 인질로 맡기고 신라와 당나라가 연합하여 백제를 정벌하기로 합의했다. 이무렵 진덕여왕이 죽고 김춘추가 무열왕으로 즉위했다. 법민은 태자가 되었다.

신라는 그동안 철저하게 전쟁을 준비했다. 김유신을 중심으로 군량을 비축하고 군사를 양성했다. 상대등 비담 등이 반란을 일으키려다 실패한 뒤, 신라는 국론이 통일되어 있었다.

서기 660년이 되는 무열왕 7년 3월, 당고종이 좌무위 대장군 소정방을 신구도행군대총관으로 삼고, 김인문을 부대총관으로 삼아, 좌효위 장군 유백영 등 수륙군 13만 명을 거느리고 백제를 공격했다. 이와 동시에 신라 무열왕을 우이도행군총관으로 삼아 군사를 일으켜 백제를 공격하게 했다.

무열왕은 김유신, 진주, 천존 등과 함께 군사를 거느리고 서라벌을 출발하여, 6월 18일 남천정에 머물렀다. 소정방은 중국의 내주에서 출발했는데, 그가 이끄는 병선의 길이만 천리에 달하였고 수로를 따라 동쪽으로 내려왔다. 법민은 병선 1백 척을 거느리고 덕물도에 가서 소정방을 맞이했다.

"나는 7월 10일 백제 남쪽에 도착해, 대왕의 군사와 만나 백제의 도성을 격파하려 한다."

소정방이 말했다.

"우리 대왕께서는 당나라 대군이 오기를 학수고대하고 계십니다. 만일 대장군의 도착 소식을 들으신다면, 틀림없이 달려오실 것입니다."

법민이 말했다.

"신라가 확실하게 대군을 동원하여 백제를 공격할 것인가?"

"확실합니다. 소인이 돌아가 대군을 이끌고 오겠습니다."

소정방은 기뻐하며 법민을 신라로 돌려보냈다.

"당나라 군대의 위용은 어떠하냐?"

무열왕이 법민에게 물었다.

"사기는 높고 군세는 성대합니다."

"마침내 백제를 멸할 때가 왔다. 태자는 대장군 김유신과 함께 정병 5만을 거느리고 출정하라!"

무열왕이 명을 내렸다. 법민은 김유신과 함께 5만 군사를 이끌고 백제를 향해 달려갔다. 백제의 계백 장군이 황산벌에서 5천 결사대를 이끌고 신라군을 막아섰다.

"나 계백을 죽이지 못하면 신라군은 한 발자국도 앞으로 나아가지 못한다!"

계백은 전력을 다해 신라군을 방어했다. 신라군은 계백의 결사대와 치열한 전투를 벌여야 했다. 네 번의 처절한 혈전을 치른 끝에 신라군은 백제군을 격파하고, 백제의 도읍 사비성으로 달려갔다. 사비성은 위기에 빠졌다. 신라군과 당나라 나당연합군이 물밀 듯이 쇄도해 왔다. 백제군은 나당연합군에 변변하게 저항하지 못했다.

의자왕은 백제 호족들의 신임을 잃었기 때문에 호족들은 군사를 내어 방어하려고 하지 않았다. 7월 13일, 백제 의자왕은 좌우의 측근들을 데리고 밤을 틈타 사비성을 탈출해 웅진성으로 달아났다. 사비성은 의자왕의 아들 태자 융이 지켰다. 나당연합군은 치열하게 공격했다. 대세가 기울자 군사와 궁녀들이 뿔뿔이 흩어져 달아났다.

융은 대좌평 천복 등과 함께 나와서 항복했다. 법민이 융을 말 앞에 꿇어앉히고 얼굴에 침을 뱉으며 꾸짖었다.

"예전에 너의 아버지가 원통하게도 내 누이를 죽여 옥중에 파묻었다. 20년 동안 가슴이 아팠는데 오늘은 네 목숨이 내 손에 달렸구나!"

융은 땅 바닥에 엎드려 아무 말도 하지 못했다.

나당연합군은 웅진성으로 달려갔다. 의자왕은 더 이상 버티지 못하고 항복했다. 이로써 백제는 멸망했다.

백제가 멸망하고 나서 무열왕은 1년 만에 죽었다. 태자인 법민이 왕위에 올라 문무대왕이 되었다.

백제는 멸망했으나 백제 부흥운동은 치열했다. 백제 부흥군이 곳곳에서 신라군과 당나라군에 도전해 왔다. 문무대왕은 당나라 군대와 연합해 백제 부흥군과 5년 동안이나 싸워야 했다. 5년 만에 백제의 잔존 세력 대부분을 토벌했다.

'이제 부흥군의 토벌을 마쳤다.'

문무대왕은 666년부터 고구려 정벌에 나섰다. 나당연합군은 고구려와 치열하게 싸웠다. 고구려는 대막리지 연개소문이 죽은 뒤에 세 아들이 권력투쟁을 벌이고 있었다.

'고구려는 내분에 빠져 있다. 이때 공격하지 않으면 다시는 기회가 없을 것이다.'

문무대왕은 이세적이 이끄는 당나라 군대와 연합해 평양성을 공격했다. 당나라는 평양에 안동도호부를 설치해 고구려와 백제 땅을 다스렸다.

"고구려와 백제 땅에서 당나라군을 몰아내라!"

문무대왕은 당나라군에 선전포고했다. 이때부터 신라는 당나라와 치열한 전쟁을 벌였다. 백제 왕자 융은 당나라군과 연합해 신라를 공격했다. 문무대왕은 670년 융을 따르던 63성을 공격해 점령하고, 671년에는 가림성加林城을 거쳐 석성石城에서 당나라군과 전투를 벌였다. 당나라군은 크게 패해 군사 3천 500명이 죽었다.

이에 당나라는 672년 이후 대군을 동원해 한강부터 대동강에 이르는 각 지역에서 신라와 전투를 벌였다. 당나라는 674년 유인궤劉仁軌를 계림도대총관에 임명하여 신라를 공격했고 675년에는 설인귀가 장수가 되어 쳐들어왔다. 신라는 문훈이 나가 설인귀의 당나라군을 격파했다. 676년 당나라가 마침내 안동도호부를 평양에서 요동성으로 옮기면서 장장 15년에 걸친 전쟁이 끝났다.

고구려는 멸망할 때까지 요동성 등 만주 일대에 영토를 갖고 있었다. 신라가 고구려의 고토를 회복하는 것을 포기하며 강토가 줄어들게 된 것은 아쉬운 일이다.

문무대왕은 15년 동안이나 전쟁을 치렀다. 그는 전쟁이 끝난 뒤에는 신라의 국정을 바르게 이끄는 데 전력을 기울였다. 서기 681년, 문무대왕 21년 7월, 그는 유언을 남겼다.

"과인은 어지러운 때에 태어난 운명이어서 자주 전쟁을 만났다. 서쪽을 치고 북쪽을 정벌하여 강토를 평정하였으며, 반란자를 토벌하고 화해를 원하는 자와 손을 잡아, 마침내 원근을 안정시켰다. 위로는 선조의 유훈을 받들고 아래로는 아버지와 아들의 원수를 갚았으며, 전쟁 중에 죽은 자와 산 자에게 공평하게 상을 주었고, 안팎으로 고르게 관작을 주었다. 병기를 녹여 농기구를 만들어서, 백성들로 하여금 천수를 다하도록 하였으며, 납세와 부역을 줄여 집집마다 넉넉하고 사람마다 풍족하게 하여, 백성들은 자기의 집을 편하게 여기고, 나라에는 근심이 사라지게 하였다. 창고에는 산처럼 곡식이 쌓이고 감옥에는 풀밭이 우거졌으니, 가히 선조들에게 부끄러울 것이 없었고, 백성들에게도 짐 진 것이 없었다고 할 만하였다."

그는 자신의 무덤에 대해서도 유언을 남겼다.

"옛날 만사를 처리하던 영웅도 마지막에는 한 무더기 흙이 되어, 나무꾼과 목동들이 그 위에서 노래하고, 여우와 토끼는 그 옆에 굴을 팔 것이다. 그러므로 헛되이 재물을 낭비하는 것은 역사서의 비방거리가 될 것이요, 헛되이 사람을 수고롭게 하더라도 나의 혼백을 구제할 수는 없을 것이다. 이러한 일을 조용히 생각하면 마음 아프기 그지없으니, 이는 내가 즐기는 바가 아니다. 숨을 거둔 열흘 후, 바깥 뜰 창고 앞에서 나의 시체를 불교의 법식으로 화장하라. 상복의 경중은 본래의 규정이 있으니 그대로 하되, 장례의 절차는 철저히 검소하게 해야 할 것이다."

문무대왕이 죽자 화장을 하고 동해 바다 큰 바위에 장사 지냈다. 사람들은 그 바위를 대왕암이라고 불렀다. 대왕암은 문무대왕릉이라고도 불린다.

문무대왕은 백제를 멸망시킨 뒤 약 5년 동안 백제부흥군과 싸웠고 고구려를 멸망시켜 삼국을 통일했다. 아울러 8년 동안이나 당나라와 싸워 한반도에서 축출했다. 평화시대를 연 업적을 문^{文}으로, 삼국을 통일한 업적을 무^{武}로 평가하여 그의 시호가 문무가 되었는데 사가들이 대^{大}까지 추가하여 문무대왕이 된 것이다.

2장

권력은
피를 부른다

6

"그대가 새로운 역사를 쓸 것이니 내 무슨 할 말이 있겠소?"

− 조선 창업의 비밀

역사의 흐름에 따라 왕조가 흥망성쇠를 되풀이하기도 하고 영웅호걸이 부침을 거듭하기도 하며, 영웅호걸은 때때로 그 흐름을 거스르거나 바꿔놓기도 한다.

태조 왕건이 건국한 고려는 수많은 내우외환을 겪었으나 500년간 이어졌다. 그러나 1388년 최영이 요동을 정벌할 것을 결정하면서 멸망의 길을 재촉하게 된다. 고려의 명장 최영은 딸을 고려의 마지막 왕인 우왕에게 시집보내며 권력을 장악했고 조정을 좌지우지할 수 있었다. 이때 중국에선 주원장이 일어나 명나라를 건국했으며, 고려에 철령 이북이 한때 원나라 영토였으니 명나라에 반환하라고 요구해 왔다. 고려의 정당^{政堂, 조정}은 명나라의 통고에 발칵 뒤집혔다.

"명나라가 더 강해지기 전에 요동을 정벌해야 한다."

이런 명분으로 최영은 요동정벌을 강력하게 주장했다.

"작은 나라가 큰 나라를 공격하는 것은 자멸하는 일이다."

이성계는 불가론을 내세워 반대했다. 고려는 명나라에 사신을 보내 철령 이북이 원나라가 한때 점거한 것은 사실이나, 짧은 기간 점거한 것일 뿐 실제로 고려의 영토라며 외교 협상을 벌였다. 그러나 명나라는 고려의 주장을 한마디로 묵살했다.

"철령 이북은 원래 원나라에 속하였으니 모두 요동에 귀속시키고, 개원, 심양, 신주 등의 군사와 백성은 생업을 회복하도록 돌려보내라."

명나라는 고려에 일방적으로 통고했다. 고려 조정에선 다시 정벌론과 불가론이 팽팽하게 일어났다.

"요동을 반드시 정벌해야 합니다."

최영은 비밀리에 우왕을 만나 요동을 칠 것을 건의했다.

"이성계가 반대하고 있지 않소?"

우왕이 걱정스러운 표정으로 최영을 바라보았다. 최영은 우왕의 장인이며 왜구와 홍건적을 격파한 맹장이자 청렴결백한 장군이기도 했다.

"신이 요동을 정벌하자고 주장하는 것은 이성계를 견제하기 위한 것입니다. 이성계를 도통사에 임명하여 요동으로 보낸 후 명나라와 싸우게 하면 승전하더라도 이성계 휘하의 군대가 크게 손실됩니다. 이때 그를 제거하면 됩니다."

"패하면 어찌 되오?"

"패하면 전쟁에 패한 책임을 물어 지결히게 할 수 있습니다."

최영의 요동정벌에는 고려 조정에서 한창 힘을 키우던 이성계를 제거하려는 책략도 숨어 있었다. 최영의 책략을 간파한 이성계는 자신의 세력권인 동북면 일대를 명나라에 빼앗길 우려가 있음에도 전쟁 불가론을 내세웠다.

"명나라가 우리의 영토를 내놓으라는 것은 무법한 일이다. 어찌한 치의 땅이라도 명나라에 내어줄 수 있겠는가?"

우왕이 최영의 주장을 받아들여 요동을 정벌하라는 영을 내렸다. 고려는 결국 요동정벌을 준비했다. 개성 교외에 전국의 군사들이 집결했다. 군량을 실은 우마가 자욱하게 흙먼지를 일으키며 달려왔다.

"명나라는 강대국입니다. 요동정벌은 중지해야 합니다."

이성계는 최영에게 요동정벌을 철회할 것을 요구했다.

"요동은 우리의 땅이다. 이 기회에 빼앗긴 땅을 회복해야 한다."

최영이 장수들을 거느리고 이성계를 압박했다.

"장군, 명나라와 전쟁해서 우리가 승전할 수 있겠습니까?"

"왕명이다. 그대는 왕명을 거역하지 마라."

"지금 군사를 내는 데 네 가지 불가한 것이 있으니, 작은 나라가 큰 나라를 거스르는 것이 첫 번째 불가한 것이요, 여름에 군사를 출동시키는 것이 두 번째 불가한 것이요, 온 나라가 멀리 정벌하면 왜적이 빈틈을 타서 침입할 것이니 세 번째 불가한 것이요, 때가 무덥고 비가 오는 시기라서 활의 아교가 녹아 무기로 쓸 수 없을 뿐 아니라 대군이 전염병에 걸릴 것이 분명하니 네 번째 불가한 것입니다."

이성계는 고려가 명나라를 치는 것은 불가하다며 사불가론四不可論을 내세웠다. 그러나 최영은 요동정벌을 강력하게 밀어붙여 대대적으로 군사를 일으킨 뒤에 8도 도통사가 되었다. 조민수는 좌군도통사, 이성계를 우군도통사에 임명하여 5만 대군을 이끌고 출정하게 했다. 최영은 8도 도통사였으나 출정하지 않고 지휘 감독만 했다.

'결국 요동정벌을 하려는 것인가? 이는 필시 나를 제거하기 위한 책략이다.'

이성계는 휘하 장수들과 함께 대책을 논의했다.

"일단 출정한 뒤에 기회를 보는 것이 좋을 것 같습니다. 최영과는 이제 같은 길을 갈 수 없습니다."

이성계 휘하의 장수들이 말했다.

"알았다. 책략에는 책략으로 맞서야 한다."

이성계도 휘하 장수들에게 화답했다. 이성계와 조민수는 5만 군사를 이끌고 출정하기 시작했다.

"강을 건너라!"

결국 이성계는 요동정벌군을 이끌고 5월에 압록강을 건너 위화도에 이르렀다. 때마침 음력 5월이라 장마철에 접어들었다. 갑자기 먹구름이 밀려오고 폭우가 쏟아졌다. 강물이 불어나 고려의 요동정벌군은 위화도에서 꼼짝하지 못했다.

신등이 뗏목을 타고 압록강을 건너니, 앞에 큰 내가 있는데 비가 내려 물이 넘쳐 첫째 여울에서 휩쓸려 빠진 자가 수백 명이요, 둘째 여울은 더욱 깊어 섬 가운데에 머물러 둔을 치는 것은 한갓 양식을 허비할 뿐입니다. 여기서 요동성에 이르는 사이에 큰 내가 많아서 무사히 건널 것 같지 않습니다. 근일에 불편한 상황을 조목조목 기록하여 도평의의 지인 박순에게 부쳐 아뢰었는데, 아직 윤허를 받지 못하였으니 참으로 황송합니다. 그러나 큰일을 당하여 말해야 할 것을 말하지 않으면 이것은 불충^{不忠}입니다. 어찌 감히 부월^{斧鉞}을 피하여 묵묵히 있겠습니까. 작은 나라로서 큰 나라를 섬기는 것은 나라를 보전하는 도리인데, 우리나라가 삼한^{三韓}을 통일한 이래로 부지런히 대국을 섬겼고, 현릉^{玄陵}께서 대명^{大明}에 복종하고 섬겨 그 표문에 이르기를, '자손 만대가 되도록 길이 신첩^{臣妾}이 되겠다' 하였으니, 그 정성이 지극하였습니다. 하물며 지금 무덥고 장마가 져서 활이 풀리고 갑옷이 무거워 군사와 말이 함께 지쳤으니, 몰아서 견고한 성 밑에 다다르면 싸워도 반드시 이기지 못하고 쳐도 반드시 빼앗지 못할 것입니다. 이때 당하여 군량이 공급되지 못하고 진퇴가 곤란하게 되면 장차 어떻게 대처하겠습니까. 엎드려 바라건대, 전하께서는 특별히 회군을 명령하여 삼한 백성의 기대에 맞추소서.

《동국통감》〈고려기〉

이성계와 조민수는 군사적인 이유까지 들어 철군하게 해달라고 청했다. 그러나 우왕은 이성계의 청을 들어주지 않았다. 이성계는 최영이 우왕을 조종하고 있다고 판단했다. 이성계는 휘하 장수들과 계속 대책을 의논했다. 애초부터 그는 요동을 정벌할 생각이 없었다. 명나라가 새로 일어난 나라라고 하지만 원나라를 멸망시킨 중원의 강대국이었다. 원나라와의 오랜 전쟁으로 뛰어난 장군가 수없이 배출되고 전쟁 경험이 많은 군사가 수십만에 이르렀다. 그들과 전쟁하는 것은 섶을 지고 불속으로 달려드는 것과 다를 바 없다. 이성계는 우왕의 영을 거절해야 한다고 생각했다.

'왕의 명령을 따르지 않으면 반역자가 된다!'

그러나 왕의 명령을 거절하면 죽음을 당한다. 죽음을 당하지 않으려면 우왕을 조종하는 최영을 제거해야 한다. 최영을 제거하면 우왕은 허수아비가 되기 때문에 판도를 바꿀 수 있다.

이성계는 오랫동안 고뇌한 끝에 결단을 내렸다.

"만약 작은 나라가 큰 나라를 상대로 국경을 침범하면 큰 나라가 그냥 있겠는가. 내가 순리와 역리로써 글을 올려 군사를 돌이킬 것을 청했으나 왕은 살피지 아니했다. 최영 또한 늙어 정신이 혼몽하여 듣지 아니하니 어찌 그대들과 함께 왕에게 직접 아뢰어 측근의 악인을 제거하고 생령을 편안하게 하지 않겠는가? 그대들은 나를 따르겠는가?"

이성계가 여러 장수를 소집한 채 의사를 타진했다. 군중 사이에 무거운 침묵이 감돌았다. 이성계가 악인을 제거한다고 했지만, 이는 우왕의 제거까지 염두에 둔 말이기도 했다.

"그대들은 악인을 제거하는 데 동참하겠는가?"

이성계가 부리부리한 눈으로 장수들을 살피면서 언성을 높여 거듭 소리 질렀다. 의사를 타진한다지만 실제로는 명령이었다. 군령을 위반하면 참수를 당하는데 누가 거역하겠는가.

"우리가 죽고 사는 것이 장군의 한 몸에 매여 있으니 누가 감히 명령에 따르지 않겠습니까?"

장수들이 일제히 이성계의 영을 따를 것을 맹세했다. 고려 최고의 명장 최영이 악인으로 전락하는 순간이었다.

"전군은 회군한다, 회군!"

이성계가 마침내 역사의 줄기를 돌리라는 영을 내렸다. 이 과정에 미스터리가 남는다. 요동정벌군의 한 축이던 조민수 또한 이성계와 함께 회군하기로 결정한 일이 그러했다.

군중에서 헛소문이 돌기를, '태조가 휘하 군사를 거느리고 동북면으로 향하려고 이미 말에 올랐다' 하였다. 군중이 흉흉하였는데, 민수는 어찌할 줄을 모르고 단기單騎로 태조에게 달려가서 눈물을 흘리면서 말하기를, '공이 떠나면 우리들은 어디로 가란 말인가' 하였다. 태조가 말하기를 '내가 어디로 간단 말인가. 공은 이렇게 하지 말라' 하고, 태조가 여러 장수에게 말하기를 '만일 상국의 지경을 범하여 천자께 죄를 얻으면 종사와 생민에게 화가 곧 이를 것이다. 내가 순順과 역逆으로써 글을 올려 회군하기를 청하였으나 왕이 살피지 못하고, 영이 또 늙고 어두워 듣지 않으니, 어찌 그대들과 함께 들어가서 왕을 뵙고 친히 화와 복을 진달하고 왕 옆의 악한 사람(최영)을 제거하여 생령을 편안히 하지 않으랴' 하였다. 여러 장수가 모두 말하기를 '우리 동방 사직의 안위가 공의 한 몸에 달려 있으니 감히 명령대로 하지 않겠습니까' 하였다.

《고려사절요》

《고려사절요》는 조민수가 이성계를 찾아와 눈물을 흘렸고, 이성계는 최영을 제거하자며 설득했다고 기록했다. 조민수의 반응은 기록하지 않았으나 여러 장수가 이성계를 지지하고 나섰다. 조민수가 이성계에게 설복되었거나 굴복당했을 수도 있다.

요동정벌군은 창부리를 돌려 회군하기 시작했다. 5만 대군은 빠르게 개성을 향해 달렸다. 이성계의 요동정벌군이 회군한다는 파발을 받은 최영은 깜짝 놀랐다. 그는 즉시 평양에서 개성으로 철수하여 방어선을 펼치고 군사들을 소집하기 시작했다.

그러나 요동정벌군에 고려의 주력 부대와 지휘관들이 모두 파견되었기 때문에 군사를 모을 수 없었다. 게다가 우왕은 크게 인심을 잃은 실정이었다. 그는 많은 여자를 간음했고 백성들을 닥치는 대로 죽였다. 이성계의 요동정벌군은 파죽지세로 남하해 개성의 성곽을 에워쌌다.

"반역자를 처벌하라!"

"악인을 제거하라!"

이성계의 군사와 최영의 군사들이 격렬하게 전투를 벌였다. 조민수는 최영의 군사와 영의서교(永義署橋)에서 맞붙었다. 그들은 피아간에 한 치의 양보도 없이 치열한 전투를 전개했다. 이성계는 최영의 부하 안소가 지키는 숭인문을 공격했다. 그는 순식간에 숭인문을 돌파하여 선죽교(善竹橋)를 지나 개성 남산(男山)으로 올라갔다. 최영의 휘하 안소가 날랜 군사를 거느리고 먼저 남산을 점거했다가 황색기를 바라보고는 달아났다. 이성계는 마침내 암방사(巖房寺) 북쪽 고개에 올라 대라(大螺, 큰 소라나팔)를 불었다.

'부우우웅…….'

소라 소리는 하늘에서 들려오는 소리처럼 개성 곳곳으로 퍼져 갔다. 그 소리에 최영의 군사는 사기를 잃었고 이성계의 군사들은 점점 사기가 높아졌다. 결국 조민수를 상대로 싸우던 최영은 왕궁으로 철수했다.

'아아 고려 500년 사직이 여기서 끝나는가?'

최영은 이성계의 군사들을 막을 수 없게 되자 비통해했다. 이성계와 조민수가 지휘하는 군사들은 고려 왕궁을 수백 겹으로 포위하고 함성을 질렀다.

"악인을 내놓아라!"

이성계의 군사들은 왕궁으로 진입하지 않고 밖에서 소리 질렀다. 최영은 성문을 굳게 닫고 구원병이 올 때를 기다렸다. 이때 곽충보를 비롯한 이성계 휘하 장수들이 군사들을 왕궁에 투입시켜 궁녀와 내시들을 닥치는 대로 살해했다. 최영은 왕궁이 비명으로 뒤덮이자 우왕에게 두 번 절하고 곽충보를 따라 나왔다.

"이 같은 사변은 나의 본심에서 한 것은 아닙니다. 그대는 대의에 거역했을 뿐만 아니라 국가가 편치 못하고 백성이 피곤하여 원성이 하늘까지 이르게 된 까닭으로 내가 부득이 거병했습니다. 잘 가시오."

이성계가 최영의 손을 잡고 비통하게 말했다. 이 부분은 조금 의아스럽다. 최영을 제거하려고 위화도에서 돌아온 이성계가 이러한 말을 했다는 것은 민심을 달래기 위한 것이라 추정된다.

"그대가 새로운 역사를 쓸 것이니 내 무슨 할 말이 있겠소?"

최영이 울자 이성계도 마주 보고 울었다. 이성계는 최영을 고봉현^{高峰縣}에 유배시켰다. 최영은 이후 합포와 충주로 유배지가 바뀌었다가, 공료죄^{攻遼罪}, 요동을 공격한 죄로 개성으로 압송되어 그해^{1388년} 12월 참수되었다. 최영이 참수되었다는 소식을 들은 개성 사람들은 저자의 문을 닫고 슬퍼했으며 고려의 수많은 백성이 눈물을 흘렸다고 한다. 최영은 결국 역사 속으로 사라졌다. 그가 제거되자 고려는 이성계의 수중에 들어갔다.

'내가 이성계를 용서하지 않을 것이다.'

우왕이 밤에 환자^{宦者, 내시} 80여 명과 함께 갑옷을 입고 이성계와 조

70

이성계가 5만 군사를 이끌고 회군하여 역사의 판도를 바꾼 땅 위화도

민수를 죽이기 위해 그의 집으로 달려갔으나, 이성계의 부하들이 대문 안에 군사를 거느리고 있었기 때문에 실패했다. 이성계는 우왕을 강제로 왕위에서 물러나게 하고 강화로 쫓아 보낸 후 살해했다.

고려는 이후 창왕과 공양왕이 왕위를 이었으나 이성계의 꼭두각시 노릇을 하다가 멸망하고 마침내 조선왕조가 개국된다. 이성계의 위화도 회군은 이렇듯 역사의 판도를 바꾸어 놓은 전환점이었다.

"정도전이란 자는 왕에게
어떤 도움을 주는가?"

– 정도전 암살의 비밀

정도전이 남긴《삼봉집三峰集》을 보면 그가 조선 최고의 지식인
이자 사상가일 뿐 아니라 국가를 경영할 만한 뛰어난 역량이
있는 인물이라는 사실에 감탄하게 된다. 그런 정도전의 사상이 집
약된 곳이 바로 경복궁으로, 궁궐 건물들의 이름을 보면 그의 사상
을 엿볼 수 있다.

《시경》대아大雅와 소아小雅에서, '술대접 받아 실컷 취하고 또
많은 은덕을 입었으니 군자께서 만년 장수하시고 큰 복[景福]
받으시기를'이라는 시구를 인용하여, 새 궁전의 이름을 경복궁景
福宮이라고 지었습니다. 임금이 된 이가 백성만을 부려 스스로를
받들게 하는 것으로 능사를 삼아서는 안 되오니, 한가로이 넓은
집에 있을 때는 가난한 선비를 생각하고, 서늘한 전각殿閣에 있으
면 그 맑은 그늘을 나누어 줄 것을 생각해야 합니다. 그런 다음

에야 만민萬民이 받듦에 저버림이 없을 것입니다. 그래서 아울러 말씀 올립니다.

《조선왕조실록》

정도전은 조선왕조의 새 궁궐 이름을 경복궁이라고 지어 조선 건국을 축복하는 의미를 담았다. 경복궁의 정문인 광화문은 원래 이름이 '사정문四正門'인데 이는 법궁인 경복궁에서 나오는 법령이 공명정대해야 백성들이 따른다는 뜻이다. 정도전은 문의 현판 하나에도 자신의 사상을 담았다.

광화문으로 들어가면 웅장한 근정문勤政門과 근정전勤政殿이 나온다. 근정전은 국가의 의전을 거행하는 정전으로 조선왕조를 상징한다.

《서경》에 이르기를 모름지기 '군주는 아침에는 정사를 처리하고, 낮에는 어진 이를 방문하고, 저녁에는 조령朝令을 만들고, 밤에는 몸을 편히 쉰다'고 했는데 이것은 임금이 부지런한 것을 말하는 것입니다. 또 이르기를 '어진 이 구하는 데는 부지런하고, 어진 이 임명하는 데는 빨라야 한다'고 하였습니다. 그래서 신이 정전의 이름을 근정전이라고 올리는 것입니다.

《조선왕조실록》

정도전은 근정전을 두고 임금이 부지런히 일하는 곳이라고 정의했다. 이는 궁중 암투나 벌이고 주색에 빠져 지내는 군왕에 대한 경고라고 볼 수 있다. 임금이 정전인 근정전으로 들어갈 때 현판을 보고 다짐하라는 뜻이니 이를 통해 정도전의 민본 정치사상을 엿볼 수 있다.

> 천하의 이치는 생각하면 얻고 생각지 않으면 잃습니다. 대개 임금이 한 몸으로 숭고한 지위에 있어, 많은 사람 중에는 지혜롭고 어리석고, 어질고 불초한 사람들이 있으며, 많은 일 가운데는 시비와 이해가 뒤섞여 있으니, 진실로 깊게 생각하고 세밀하게 관찰하지 않는다면 어떻게 일의 옳고 그름을 변별하여 처리하겠으며, 어떻게 사람의 어질고 어리석음을 알아서 쓰고 쓰지 않겠습니까? 이 전각에서는 조회 때 국사를 봅니다. 그리하여 만 가지 일이 모두 전하께 품달되어 조칙을 내리고 지휘를 하게 되니, 더욱 생각지 않을 수 없는 곳입니다. 그래서 사정전思政殿이라고 이름을 지었습니다.
>
> 《조선왕조실록》

사정전은 편전으로 임금의 집무실이다. 임금의 영은 백성들의 생사에 중요한 영향을 미치니 정령을 내릴 때 반드시 생각하고 또 생각하라는 뜻이다.

정도전은 고려를 무너뜨리고 조선을 건국할 때 이방원과 손잡았다. 그러나 태조 이성계가 이방석을 세자로 세우며 상황이 달라졌다. 조선의 대신들은 왕자 중에 조선 건국에 가장 공로가 많은 이방원이나 장자인 이방우가 세자가 되어야 한다고 생각했다. 그러나 신덕왕후 강씨에게 마음을 빼앗긴 이성계는 강씨의 아들 중에서 세자를 세우려고 했다. 정도전을 비롯한 개국공신들은 당황했다. 이성

조선의 왕이 정사를 돌보던 근정전

계는 신덕왕후 강씨에게는 이방번과 이방석 두 아들이 있었고, 그녀는 이성계가 고려를 건국할 때 뒤에서 영향력을 발휘했다.

"이방번은 절대로 안 됩니다."

개국공신들은 이성계의 심중을 헤아리고 신덕왕후 강씨의 큰아들 이방번이 패악했기 때문에 그의 동생 이방석을 세자로 세우라고 청했다. 이방우와 이방원 등 신의왕후 한씨 소생 왕자들에 대해서는 누구도 관심을 기울이지 않았다. 정두전은 이성계에게 가장 크게 영향을 미치면서도 이방원을 세자로 세울 것을 청하지 않았다.

이는 명나라의 표전문表箋文 사건 때문이었다. 표전문은 명나라에 올리는 외교 문서인데, 조선의 표전문에 주원장이 가장 싫어하는

'적賊' 자나 '승僧'자가 들어 있었기 때문에 일어난 사단이었다. 주원장은 젊었을 때 도적질을 하고 승려 생활을 했기 때문에 이러한 글자들을 싫어하여 '문자옥文字獄'을 일으켜 수많은 사람을 학살했다.

"표전문을 지은 정도전을 입조하라고 하라."

명나라 황제가 대로해 영을 내렸다. 사신 유순이 돌아와 이 사실을 보고하자 조선 조정은 발칵 뒤집혔다.

"표전문을 지은 것은 내가 아닌데 어찌 나라고 하는 것인가?"

정도전은 명나라의 요구를 이해할 수 없었다. 명나라에 보낸 표전문은 정탁이 초안을 쓰고, 정총과 권근이 교정한 것이었다. 조선에서는 명나라에서 문자옥이 일어난 사실을 몰랐기 때문에 금지어를 표전문에 썼다. 조선은 즉시 대장군 곽해륭을 보내 표전문의 잘못을 사죄하게 했으나 명나라는 받아들이지 않았다. 조선은 정탁이 병을 앓고 있었기 때문에 김약항만 압송했다.

"거란이 강성하여 여국與國, 동맹국 또는 같은 나라을 침략하매 국교를 단절했고, 발해가 약하여 땅을 잃고 돌아갈 데가 없으매 돌보아 주었다. 여러 번 평양에 행행하고 친히 북쪽 국경을 순행했으니, 그의 뜻이 대개 동명왕(주몽은 압록강 이북 요동에서 나라를 세웠다) 때의 옛 강토를 회복하려고 한 것이오……."

정도전은 요동을 조선의 영토라고 생각했다. 그런데 명나라 황제는 정도전의 그런 말까지 문제 삼아 입조하라고 요구했다. 이성계는 정도전을 명나라에 보내지 않았고 정도전도 거부했다.

"명나라가 오만하다. 지금 명나라를 정벌하지 않으면 다시는 기회가 없을 것이다."

정도전은 명나라에 반발하여 은밀하게 요동정벌을 준비하기 시작했다. 정도전은 부세賦稅의 절목을 마련해 농민들에 대한 부세를 1할만 징수하고, 그 부세로 국가 재정을 충당하되 3분의 2만 지출하고 3분의 1은 비축하기로 했다. 그리하여 3년이 지나면 1년의 국가 재정이 비축되고 9년이 지나면 3년의 국가 재정이 비축되게 했다.

이것이 구년지축九年之蓄이라고 불리는 정도전의 국가 재정론이다. 《조선경국전朝鮮經國典》〈치전治典〉의 '전곡조錢穀條'에 실려 있다. 우왕과 최영의 요동정벌이 막연하게 이루어진 것이라면 정도전의 요동정벌은 철저한 준비로 시작되었다. 사전 개혁과 부세 개혁으로 백성들의 삶을 안정시킨 정도전은 본격적으로 군사를 양성하기 시작했다. 병서를 저술하고 병제를 대대적으로 정비하기 시작한 것이다. 정도전이 군사를 양성한다는 소식은 명나라에 알려졌다.

"본부에서 흠봉欽奉한 성지聖旨에, 나라를 열고 가업家業을 이음에 있어서 소인小人은 쓰지 말아야 하는데, 조선은 새로 개국하여 등용된 사람의 표전을 보니, 이것은 삼한三韓 생령生靈의 복이 아니요, 삼한의 화수禍首다."

명나라는 이성계가 조선을 개국하면서 정도전을 발탁한 것이 재앙의 근본이라고 비난

표전문 사건으로 정도전을 소환한 명나라 황제 주원장

했다. 정도전으로서도 명나라의 자문에 분노하지 않을 수 없었다. 명나라와 조선은 외교적으로 팽팽하게 대립했다. 조선의 사신 설장수가 명나라에 도착하자 주원장은 직접 그를 불렀다.

"조선 국왕 이성계의 문인인 정도전이란 자는 왕에게 어떤 도움을 주는가? 왕이 만일 깨닫지 못하면 이 사람이 반드시 화의 근원일 것이다. 지금 정총, 노인도, 김약항이 만일 조선에 있다면 반드시 정도전의 우익羽翼. 보좌하는 신하이 되었을 것이니, 왕은 잘 살필지어다. 너희 예부는 조선 국왕에게 고하여 깊이 생각하고 익히 상량하여 삼한을 보전하게 하라."

명나라 황제 주원장이 직접 사신인 설장수에게 화를 내며 말했다. 설장수는 황급히 조선으로 돌아와 주원장이 대로한 사실을 보고했다.

"이모李某. 이성계는 사리를 분간할 줄 모른다. 정도전을 써서 무엇 할 것이냐? 정도전은 여기에 왔다가 돌아가는 길에 산해위山海衛를 지나다가 사람들에게 말하기를 '요동은 고려와 발해의 옛 땅이다. 마땅히 조선이 수복해야 한다'고 했다. 죄를 물을 것이니 정도전을 입조하게 하라."

주원장은 정도전을 명나라로 보내라고 강력하게 요구했다. 정도전은 군사 양성과 군량 비축에 박차를 가했다. 정도전의 요동정벌로 인해 온 나라가 전쟁 준비에 휩싸여 있을 때, 주원장이 이성계의 친아들을 입조시키라는 영을 내렸다. 이때 선뜻 나선 인물이 뜻밖에 이방원이었다.

"명나라 황제가 만일 묻는 일이 있다면 네가 아니면 대답할 사람이 없다."

이성계는 자신의 아들 중 이방원이 문무를 겸비했기 때문에 적임자라고 생각했다.

"종묘와 사직에 크나큰 일인데 어찌 감히 사양하겠습니까?"

이방원이 깊은 생각에 잠겨 있다가 아뢰었다. 그가 명나라에 가겠다고 나선 것은 사실상 목숨을 건 도박이었다.

"너의 체질이 허약한데 만 리의 먼 길을 탈 없이 갔다 올 수 있겠는가?"

도담삼봉에 있는 정도전 동상

이성계가 눈물을 글썽거리며 물었다. 대신들이 일제히 위험하다고 반대했다.

"왕자님이 만 리 길을 떠나시는데 우리가 어찌 한가하게 베개를 베고 누워 있겠습니까? 신이 왕자님을 모시겠습니다."

남재가 스스로 이방원을 따라가겠다고 말했다. 남재는 정도전의 일파인 남은의 동생이었다. 이방원은 마침내 명나라에 가서 주원장을 알현했다. 주원장과 이방원 사이에 어떤 말이 오갔는지는 알 수 없다.

"명나라에 이르러 황제에게 아뢴 것이 황제의 뜻에 맞았으므로, 황제가 예로 우대하여 돌려보내 주었다."

《조선왕조실록》의 기록이다. 이방원이 무슨 말을 했기에 주원장의 뜻에 맞았는가. 이는 첨예하게 대립하던 조선과 명나라 사이의 긴장 완화에 관한 것이라고 볼 수밖에 없다. 그렇다면 긴장 완화를 위한 조건은 무엇이었을까. 요동정벌을 주장하는 정도전을 제거하는 것밖에 달리 대안이 없었을지도 모른다.

이방원은 명나라에서 돌아온 후 정도전을 제거하겠다는 생각을 굳혔고, 정도전이 사병 혁파를 빌미로 압박해 오자 마침내 왕자의 난을 일으켜 제거한 것이다.

정도전은 왕자의 난 때, 이방원에게 죽임을 당한 뒤 조선왕조 500년 동안 신원되지 않다가 고종 때 이르러서야 겨우 신원되었다. 그러나 조선왕조는 정도전이 제안한 《조선경국전》과 행정체제를 그대로 따르고, 숭유억불 정책을 실시했으니 그는 사실상 태종 이방원 때 이미 신원되었다고 볼 수도 있을 것이다.

"노비해방은 호족의 세력을 꺾는 일이다."

- 고려 광종의 왕권 강화의 비밀

고려 제4대 황제 광종은 피의 군주로 불린다. 그는 참소가 있으면 즉시 당사자들을 살해하거나 감옥으로 보냈다. 왕족이나 대신들도 예외가 아니어서 공포에 떨어야 했다. 그러나 광종의 공포정치는 태조 왕건이 죽은 뒤에 만연했던 반역과 권력쟁탈전을 잠재우는 효과도 있어, 그는 고려왕조 최초로 아들에게 왕위를 물려줄 수 있었다.

2대 혜종, 3대 정종, 4대 광종까지 모두 태조 왕건의 아들이었다. 왕건에게는 29명의 부인이 있었고 아들이 25명이었다. 모두 내로라하는 호족들의 딸과의 사이에서 태어난 아들들이었다. 왕건은 자신이 죽은 뒤에 형제간에 골육상쟁이 일어날 것을 염려해, 왕위는 장자가 이르라고 〈훈요십조〉를 남겼다. 혜종의 배경이 약하니 박술희 장군에게 보호하라는 특명을 내리기까지 했다.

혜종은 즉위하자마자 왕위를 노리는 세력 때문에 전전긍긍했다.

그의 어머니는 나주 출신 오다련의 딸 장화왕후다. 어머니의 출신이 비천한 장사꾼이었기 때문에 호족들과 왕자들이 멸시했다. 혜종은 태조 왕건과 장화왕후의 하룻밤 풋사랑으로 태어났다. 그는 태조 왕건의 큰아들이었고, 아버지를 따라 다니면서 궁예를 몰아내는 데 데 큰 공을 세웠으나, 뒤를 받쳐줄 세력이 없었다.

왕규는 자신의 두 딸을 태조 왕건에게 시집보내, 열다섯 번째와 열여섯 번째 왕비로 만들었다. 왕건의 아들인 혜종에게도 딸을 시집보내 아버지와 아들이 모두 사위가 되었다. 그는 왕요와 왕소 형제가 왕위를 노리는 것을 알고 이들을 처벌해달라고 혜종에게 요구했으나 듣지 않았다.

"형제를 해치는 것은 옳지 않소. 아버님도 형제들의 피를 보지 말라고 하셨소."

혜종은 왕요와 왕소를 죽이라는 왕규의 제안을 거절했다. 왕요와 왕소는 신명순성왕태후神明順聖王太后 유씨의 아들이다. 유씨는 충주 호족 유긍달의 딸로 왕요와 왕소는 충주 호족의 지원을 받고 있었다.

"그들은 충주 호족뿐이 아니라 서경의 왕식렴과도 손잡고 있습니다. 죽이지 않으면 후회하실 겁니다."

"왕요와 왕소가 반역을 꾀한다는 증거가 있어야 하오."

혜종이 단호하게 말했다.

'이 자는 칼이 목에 들어와야 눈물을 흘릴 자구나.'

왕규는 실망하여 혜종을 죽이고 자신의 외손자인 광주원군을 왕으로 세우려고 했다. 광주원군은 왕건의 아들이었다.

'장인이 탐욕스럽다.'

혜종은 왕규가 왕요와 왕소를 헤치지 못하게 자신의 딸을 왕소에게 시집보냈다. 왕규는 혜종에게 자객을 보냈지만, 자객은 혜종에게 발각되어 타살되었다.

"왕규가 대왕을 시해하려고 합니다. 비밀리에 처소를 옮기십시오."

최지몽이 아뢰었다. 왕규는 혜종을 죽이려고 자신이 직접 처소를 습격했으나 혜종은 피한 뒤였다.

"왕규가 우리를 죽이려고 한다."

왕요가 왕소에게 말했다.

"우리가 먼저 왕규를 죽여야 합니다."

"그래. 놈을 죽여야 돼. 그렇지만 놈은 세력이 막강하니 어찌하지?"

"서경에 왕식렴이 있습니다. 왕식렴과 손을 잡아야 합니다."

"그럼 네가 가서 왕식렴을 설득하여 데리고 와라. 그가 무엇을 원하든지 들어주도록 해라."

"알겠습니다."

왕소는 즉시 서경으로 달려갔다. 왕식렴은 서경에서 막강한 세력을 갖고 있었다.

"군사를 함부로 움직이는 것은 반역이오."

왕식렴은 왕소의 청을 거절하는 체했다.

"왕규가 대왕을 시해하려고 하고 있습니다. 이를 그대로 두면 나라가 망할 것입니다. 어르신께서는 서경에 막강한 군대를 가지고 계시지 않습니까?"

"나의 군대는 북방을 경계하기 위한 것이오."

"어르신께서는 고려의 도읍이 서경으로 오는 것을 바라지 않습니까? 왕규를 죽이면 형님을 설득해 서경으로 천도하도록 하겠습니다."

왕소가 조건을 내밀자 왕식렴이 비로소 승낙했다. 그들은 서경의 군대를 이끌고 한밤중에 개경으로 들이닥쳤다. 왕식렴과 왕소는 왕규를 비롯해 개경의 호족과 관리 300여 명을 살육했다. 개경에는 무시무시한 피바람이 불었다.

강화도로 유배를 간 박술희도 살해되었다. 그는 태조 왕건에게 혜종을 보호하라는 유명을 받은 고명대신이었으나, 강화도로 유배 간 뒤에 살해된 것이다. 고려는 왕식렴에게 장악되었다.

혜종은 왕위에 오른 지 불과 2년 만에 후계를 언급하지 않고 죽었다. 그가 병으로 죽었는지 살해되었는지는 기록에 없다. 이에 왕요가 고려의 왕으로 즉위해 제3대 정종이 되었다.

혜종 2년 9월 무신일에 신하들의 추대를 받아 즉위했다.

실록 《고려사》에는 한 줄의 기록밖에 없다. 유언에 의한 왕이 아니라는 것을 의미한다. 정종의 즉위에 결정적인 공훈을 세운 이는 서경의 왕족 왕식렴과 동생 왕소였다. 왕식렴은 태조 왕건의 사촌 동생이었다.

"왕식렴은 태조 때부터 공을 세운 훈신勳臣으로 우리나라의 기둥이고 주춧돌이나 다를 바 없다. 그의 도량은 바다와 산악을 삼킬 듯하고 기개는 바람과 구름을 불러일으킨다. 목숨을 아끼지 않고 역적들을 토벌하여 종묘사직이 굳건해졌다. 그가 아니면 어찌 오늘의 내가 있겠는가. '나라가 어지러울 때 참된 신하를 알아보고 세찬 바람이 불 때 굳센 풀을 알아본다'라는 말을 예전에 들었는데, 이에 딱 맞는 사람이다. 나는 식언하지 않으리. 나는 자신을 책망하여 검소하기를 잊지 않을 것이니 공은 만족한 것을 알아 청렴한 마음을 기르는 일에 항상 힘쓰라."

《고려사》〈열전〉 중 '왕식렴전'에 있는, 정종이 왕식렴에게 상을 내리며 한 말이다. 그러나 왕식렴은 얼마 되지 않아 죽었다.

이 무렵 최광윤은 중국에 유학하여 진晉나라에 머물러 있었다. 이때 거란이 진나라를 침략하여 사로잡혔으나, 거란에서도 재능이 있다 하여 등용되어 버슬을 받았다. 거란의 사신인 그는 구성龜城으로 갔다가 거란이 장차 고려를 침략하려는 것을 알고, 비밀리에 편지를 써서 번인蕃人, 여진족에게 부탁하여 고려에 알렸다. 이에 정종은 해당 관청에 명하여 군사 30만 명을 선발하게 하고 이를 광군光軍이라고 불렀다.

"개경은 왕도로 적당하지 않다. 서경으로 천도할 것이다."

정종은 즉위한 뒤에 서경 천도를 단행하려고 했다. 왕식렴과의 밀약을 실천하려고 한 것이다.

"태조께서 개경을 왕도로 정했는데 천도하는 것은 옳지 않습니다."

개경의 호족들이 일제히 반대했다.

"서경은 고구려의 도읍이었소. 고려는 고구려를 계승한다고 했으니 마땅히 서경을 도읍으로 해야 하오."

정종은 서경 천도를 밀어붙이기 위해 서경에 왕궁을 건설하기 시작했다. 막대한 재물과 수많은 인력이 동원되어 백성들의 원성이 높았다.

'형님이 토목공사를 강행하여 백성들의 원성이 하늘을 찌르는구나.'

왕소는 형인 정종의 정책에 관여하지 않았다. 그는 책을 읽으며 한가한 시간을 보내고 불평불만이 많은 호족들과도 교분을 나누었다.

정종은 재위하고 5년밖에 지나지 않았는데 자신의 아우인 왕소에게 양위했다. 정종이 무엇 때문에 양위했는지 설명 없이 양위했다고만 기록되어 있다. 고려사는 광종 때까지 역사서라고 할 수 없을 정도로 기록이 많지 않다. 1년에 한 줄밖에 기록이 없는 경우도 있다.

정종이 물러나고 광종이 즉위했다. 정종은 물러난 지 얼마 되지 않아 죽었다. 광종은 즉위하자 즉시 광덕^{光德}이라고 연호(황제가 사용하는 기년법)를 선포하고 서경천도를 중단했다. 그는 비교적 무리 없이 국정을 이끌며 조금씩 왕권을 강화해 나갔다.

"유사^{有司}에 명하여 노비를 안검^{按檢}하여 옳고 그름을 살펴 밝히게 하라."

광종은 즉위 7년이 되었을 때 노비안검법을 시행했다. 전에 양민이었던 사람을 노비에서 해방해 양민이 되게 하는 조치로 실질적인 노비해방법이었다. 수많은 노비와 사병을 거느리고 있던 호족들이 크게 반발했으나 광종은 이를 강력하게 시행했다. 호족들은 노비들이 대거 이탈하면서 사병과 재산을 잃게 되었다.

"폐하, 노비안검법을 철회해 주십시오."

대목왕후 황보씨도 반대했다. 대목왕후는 왕건과 신정왕태후 사이에서 태어났다. 광종의 이복동생이다. 두 번째 부인은 혜종의 딸로 경화궁부인 임씨였다.

고려는 근친혼이 극심했고, 두 여자를 한 남자에게 시집보내는 일도 흔했다. 왕족의 경우 성씨가 같아지자 외가 쪽 성을 하사했다. 광종의 두 왕비 중 하나는 이복동생이고 다른 하나는 친조카였다. 그러나 각각 황보씨와 임씨라는 성을 하사받았다. 황보씨는 외가가 황주 출신으로 막강한 호족이었다. 그래서 노비해방을 중지하라고 요구한 것이다.

"노비해방은 호족의 세력을 꺾는 일이다. 너는 관여하지 마라."

"폐하, 폐하의 뒤에는 황주 호족이 있습니다."

"왕비는 호족들이 왕족을 핍박하는 것을 모른다. 왕권이 휘둘려서는 안 된다."

광종은 단호하게 노비안검법을 실시했다.

이 무렵 광종은 중요한 인물을 만나게 된다. 그는 후주에서 온 쌍기였다. 쌍기는 후주에서 무승군절도순관, 장임랑, 시대리평사의 벼슬을 지냈다. 광종 7년에 봉책사 사신 설문우를 따라 고려에 왔다가 병 때문에 돌아가지 못했다.

"쌍기라는 자가 병 때문에 돌아가지 못했는데 무엇을 하고 있는가?"

광종이 신하들에게 물었다.

"병이 나아 쉬고 있다고 합니다."

"쌍기를 부르라."

광종이 명을 내리자 쌍기가 대궐로 들어왔다. 광종은 쌍기와 많은 이야기를 나누었다. 쌍기는 중국의 역사와 행정에 대해서 이야기했다. 광종은 중국에서 인재를 발탁하기 위해 과거제도를 시행하고 있다는 이야기에 많은 관심을 기울였다.

"고려는 중국에 배울 것이 있다. 그대는 고려에 남으라."

광종은 쌍기를 중국으로 돌려보내지 않았다. 그를 한림학사에 임명하고 많은 정책을 받아들였다. 광종은 즉위한 지 9년이 되었을 때 쌍기의 제안을 받아들여 과거제도를 실시했다. 쌍기는 스스로 시험관이 되어 시詩, 부賦, 송頌, 책策을 시험과목으로 삼아 진사 갑과에 최섬 등 2명을 뽑았고, 명경업明經業에 3명, 복업卜業에 2명을 각각 선발했다. 그 뒤에도 여러 차례 지공거知貢擧, 시험감독관를 맡아 인재를 발탁하자 비로소 학문을 숭상하는 기풍이 일어났다.

광종은 고려를 황제의 나라로 만들고 과거제도를 도입하여 인재를 발탁했다. 노비안검법으로 노비들을 해방시켜 왕권을 강화하고 호족들을 약화시켰다. 이로 인해 치열하게 전개되던 왕권투쟁이 중지되고 고려의 중앙집권체제가 강화되었다. 정종이 설치한 광군을 강화해 훗날 거란의 침입에 효과적으로 대응하는 계기가 되기도 했다. 그러나 광종은 피비린내 나는 골육상쟁을 지켜보았다. 그는 반란이나 암살을 두려워했다. 광종 11년 3월, 평농사의 벼슬에 있는 권신이라는 자가 대상大相 준홍과 좌승佐丞 왕동 등이 반역을 도모했다고 참소讒訴했다.

"놈들을 당장 유배 보내라."

광종은 이들을 조사하지도 않고 유배 보냈다. 권신에게는 상을 주었다. 이때부터 고려에서는 참소하는 것이 유행했다. 광종은 참소가 올라오면 가차 없이 처벌했다. 참소하고 아첨하는 무리에게는 상을 주었다.

종이 주인을, 자식이 부모를 참소하고 이웃사람을 참소했다. 참소가 계속 이어지자 감옥이 넘쳐 임시 감옥을 설치했다. 죄 없이 죽임을 당한 자가 가득했다. 광종의 의심이 날로 심해져 왕족들과 대신들은 목숨을 잃거나 유배를 갔다. 광종은 심지어 자신의 아들까지도 의심해서, 외아들 왕주도 아버지를 두려워하고 가까이 하지 않았다. 신하와 백성들은 서로를 무서워하여 가까이 지내지 않게 되었다.

광종은 무자비하게 공포정치를 실시했다. 그 까닭에 왕족과 호족들이 숨을 죽였다. 왕위를 노리는 자들은 사라졌다. 광종은 자신이 공포정치를 행했다는 사실을 알고 있었다. 광종 19년 그는 사람을 많이 죽인 후 양심의 가책을 받고는 죄를 씻어보겠다며 재회(齋會)를 크게 열었다.

광종은 26년 동안 재위에 있었고 51세에 죽었다.

"왕이 즉위한 처음에는 신하를 예우하고 정치를 현명하게 처결했으며 가난하고 약한 자를 돌보아 주고 선비들을 존중했다. 밤낮으로 쉬지 않고 정무에 힘쓰니 거의 태평성대가 찾아온 듯했다. 그러나 중반 이후로는 참소를 믿어 사람들을 많이 처형했고 지나치게 불교를 신봉했으며 사치한 생활을 했다."

사가들이 광종을 평가했다.

"광종이 쌍기를 등용한 것은 현인을 씀에 기준이 없었다고 말할 수 있으리라. 쌍기가 과연 현인이었다면 어찌 임금을 착한 길로 인도하지 못하고 참소를 믿어 형벌을 남용하는 것을 막지 못했는가?"

고려의 대학자 이제현은 쌍기를 비난하면서도 과거를 설치하여 선비를 선발한 것은 유익한 일이었다고 평가했다.

광종이 죽자 그의 아들 왕주가 즉위해 경종이 되었다. 경종은 광종 때 참소를 당해 화를 입은 사람의 자손들이 복수하는 것을 허락했는데, 그 결과 함부로 살육을 저지르는 바람에 다시 억울하다고 호소하는 사람이 생겨났다. 이때 왕선이 복수한다는 핑계로 왕명을 빙자해 태조의 아들 천안부원낭군天安府院郎君을 죽이는 사건이 벌어지자, 왕선을 내치고 함부로 죽이거나 복수하는 것을 금지했다. 광종 때 얼마나 많은 참소가 일어났고 억울하게 죽임을 당한 사람이 많았는지 엿볼 수 있는 대목이다.

"바닷물에 씻어도
한이 남으리."
– 폭군 연산의 비밀

조선시대 가장 포학하고 음란했던 왕으로 불리는 임금은 연산군이다. 연산군은 1476년^{성종 7년}에 태어나 1494년에 조선의 제10대 왕이 되었다. 연산군의 아버지는 성종, 어머니는 판봉상시사^{判奉常寺事} 윤기견의 딸로 폐비 윤씨다. 연산군은 재위 4년이 되었을 때 〈조의제문^{弔義帝文}〉 사건으로 처음 옥사를 일으켰고, 재위 10년이 되었을 때 폐비 윤씨 사건으로 또 다시 처참한 옥사를 일으켰다.

조종^{祖宗}들의 옛 제도를 모두 고쳐 혼란케 하였는데, 먼저 홍문관 사간원을 혁파하고 또 사헌부의 지평 2원^員을 없앰으로써 언로^{言路}를 막았고, 손바닥 뚫기[穿掌], 단근질 하기[烙訊], 가슴 빠개기[斷胸], 마디마디 자르기[寸斬], 배 가르기[剖腹], 뼈를 갈아 바람에 날리기[碎骨飄風] 등의 이름이 있었으며, 말이 조금만 뜻에 거슬리면 명령을 거역한다 하고, 말이 내간[內間]에 미치면 얽어 죄를 만들되, 한 번만 범하면 부자 형제가 잇달아 잡혀 살육되고 일가까지도 또한 찬축[竄逐]을 당했고, 익명서[匿名書] 및 다른 죄로 잡힌 자가 사연이 서로 연루되어 옥을 메웠는데, 해를 넘기며 고문하여 독한 고초가 말할 수 없었다.

《조선왕조실록》〈연산군일기〉

《조선왕조실록》의 〈연산군일기〉에는 함부로 음탕한 짓을 하고 너무 패악한 나머지 학살을 마음대로 자행하여 대간[臺諫]과 시종 가운데 남아 있는 사람이 없었다고 기록되어 있다. 연산군은 1498년 연산군 4년의 무오사화와 1504년[연산군 10년]의 갑자사화를 일으켜 많은 선비를 죽였다. 무오사화는 《성종실록》 편찬 때 사초 중에 김종직[金宗直]의 〈조의제문〉이 발견됨으로써, 이에 관련된 신진 사대부들이 참화를 당한 사건이었다.

〈조의제문〉은 항우에게 죽음을 당한 초 회왕 의제를 애도하는 글로 정권을 찬탈한 세조를 비난하는 뜻이 숨어 있었다. 할아버지를 모독한 글이니 연산군으로서는 당연히 분노할 수밖에 없었다. 당시 훈구대신들이 신진 사대부들을 박해하는 데 이 사건을 이용함으로써 옥사가 더욱 확대되었다.

갑자사화는 연산군의 생모인 폐비 윤씨의 죽음을 알게 된 연산군의 광기가 폭발해 일어난 사건이었다. 성종은 보위에 올랐을 때 여러 후궁을 두고 있었는데 연산군의 생모 윤씨도 후궁 중 한 명이었다. 그녀는 연산군을 낳으며 왕비에 책봉되었으나 후궁들과의 암투, 시어머니인 인수대비와의 갈등으로 비극적인 운명을 맞이했다.

그녀는 투기도 심하여 성종이 후궁의 방에 있을 때 달려들어 항의하다가 얼굴에 손톱자국까지 남기는 실수를 저질렀다. 성종은 불같이 노하여 편전으로 나가서 대신들을 불러들였다. 영의정 정창손, 한명회, 심회, 김국광, 우의정 윤필상과 승지들, 주서, 사관 등이 입시했다.

"궐내의 일을 경들에게 말하는 것은 진실로 부끄러운 일이라 하겠다. 그러나 일이 매우 중대하므로 말하지 않을 수가 없다."

성종은 편전에 입시한 대신들을 향해 무겁게 입을 열었다.

"중궁이 저지른 행위는 길게 말하기가 어려울 지경이다. 대궐에는 후궁의 방이 있는데, 일전에 내가 마침 이 방에 갔을 때 중궁이 아무 연락도 없이 갑자기 들이닥쳤으니 참으로 민망했다. 예전에 중전의 투기가 심하여 이를 폐하고자 하였으나, 경들이 모두 다 불가하다고 말하였고, 나도 뉘우쳐 깨닫기를 바랐다. 하나 지금까지도 고치지 아니하고 마침내 나를 능멸하는 데까지 이르렀다. 이토록 패악한 여자를 어찌 국모의 자리에 그대로 두겠는가?"

성종의 말에 대신들의 얼굴이 하얗게 변했다. 왕비 윤씨를 폐위하겠다고 선언한 것이다.

"'말이 많으면 버린다[多言去], 순종하지 아니하면 버린다[不順去], 질투하면 버린다[妬去]'라는 말이 칠거지악에 있으니 이제 마땅히 폐하여 서인(庶人)으로 삼을 것이다. 경들은 어떻게 여기는가? 차례대로 말하라."

성종이 좌우를 둘러보았다. 대신들과 승지들의 얼굴이 침통해졌다. 세자를 낳은 왕비를 폐위하는 것은 중대한 일이다. 역모에 연루될 정도의 대죄가 아니면 왕비의 폐위는 필사적으로 막아야 했다.

그러나 성종의 마음이 이미 윤씨에게서 떠났기 때문에 폐위를 막는 일은 불가능했다. 인수대비가 윤씨의 폐위를 강력하게 주장하고 있다는 말도 나돌고 있었다.

"이제 말씀을 들으니 중전마마가 실로 순종하는 도리를 잃어서 종묘의 주인을 삼는 것이 불가하다고 하였습니다. 전하의 말씀이 여기에까지 이르렀으니 어떻게 하겠습니까?"

정창손은 전하의 뜻을 따르겠다고 아뢰었다.

"신은 더욱 간절히 우려합니다. 전하께서 칠거지악으로써 말씀하시니, 신은 말씀을 올릴 수가 없습니다. 다만 원자가 있어 사직의 근본이 되는데 이를 어떻게 하겠습니까?"

한명회는 원자가 있는데 어떻게 폐위하느냐는 뜻으로 말했다.

"사태가 이에 이르렀으니 어찌할 수가 없습니다."

윤필상은 전하의 뜻에 따르겠다고 말했다. 성종은 윤씨를 폐서인으로 만들어 사가로 내치라는 영을 내렸다. 많은 대신이 반대했지만, 성종은 반대하는 대신들을 질책하고 인수대비의 허락까지 받아 기어이 윤씨를 사가로 내쫓았다.

윤씨는 한때 왕비로서 부귀영화를 누렸으나 높은 담장에 갇힌 채 비참하고 쓸쓸한 삶을 살게 되었다. 그러나 불과 1년밖에 지나지 않아 윤씨가 죄인처럼 쓸쓸하게 살고 있는 사가에 도둑이 들며 잊혔던 그녀는 다시 논쟁의 중심으로 떠올랐다.

"신이 듣건대 도적이 폐비 윤씨의 집에 들어가서 상자를 열고 물건을 가지고 갔다고 합니다. 신의 생각으로는 사면이 모두 조관^{朝官.} _{조정 관리}의 집이므로 본래 불량한 사람이 없을 테지만, 어찌 도적이 남의 집을 넘어 들어와서 도둑질을 할 수가 있겠습니까? 청컨대 이웃

사람을 조사하고 담을 높이 쌓게 하소서.”

한성부 판윤[判尹], 오늘날로 치면 서울시장인 정문형이 성종에게 아뢰었다.

“자신이 방비를 잘못하여 도둑을 맞았는데 어찌 이웃 사람을 조사하겠는가?”

성종은 한마디로 잘라 거절했지만, 내심 윤씨가 어떻게 지내는지 궁금했는지 내시를 보내 윤씨의 처소를 살펴보라고 영을 내렸다. 내시가 윤씨의 집에 가보니 잡초가 무성한 집에서 윤씨는 외롭고 쓸쓸하게 살고 있었다. 하지만 내시가 돌아왔을 때 인수대비는 윤씨가 조금도 반성하지 않고 호화롭게 살면서 성종을 원망하고 있다고 보고하라 지시했다. 인수대비의 영을 받은 내시는 성종에게 가서 윤씨가 반성하지 않고 성종을 저주하고 있다 아뢰었다.

“죄인이 조금도 반성하지 않으니 장차 화가 일어날 것이 분명하다. 훗날 세자가 보위에 오르면 윤씨가 독기를 부릴 것이니 사사하라.”

성종은 대로하여 윤씨에게 사약을 내렸다. 윤씨는 인수대비의 모함으로 사약을 받고 죽었다. 연산군은 당시 어릴 때라 생모 윤씨가 억울하게 죽은 것을 알지 못했다. 하지만 궁녀들이 생모에 대해 수군거리는 것을 들으며 자랐다. 생모인 윤씨에게 욕을 하는 궁녀들도 있었다. 어머니에 대한 비난은 어린 연산군의 정신세계에 중요한 영향을 미쳤다. 그는 반항적으로 변해 갔고 조정 대신들에게까지 앙심을 품었다.

성종이 죽고 연산군이 보위에 올랐다. 연산조 초기에는 한명회, 정창손을 비롯하여 성종조의 쟁쟁한 대신들이 살아 있었기 때문에 폭정이 자행되지 않았으나 그들이 죽자 조정에는 훈구대신만 남았다. 게다가 폐비 윤씨가 억울하게 죽임을 당했다는 사실이 연산군에게 알려졌다. 폐비 윤씨의 친정어머니이자 연산군의 외할머니인 신씨가 모진 고생을 하다가 폐비 윤씨가 죽을 때 흘린 피가 묻은 적삼을 가지고 연산군을 찾아온 것이다.

"어머님께서는 죽기 전에도 우리 원자가 보고 싶다고 몸부림치다가 사약을 받고 돌아가셨습니다. 전하, 이 늙은이의 가슴에 맺힌 한을 풀어주십시오. 이 늙은이가 살아 있는 것은 오직 원수들이 죽는 날을 보기 위함입니다."

신씨는 외손자인 연산군 앞에서 통곡하며 얘기했다.

"외조모님, 제 어머니가 어떻게 죽은 것입니까?"

연산군도 외할머니의 손을 잡고 울었다.

"정 소용과 엄 소용이 모함했습니다. 이들의 모함으로 폐비가 되어 사가로 쫓겨났는데 인수대비의 영을 받은 내시가 거짓 보고하여 사약을 받고 돌아가셨습니다."

신씨는 정 소용과 엄 소용의 투기, 인수대비의 모함으로 윤씨가 사약을 받고 죽은 일을 자세하게 고했다. 연산군은 피눈물을 흘리면서 울부짖었다.

"요망한 정 소용과 엄 소용이 내 어머니를 돌아가시게 만들었군요. 내가 어찌 어머니의 원수들과 한 하늘 아래에서 살 수 있겠습니까?"

"이것이 전하를 낳아 주신 어머니의 적삼입니다. 여기 어머니가 흘린 핏자국이 있습니다."

신씨는 폐비 윤씨가 사약을 받았을 때 입던 적삼을 연산군에게 내

밀었다. 이른바 '금삼(錦衫)의 피'가 묻은 옷이다. 10여 년 동안 부둥켜 안고 지내온 적삼은 낡아서 만지면 바스라질 것 같았으나 핏자국만은 뚜렷이 알아볼 수 있었다. 연산군은 폐비 윤씨의 적삼을 움켜쥐고 또다시 통곡했다.

"전하의 어머니께서 사약을 받으신 후에 신은 죽지 못해 지금까지 살아왔습니다. 이제 전하께서 장성하여 보위에 오르셨으니 신의 원한을 풀어주십시오."

신씨는 폐비 윤씨가 죽은 뒤 10여 년 동안 겪은 고초를 연산군에게 낱낱이 고했다. 폐비 윤씨가 사사된 뒤에 폐비의 어머니인 그녀는 행여나 죽임을 당할까 봐 노심초사하며 바람처럼 떠돌아다녔다고 했다.

신씨로부터 자세한 내막을 들은 연산군의 광기가 폭발했다. 그는 눈에 핏발을 세우고 대신들을 일거에 쓸어버릴 계책을 세웠다. 계엄이 선포되고 갑사들이 삼엄하게 대궐을 에워쌌다. 도성을 나가는 문이 모두 닫혀 백성들조차 출입할 수 없었다. 밤이 되자 대궐에 횃불을 대낮처럼 밝히고 국청을 갖췄다. 연산군은 정 소용과 엄 소용을 국청으로 끌고 와서 자루로 덮어씌운 뒤에 몽둥이로 때려죽였다. 폐비 윤씨 사건에 찬성했거나 방관한 대신들이 줄줄이 끌려와 국문을 당하고 처형되었다. 윤필상도 처형당하고 폐비 윤씨에게 사약을 받들고 갔던 이세좌도 처형되었다. 한명회와 정창손 등 당시의 쟁쟁한 대신들은 이미 죽은 뒤였으나 부관참시를 당했다. 조정에 갑자사화라는 무시무시한 피바람이 불었다. 할머니인 인수대비도 구타당해 죽었다. 연산군은 직간(直諫)을 귀찮게 여겨 사간원과 사헌부, 홍문관 등도 없애 버렸다.

연산군은 주지육림에도 빠졌다. 성균관과 원각사 등을 흥청으로 바꾸어 전국에서 미녀들을 뽑아 소속시키고 선종^{禪宗}의 본산인 흥천사^{興天寺}는 마구간으로 만들었다. 장녹수를 비롯한 많은 여인을 흥청에 소속시켜 주야로 음란한 연회를 벌였다. 흥청에 들어가지 않으려고 하는 여자를 죽여서 가루로 만들어 바람에 날리고 가족들을 몰살했고, 대신의 부녀자를 간음했다. 그의 엽색 행각은 종친에게까지 뻗쳐 월선대군의 부인 박씨도 간음했다. 대신들이 무수히 직언을 올리면 이들을 파직해 유배를 보냈다. 그래도 직언을 올리는 자들은 사형에 처했다.

효^孝와 의^義를 다 가져야 선왕의 규범에 맞고
사^邪에 끌려 교^巧를 부리면 세상이 흠으로 친다
만약 오늘의 조의에 반대하는 자가 있다면
서릿발 같은 칼날 아래 죽음을 면치 못하리

로마를 불태운 폭군 네로가 시를 읊었듯이 연산군도 많은 대신을 죽이고 시를 읊었다. 연산군은 역대 어느 임금보다도 많은 시를 남겼다. 자신의 뜻에 반대하는 자는 죽음을 면치 못하리라고 시로써 경고했다.

고요한 은대^{銀臺, 승정원}에 낮이 지겨운데
무더위를 견디지 못해 졸고 앉아 있노라
연꽃을 꺾어서 은근히 주니
잔에 가득한 술 싫어하지 말게나

이 시는 연산군이 승정원의 승지들에게 써준 시다. 여름철의 더위 때문에 승지들이 지겨워하고 있는 모습을 안타까워하면서 술을 하사하는 모습이 그림처럼 묘사되어 있다. 이 시에서는 연산군의 다정다감한 모습이 느껴진다.

> 백성에게 잔인하기 내 위 없건만
> 내시가 난여를 범할 줄이야
> 부끄럽고 통분한 정서^{情緖} 많아서
> 바닷물에 씻어도 한이 남으리

내시 김처선은 연산군이 폭정을 일삼자 직언을 올렸다. 연산군은 대로하여 친히 칼을 들고 김처선의 팔다리를 자르고서 활로 쏘아 죽였다. 김처선의 무덤까지 파헤치고 그가 살던 집은 허물어서 연못으로 만들었다. 그의 양자와 친척도 모조리 죽이고 해골을 부수어 가루를 만들어 강에 뿌리게 했다.

한양은 공포의 도시로 변했다. 연산군의 폭정이 계속되자 민심이 동요했다. 성희안, 박원종, 유순정 등은 1506년^{연산군 12년} 9월 마침내 반정을 일으켜 연산군을 몰아내고 성종의 둘째 아들 진성대군^{晉城大君}을 옹립했다. 연산군은 강화도 교동에 유배되었다가 사사되었다.

"무서워서 화가 되어 그러하오이다."

– 사도세자 죽음의 비밀

조선왕조를 살펴보면 위화도 회군, 권력을 찬탈한 수양대군의 계유정난, 단종 복위 운동의 실패, 중종반정과 인조반정 등 숨 가쁘게 질주한 역사의 흐름이 한눈에 들어온다. 굵직한 역사의 줄기가 바뀔 때는 전조가 있기 마련이다. 그리고 그 전조의 배후에는 여인들이 많은 역할을 하기도 한다. 광해군을 폭군으로 만든 배후에는 특별 상궁 김개시가 있었고, 연산군을 폭군으로 만든 폐비 윤씨의 비참한 죽음 뒤에는 인수대비와의 고부 갈등이 있었다. 뒤주 안에서 죽임을 당한 사도세자의 뒤에도 여인들이 있었다.

영조는 이복형인 경종이 보위에 있을 때 노론의 도움을 받아 왕이 되었다. 경종이 성불구자라 후사를 이을 수 없자, 선의왕후 어씨는 양자를 들여 보위를 이으려 했다. 이때 노론이 영조를 전폭적으로 밀면서 영조는 목숨을 지켰고 경종이 승하하자 보위에 오를 수 있었다. 그런데 영주가 즉위한 지 얼마 지나지 않아 딸에 대한 독살 음모가 밝혀져 대궐이 발칵 뒤집혔다. 범인을 잡고 보니 뜻밖에도 동궁전에서 일하던 궁녀 순정이었다.

지난번 화순옹주가 홍진^{紅疹}을 앓은 뒤에 하혈^{下血}하는 증세가 있었기 때문에 괴이하게 여기며 의아해하다가, 이제 와서야 비로소 독약을 넣어 그렇게 된 것임을 알게 되었다. 그가 이미 세자의 사친^{私親}에게 독기^{毒氣}를 부렸기 때문에 세자가 점점 장성하는 것을 좋게 여기지 아니하여 또다시 흉악한 짓을 하였고, 강보^{襁褓}에 있는 아이인 4왕녀에게도 또한 모두 독약을 썼다. 나의 혈속을 반드시 남김없이 모두 제거하려 했으니, 어찌 흉악하고 참혹하지 아니한가? 정명^{正命}으로 죽어도 오히려 애통하기 짝이 없거늘, 하물며 비명^{非命}에 죽는다면 부모가 된 사람의 마음이 얼마나 비통하겠는가?

《조선왕조실록》

영조는 눈물을 흘리며 '순정'이라는 궁녀가 자신의 자식들을 죽이기 위해 독약을 사용하고 대궐에 매흉^{埋凶, 저주하는 물건인 뼈나 해골, 혹은 짚 인형을 땅속에 묻는 것}을 했다고 주장했다. 왕의 아들딸을 살해하려 했다는 영조의 주장이 사실이라면 엄청난 피바람을 부를 무시무시한 사건이었다. 이 사건은 영조가 인정문 앞에서 순정을 친국한 뒤 처형하는 것으로 매듭지어졌다. 그런데 왕자와 옹주를 살해하려고 한 사건이 어찌 이렇게 간단히 매듭지어질 수 있었을까?

잠저^{潛邸}에 있을 때부터 순정이란 이름의 한 궁녀가 있었는데, 성미가 불량하여 늘 세자 및 세자의 사친에게 불순한 짓을 하는 일이 많았기 때문에 내쫓았다. 세자가 된 뒤에 궁녀가 모자라 다시 동궁전에 들어오도록 했는데, 마음을 고쳤으리라 생각했다. 세자 및 두 옹주를 보양^{保養}하게 하다가 세자 책봉 뒤에 그를 옹주방에 소속시켰으므로 동궁의 나인이 되지 못한 것 때문에 항시 마음속으로 앙앙불락하였으니, 이른바 기심^{機心}이 있는 계집이었다.

《조선왕조실록》

《조선왕조실록》에서 영조는 단순히 순정이 자신의 자식들을 살해하려 한 이유를 성미가 불량한 탓이라고 하고 있다. 그러나 역사의 행간을 추적해 보면 노론이 경종을 독살했다는 설(?)이 널리 퍼져 있었기 때문에, 이에 대한 소론과 남인의 복수극이었을 가능성이 있다.

독살 음모 사건으로 홍역을 치른 영조에게 이번에는 사도세자 사건이 발생하여 아버지가 아들을 죽이는 비참한 일이 발생한다. 사도세자는 이복형인 효장세자가 병으로 죽자 태어난 지 불과 1년 만에 왕세자에 책봉되었다. 사도세자는 어려서부터 영특하여 세 살 때 이미《효경》을 읽었고, 정치적 식견이 탁월해 영조가 붕당정치를 타파할 대책을 묻자 탕평책을 제시했다고 한다. 당시 정권은 노론이 장악하고 있었다. 사도세자가 노론의 정책을 반대하자 극한 대립이 벌어졌다. 사도세자의 개혁적 사고방식이 노론을 불안하게 만들었기 때문이다.

영조는 엄격하고 교육에 철저한 인물이었다. 그러나 그를 둘러싸고 있는 여인들, 화완옹주와 영조가 총애하는 숙의 문씨는 기회가 있을 때마다 사도세자를 모함했다. 화완옹주는 사도세자의 친누이였고, 사도세자가 보위에 오른다고 해도 그녀에게는 불이익이 없었다. 그러나 남편이 일찍 죽자 노론의 비호를 받는 남편의 먼 일가인 정후겸을 양자로 들이며 노론 편이 되어 사도세자를 모함하기 시작한 것이다.

영조는 불같은 성품을 지녔다. 눈을 부릅뜨고 호통을 치면 침전이 쩌렁쩌렁 울릴 정도로 목소리가 커서 사도세자는 아버지인 영조를 대면하는 걸 두려워했다. 사도세자가 공부를 제대로 하지 않으면 세자궁의 관리들을 매섭게 다루어 세자를 공포에 떨게 했다.

"네가 학문을 게을리하고 계집들 꽁무니만 쫓아다닌다는데 사실이더냐?"

영조는 화완옹주와 숙의 문씨가 모함할 때마다 사도세자를 호되게 질책했다.

"전하, 그것은 사실이 아니옵니다."

사도세자가 아버지의 눈치를 살피며 대답했다.

"닥쳐라! 내가 다 알고 있는데 어찌 거짓을 고하는 것이냐?"

영주가 불호령을 내리자 사도세자는 어울한 나머지 눈물을 흘렸다.

"저런 못난 놈 같으니라고, 꼴도 보기 싫으니 썩 물러가라."

영조가 벼락을 치듯이 사납게 호통을 쳤다. 사도세자는 어전에서

사도세자가 장인 홍봉한에게 보낸 편지.
이 편지에서 아버지 영조와의 갈등 및 자신의 우울증을 하소연했다.

물러나오면서 비틀거리기까지 했다.

'아아 누이와 문 숙의는 어찌하여 나를 모함하는가?'

그는 비통해 어찌할 바를 몰랐고, 두 여인의 모함이 갈수록 심해지자 급기야 정신질환까지 앓기 시작했다. 사도세자는 죽기 1년 전 거의 매일같이 약방의 진찰을 받았다.

'함부로 궁녀를 죽이고, 여승을 입궁시키며, 몰래 왕궁을 빠져나가 평양을 내왕하는 등 난행과 광태를 일삼았다.'

이는 사도세자의 부인인 혜경궁 홍씨가 남긴 《한중록^{閑中錄}》의 기록이다. 혜경궁 홍씨의 기록은 통한의 기록이다. 남편이 뒤주 속에 갇혀 죽었으니 얼마나 비통했겠는가.

사나운 영조에게 주눅 들었던 사도세자는 정신질환이 발작하여 옷을 제대로 갈아입지 못했다. 이를 의대병衣帶病, 옷을 입지 못하는 병이라고 하는데 옷을 갈아입을 때마다 수십 벌의 옷을 입고 벗고 하다가 결국 영조에게 야단을 맞았다. 또한 영조에게 야단을 맞을까 봐 전전긍긍하다 울화가 치밀면 엉뚱하게도 내시에게 화풀이를 해 내시의 목을 베고는 했다.

그 유월부터 화증이 더하셔서 사람 죽이기를 시작하시더니 당번 내관 김환채를 죽여서 그 머리를 들고 들어오셔서 나인들에게 보이시니, 내가 그때 사람의 머리 벤 것을 처음 보았는데 그 흉하고 놀랍기 이를 것이 어디 있으리오.

《한중록》

《한중록》에 기록된 사도세자의 이러한 난행은 영조에게 빠짐없이 보고되었고, 영조는 그때마다 노발대발해 야단치곤 했다.

"어찌하여 사람을 죽이느냐?"

"심화가 나면 견디지 못하여 사람을 죽이거나 닭 같은 짐승을 죽여야 마음이 풀립니다."

"어찌하여 그러하냐?"

"마음이 상하여 그러하옵니다."

"어찌하여 마음이 상하였느냐?"

"대조大朝, 영조께서 사랑치 않으시므로 슬프고, 꾸중하시므로 무서워서 화가 되어 그러하오이다."

"내 이제는 그리하지 않으리."

《한중록》에 있는 영조와 사도세자의 대화다. 영조는 한때 사도세자에게 좋은 아버지가 되려고 애쓰며, 부자간의 대화를 시도했으나 오래가지 못했다. 영조 22년 3월 2일, 창덕궁 저승전儲承殿 행랑에서 화재가 일자 영조는 사도세자를 불러 대신들 앞에 세운 채 사정없이 야단을 쳤다.

"네가 불한당이냐? 불을 왜 지르느냐?"

영조의 책망을 받은 사도세자는 가슴이 답답하여 청심환을 먹고 저승전 앞뜰의 우물로 뛰어들어 자진하려고 했다. 내시들이 만류하여 자진하지는 못했으나 그 이야기를 들은 영조는 더욱 노발대발했다. 영조는 화완옹주와 숙의 문씨의 모함만 귀담아듣고 사도세자가 불을 질렀다고 생각했다. 세자로서는 억울한 일이었다.

사도세자는 정신질환이 심해지면서 대궐을 빠져나가 여승이나 기녀들과 음란한 행위를 일삼았다. 유흥을 즐기려고 평양을 오가고 돈이 모자라면 남대문 상인들에게 강제로 빌려 원성을 샀다.

"인간이 아니로다. 어찌 백성에게 돈을 빌려 탕진한단 말이냐?"

영조는 세자에게 실망했다. 그래도 아들이 백성들에게 돈을 빌렸으니 갚지 않을 수 없었다. 남대문 상인들을 대궐 앞으로 불러 직접 빚을 갚아 주었다. 조선시대 세자가 상인들에게 돈을 빌린 것이나 왕이 이를 갚아 준 일은 유례를 찾아볼 수 없는 일이다. 오늘날 젊은 자녀들이 카드빚을 갚지 못해 쩔쩔매면 부모들이 갚아 주는 경우가 종종 있는데 이와 비슷한 일이었다.

그런데 사도세자는 왜 노론으로부터 미움을 받았는가? 사도세자는 대리청정을 하면서 백성들의 환곡還穀에 대하여 남은 것은 덜고 부족한 것은 보태는 '부다익과不多益寡'의 정사를 베풀어 백성들의 고통을 줄이고, 서민을 괴롭히는 대동大同, 군포軍布의 대전代錢, 방납防納을 금지시켰다 이러한 일련의 정책이 정권을 잡고 있던 누론의 정책에 크게 배치되었기 때문에 배척받은 것이었다.

벽파의 영수인 김귀주金龜柱는 아버지 김한구, 홍계희 등과 함께 사도세자를 탄핵하기 시작했다. 여기에 숙의 문씨와 화완옹주까지 가세하여 모함하는 바람에 사도세자는 죽음의 위기에 내몰렸다. 사도세자는 마침내 통렬한 반성문을 썼다.

나는 불초 불민한 사람으로 효성이 얕아서 어버이의 침식을 돌보는 절차를 때맞추어 하지 못했으니, 자식 된 도리에 어긋난 점이 진실로 많았다. 이것이 누구의 과실이겠는가? 바로 나의 불초함이다. 이것이 누구의 과실이겠는가? 바로 나의 불초함이다. 대조大朝께서 전후로 가르치시기를 거듭 간곡하게 하신 것은 진실로 자애로운 성의聖意와 사물에 부응하는 지극한 뜻에서 나온 것인데, 내 불초 불민함으로 인하여 만분의 일도 우러러 본받지 못했다. 부끄러움이 갑절이나 되어 비록 땅속으로 들어가고 싶으나 이루지 못하겠다. 강학을 돈독하게 하지 못하고 정사를 부지런하게 하지 못한 데에 이르러서는 어느 것도 나의 허물이 아닌 게 없는데, 어제 양 대신이 반복해 진면陳勉함으로 인하여 더욱 나의 불초하고 불민함을 깨달았다. 더욱 나의 불초하고 불민함을 깨달았다. 두렵고 송구스러워 추회막급追悔莫及이다. 두렵고 송구스러워 추회막급이다. 지금부터 스스로 통렬하게 꾸짖고 깨우쳐 장차 모든 일에 허물을 보충하여 단호하게 종전의 기습氣習을 바꾸려 하는데, 만약 혹시라도 실천하여 행하지 못하고 작년과 같이 된다면, 이는 나의 과실이 더욱 심한 것이다. 오호라!

조정의 신료들은 나의 이 뜻을 체득하여 일마다 바로잡아 주어야 한다. 이것이 나의 바람이다. 이것이 나의 바람이다.

《조선왕조실록》

사도세자가 승정원에 자신의 잘못을 스스로 통렬하게 질책하면서 내린 반성문에는 그 절절한 심정이 적나라하게 드러나고 있다. 이는 드물게 여러 번 반복 문장을 사용하는 점에서 잘 드러난다.

"이것이 누구의 과실이겠는가? 바로 나의 불초함이다. 이것이 누구의 과실이겠는가? 바로 나의 불초함이다."

피를 토하는 듯 반복되는 문장에는 아버지 영조가 내리는 죽음을 피하고 싶은 사도세자의 절박한 심정이 그대로 묻어난다. 그는 반복 문장을 거듭 사용하면서까지 자신의 과오를 철저하게 반성해 아버지 영조의 환심을 사려 했다. 그러나 그런 보람도 없이 끝내 뒤주속에 갇혀 죽임을 당했다.

임금의 전교는 더욱 엄해지고 영빈^{映嬪}이 고한 바를 대략 진술하였는데, 영빈은 바로 세자의 탄생모^{誕生母} 이씨^{李氏}로서 임금에게 밀고^{密告}한 자였다. 도승지 이이장이 말하기를 '전하께서 깊은 궁궐에 있는 한 여자의 말로 인해서 국본^{國本}을 흔들려 하십니까?' 하니, 임금이 진노하여 빨리 방형^{邦刑}을 바루라고 명하였다가 곧 그 명을 중지하였다.

《조선왕조실록》

실록은 사도세자의 생모인 영빈 이씨가 밀고했다고 기록하고 있다. 사도세자의 죽음은 벽파와 시파라는 분파가 조정에 생기면서 이들이 대립하다가 일어났다. 영빈 이씨는 사도세자의 어떤 비행을 고발한 것일까.

사도세자의 죽음은 벽파인 김귀주의 무고가 결정적이었으나, 실제로는 숙의 문씨와 화완옹주의 무고가 더욱 큰 역할을 했다. 사도세자는 그녀 때문에 정신질환을 앓게 되었고, 김귀주 등이 때를 놓치지 않고 무고하자 영조가 결단을 내려 아들인 사도세자를 죽음으로 몰아갔다. 부자간의 갈등을 부른 벽파와 시파의 대립은 결국 순조 때 피를 부르는 신유옥사辛酉獄事를 일으키게 된다.

한편 사도세자의 아들 정조는 즉위하자마자 아버지에 대한 처절한 복수를 시작했다. '문녀토죄윤음文女討罪綸音'을 발표한 뒤 할아버지 영조의 후궁인 숙의 문씨에게 사약을 내려 죽이고, 그녀의 오라버니 문성국은 시체를 여섯 토막 내는 육시형戮屍刑에 처했다.

아! 이달의 이날을 당하여 가슴이 무너져 내리고 목이 막히며 마치 살고 싶지 않다. 아! 나의 오늘의 심정으로 어찌 차마 호령을 발하고 시행하겠는가마는 아! 문성국의 하늘에 맞닿고 땅에 극하는 죄악은, 내가 마음을 썩히고 뼈에 새기며 분을 품고 애통을 씹게 되는 것이다. 만일 오늘날에 있어서 환하게 유시하지 않는다면 백관과 만민들이 어떻게 이 역적의 본말을 알고서, 하늘에 맞닿고 땅에 극하는 죄악을 함께 분개하고 통탄할 수 있겠는가? 아! 너희 대소大小신서臣庶들은 나의 슬프고도 고통스러운 말을 분명하게 들어 보라. 아! 문성국의 죄악은 열이나 백으로는 계산할 수 없는 것으로서, 천 가지 죄와 만 가지 악이 헤아릴 수 없이 한없이 이치에 어그러지지 않은 것이 없기 때문에 차마 제기할 수도 없고 차마 말할 수도 없는 흉악한 의도와 역절이다. 무릇 저 문성국은 천한 복예[僕隸]로서 살무사 같은 성질을 가지고, 안으로는 요망한 누이를 끼고 밖으로 반역한 재상과 결탁하여, 무릇 낮이나 밤이나 주무[綢繆]하는 것은 찬탈하려는 흉계가 아니면 곧 시역하려는 음모였다.

《조선왕조실록》

정조의 윤음은 처절하기까지 하다. 사도세자를 죽인 일이 어쩔 수 없는 선택이라고 주장하는 벽파와 사도세자를 지지한 시파는 정조 시대 내내 대립한다. 시파는 정조와 영의정 채제공이 옹호했는데, 남인들이 주류를 이루었다.

순조 대에 이르면 이들의 대립이 더욱 격해지고, 벽파가 정권을 잡자 시파가 묵인하는 천주교를 대대적으로 박해해 신유사옥이 일어난다. 벽파는 시파를 숙청하기 위해 천주교도를 옹호했다는 누명을 씌워 공격했다. 이로 인하여 천주교 지도자들인 이승훈, 정약종, 최창현, 강완숙, 최필공, 홍교만, 김건순, 홍낙민 등이 서소문 밖에서 참수되고, 왕족인 송씨, 정조의 서제인 은언군의 부인와 신씨, 은언군의 며느리가 사사[賜死]되었다.

"시생과는 같이 일을 꾀할 수 없다 하더니 과연 그렇도다."

– 계유정난의 비밀

조선 제5대 임금인 문종은 세종이 승하하자 보위에 올랐으나 병약하여 3년밖에 나라를 다스리지 못하고 유명을 달리했다. 문종의 뒤를 이어 보위에 오른 임금은 열두 살밖에 안 된 외아들 단종이었다. 그에게는 수양대군을 비롯해 글씨와 그림으로 명성을 떨친 안평대군 등 여러 숙부가 있었다. 그들은 조선조 가장 비범한 왕자들이었다.

조부인 세종은 단종이 성장할 때까지 자신이나 병약한 문종이 살지 못할 것이라는 것을 인지하고 우울한 날을 보냈다. 문종이 죽으면 치열한 권력 투쟁이 벌어질 것이고 어린 손자가 비참한 죽음을 맞을 것은 불 보듯 뻔했다.

"경들은 이 아이를 잘 보살피라. 이 아이가 천수를 누리는 것이 나의 소원이다."

세종이 세손 단종을 안고 울적한 표정을 짓자 집현전 학사들인 성삼문, 박팽년 등이 눈물을 흘렸다 한다. 세종이 이러한 영을 내린 것은 왕자들끼리 권력 투쟁이 치열했기 때문이다. 그러나 권력 투쟁을 벌이는 수양대군과 안평대군도 그의 아들이었다. 역모에 대한 확실한 증거도 없이 처벌할 순 없었다. 세종은 집현전 학사들에게 단종을 부탁한 후 얼마 지나지 않아 눈을 감았다.

슬픔 속에서 국장을 치른 문종은 황보인과 김종서에게 단종을 보위하도록 했다. 황보인과 김종서는 목숨을 바쳐 단종을 지키겠노라고 맹세했다. 문종은 그래도 안심이 안 되어 틈만 나면 집현전 학사들에게 단종을 부탁했다.

"내가 경들에게 세자를 맡겼으니 술을 따르노라."

어느 눈 오는 밤, 문종은 집현전 학사들에게 술을 권했다. 자신은 병 때문에 술을 마시지 못하면서도 집현전 학사들에게 취하도록 마시게 한 뒤에, 그들이 잠이 들자 내시를 시켜 이불을 덮어주었다. 이튿날 잠에서 깬 집현전 학사들은 문종의 따뜻한 배려에 감격해 목숨을 걸고 단종을 지키겠노라 약속했다.

문종은 자신의 우려대로 3년밖에 보위에 있지 못했다. 학문이 높고 성군의 자질을 갖췄던 문종의 승하는 500년 조선 역사를 바꾸는 신호탄이나 마찬가지였다.

단종이 보위에 오른 뒤 수양대군과 안평대군이 치열한 권력다툼을 벌였다. 안평대군은 이현로와 같은 인물을 발탁하고 수양대군은 한명회를 발탁했다. 이현로는 풍수지리에 밝아 백악산^{白嶽山} 뒤에 궁궐을 짓지 않으면 정룡^{正龍}이 쇠잔하고 방룡^{傍龍}이 일어날 것이라고 발설해 큰 물의를 일으킨 일이 있었다. 그는 태종과 세종이 모두 방룡으로서 임금이 되었고 문종은 정룡이라서 오래 살지 못할 것이라

했던 것이다. 듣기에 따라 대역무도한 말이지만 안평대군의 심복이었기 때문에 사간원이나 사헌부가 문제 삼지 않고 있었다.

'흥! 이현로가 앞을 내다볼 줄 아는군.'

수양대군은 코웃음을 쳤다. 그는 사음회(射飮會. 활을 쏘고 술을 마시는 모임)를 열어 휘하에 장사들을 끌어 모았다. 안평대군도 술사와 장사들을 포섭했다. 바야흐로 안평대군의 책사 이현로와 수양대군의 책사 한명회의 책략이 불꽃을 튀기기 시작했다.

어린 단종이 즉위하자 수양대군과 안평대군은 더욱 긴박하게 움직이기 시작했다. 김종서는 수양대군의 움직임을 간파하고 이들을 제거하려 했으나 수양대군이 한발 빨랐다. 1453년 수양대군은 한명회, 권람, 홍윤성 등과 함께 계유정난(癸酉靖難)을 일으켰다.

　　김종서가 편지를 받아 물러서서 달에 비춰 보는데, 세조가 재촉하니 임어을운이 철퇴로 김종서를 쳐서 땅에 쓰러뜨렸다. 김승규가 놀라서 그 위에 엎드리니, 양정이 칼을 뽑아 쳤다. 세조가 천천히 양정 등으로 하여금 말고삐를 흔들게 하여 돌아와서 돈의문에 들어가, 권언 등을 시켜 지키게 하였다.

《조선왕조실록》

수양대군은 친히 김종서의 집에 가서 그를 척살하고 돈의문으로 달려가 한명회, 권람 등과 합류하여 돈의문 안에서 명소패로 대신들을 불러 살생부에 따라 살해했다. 그날 밤 한양 만호장안에는 무시무시한 피바람이 불었다.

조극관, 황보인, 이양이 제3문에 들어오니 함귀 등이 철퇴로 때려죽이고, 사람을 보내어 윤처공, 이명민, 조번, 원구 등을 죽이고, 삼군진무 최사기를 보내 김연을 그 집에서 죽이고, 삼군진무 서조를 보내어 민신을 비석소^{碑石所}에서 베고…….

《조선왕조실록》

수양대군 일파가 피바람을 일으키고 있을 때 간신히 살아남은 김종서가 상처를 싸매고 여복^{女服}을 입고서, 가마를 타고 돈의문 앞과 서소문, 숭례문 세 문을 거쳐 대궐로 들어오려다가 수양대군 일파가 이미 대궐을 장악한 것을 보고 아들 김승벽의 처가에 숨었다.

수양대군은 김종서가 살아 있다는 말을 듣고 양정과 의금부 진무 이흥상을 보내 김승벽의 처가에서 김종서의 목을 베었다. 함길도(지금의 함경도) 절제사 시절 6진을 개척해 명성을 떨친 김종서는 이렇게 목숨을 잃었다.

삭풍은 나무 끝에 불고 명월은 눈 속에 찬데
만리변성^{萬里邊城}에 일장검 짚고 서서
긴 휘파람 일성호가에 거칠 것이 없어라

김종서가 6진을 개척하며 두만강 일대를 누빌 때 지은 시조다.

정권이 바뀔 때는 으레 숙청의 바람이 휘몰아친다. 한양 장안에도 무시무시한 피바람이 불었다. 안평대군은 강화도 교동으로 끌려갔다가 사사되고 황보인과 김종서 일파가 줄줄이 살해되었다. 계유정난으로 조정의 많은 인사가 살해되거나 귀양을 갔다.

그리고 수양대군은 스스로 영의정이 되어 군국대사를 좌우했다. 한편 집현전 학사들은 수양대군의 행동에 불만을 가졌으나 단종에게 불리한 일이 일어날까 봐 내색하지 않고 있었다.

수양대군 일파는 김종서와 황보인 등이 어린 단종을 조종해 권력을 휘둘러 나라가 위태롭고, 안평대군이 보위를 찬탈하려고 하여 부득이 임금의 허락도 받지 않고 난을 일으킨 것이라 주장했다.

그렇다면 후일 단종 복위 운동에 나섰던 집현전 학사들은 왜 이를 방치했을까. 단종이 양위할 때까지 집현전 학사들은 움직이지 않았다. 이는 수양대군의 변처럼 김종서와 황보인 등도 어느 정도 단종 밑에서 권력을 휘두른 탓에 집현전 학사들의 눈 밖에 났기 때문이다.

수양대군 일파는 조정과 대궐을 장악하고 서서히 단종을 압박했다. 실록에는 기록되지 않았으나 어린 단종은 수양대군 일파의 압박에 잠을 이루지 못했다. 결국 단종은 목숨이 위태로워지자 수양대군에게 양위하고 보위에서 물러났다. 그리하여 수양대군은 세조가 되고 단종은 상왕이 되었다. 단종의 양위는 집현전 학사들에게 큰 충격을 주었다.

"숙부가 어린 임금을 협박하여 쫓아내고 보위를 찬탈하니 이와 같은 무도한 일이 어디에 있는가?"

단종이 왕위에서 물러나자 박팽년이 비통하게 울부짖으면서 경회루 연못에 뛰어들어 목숨을 끊으려고 했다.

"이래서는 안 되네. 억울하고 분해도 후일을 위해 참아야 하네. 상왕이 살아 계시니 얼마든지 후일을 도모할 수 있지 않겠는가?"

성삼문이 깜짝 놀라 박팽년의 옷소매를 잡아끌어 만류했다. 박팽년은 후일을 도모하자는 말에 비로소 죽음을 포기했다. 집현전 학사들은 비밀리에 회동하여 단종 복위 운동을 시작했다. 그들은 문신이었기 때문에 무관인 성삼문의 부친 성승, 유성원의 부친 유응부를 거사에 끌어들였다.

유응부와 성승이 단종 복위 거사에 가담하면서 계획은 점점 구체화되기 시작했다. 박팽년은 형조판서를 지낸 아버지 박중림을 끌어들였다. 박중림은 수양대군이 이조판서에 임명했으나 거절할 정도로 강직한 원로대신이었다.

거사일은 중국 사신을 환영하는 연회의 날이었고 장소는 태평관이었다. 그들은 사신을 환영하는 연회가 벌어질 때 유응부와 성승이 운검^{雲劍}(조선시대 무반 두 사람이 큰 칼을 차고 임금의 좌우에 서서 호위하는 것. 2품 이상의 임시 관직이 맡는다)을 차고 있다가 수양대군을 살해하는 것으로 결정했다.

그러나 거사 당일, 태평관에서 뜻밖의 사태가 벌어졌다. 한명회가 연회 장소가 비좁다는 이유를 들어 운검을 세우지 않기로 결정하고, 세자는 병으로 참석하지 않는다는 연락이 온 것이다. 단종 복위 거사를 하려던 학사들은 긴장하여 거사를 연기하기로 결정하고 유응부와 성승에게 통고했다.

"이제 와서 거사를 연기하자니 무슨 해괴한 말인가? 오늘 결단하지 않으면 반드시 실패할 것이다."

유응부가 눈을 부릅뜨며 호통을 쳤다.

"고정하십시오. 세자는 경복궁에 있고 한명회가 운검을 폐한 것은 아직 수양대군을 죽이지 말라는 하늘의 뜻입니다. 수양대군을

단종이 숙부인 수양대군에게 양위 후 유배 생활을 한 영월 청령포의 어소

죽인다고 해도 경복궁에 있는 세자가 군사를 끌고 와서 진압하면 우리의 거사가 어찌 성사되겠습니까?"

성삼문과 박팽년이 거사를 연기해야 한다고 주장했다.

"그렇지 않다. 이런 일은 빨리해야 하는데 늦추면 일이 틀어질 수 있다. 세자가 비록 이곳에 오지 않았지만, 수양대군의 우익이 모두 이곳에 있으니 오늘 이들을 모조리 죽이고 상왕 단종을 복위하면 어찌 성공하지 않겠는가?"

유응부가 성삼문 등에게 호통을 쳤다.

거사 세력은 두 패로 갈라졌다. 그러나 유응부의 주장은 많은 집현전 학사의 반대로 관철되지 않았다.

'아아 이 중요한 때에 거사를 하지 않으니 대흉을 어찌 처단하겠는가?'

유응부는 낙담하여 집으로 돌아갔다. 결국 거사는 후일로 미루어지고 이에 불안을 느낀 김질이 배신하여 장인인 정창손에게 밀고했다. 정창손은 경악해 한밤중에 대궐로 달려가 고했다. 수양대군은 즉시 비상령을 내리고 한명회 등을 대궐로 불러들여 단종 복위를 하려던 사육신 등을 대대적으로 검거했다.

성삼문, 박팽년 등이 거사를 미루는 바람에 사육신이 결행하려던 수양대군 암살 사건, 즉 단종 복위 운동은 철저히 실패로 돌아간다. 이는 유응부에 대한 친국에서도 여실히 드러난다.

사람들이 말하되 서생과는 같이 일을 꾀할 수 없다 하더니 과연 그렇도다. 지난번 잔치를 하던 날에 내가 칼을 시험하려 하니 너희들이 굳이 말하기를 '만전의 계책이 아니다' 하여 오늘의 화를 당하게 되었으니 너희들은 사람이라도 꾀가 없으니 짐승과 무엇이 다르랴.

《육신전》

단종 복위 운동을 하던 성삼문 등에 대한 친국이 벌어졌을 때 유응부가 한 말이다. 유응부는 친국장에 끌려 나온 집현전 학사들을 짐승과 같다고 비난했다. 단종을 복위하려던 거사가 그들의 판단 실수로 실패했다는 것이었다. 성삼문은 유응부의 호통에 입술을 깨물고 항변하지 못했다. 거사에 실패해 유응부까지 친국을 당하게 했으니 얼굴을 들 수 없었다.

유응부는 포천 출신으로 키가 크고 활을 잘 쏘는 무인이었다. 무과에 급제하여 세종과 문종의 사랑을 받았다. 평안좌도 도절제사 등 고위 관직을 지냈다. 왕위에 오른 수양대군^{세조}이 이조판서로 임명했으나 사양하고 단종 복위 운동에 가담하여 운검을 설 때 세조를 제거하려 했던 것이다.

"중국 사신을 맞이하는 태평관에서 한 칼로 족하^{足下, 상대를 낮추어 부르는 말}를 폐하고 상왕을 복위하려 했으나 불행히도 간사한 인간이 고발하여 이 꼴이 되었으니 다시 물어 무엇을 하겠는가. 족하는 빨리 나를 죽이라."

유응부는 세조를 족하라 부르고 한 칼로 폐하겠다고 했다. 이는 단칼에 목을 베려고 했다는 뜻이다. 대신들의 얼굴이 하얗게 변했고 세조가 몸을 부르르 떨었다.

"네가 상왕의 이름을 내걸고 사직을 도모하려 하였구나."

사직을 도모한다는 것은 임금 자리를 빼앗겠다는 뜻이다. 세조는 눈에 핏발을 세우고 유응부의 살가죽을 벗기면서 친국했다. 그러나 유응부는 끝내 자신의 절개를 굽히지 않았다.

> 간밤에 불던 바람에 눈과 서리까지 몰아쳤단 말인가
> 낙락장송도 다 쓰러졌단 말인가
> 하물며 못다 핀 꽃들이야 말해서 무엇하겠는가

유응부가 남긴 시에 청렴결백한 삶을 살았던 그의 절개와 의로운 모습이 담겨 있다.

성삼문과 박팽년이 비록 잘못된 판단으로 거사를 망쳐버렸다고는 하나 그래도 그들은 만고의 충신이었다. 성삼문은 살갗이 찢어지고 살점이 떨어져 나가는 혹독한 고문을 당했다. 세조는 성삼문 등 집현전 학사들이 잘못을 인정하면 살려주려고 했다. 성삼문을 회유하려다 실패하자 더욱 가혹하게 고문했다.

"형을 더 가하라. 내가 눈도 깜짝하지 않을 것이다."

성삼문은 살이 찢어지고 피가 낭자하게 흘러내렸으나 이를 악물고 호통을 쳤다. 성삼문과 친하게 지내던 신숙주가 고개를 돌릴 정도로 고문은 잔인했다.

"네놈이 형벌의 무서움을 모르는구나. 저놈에게 낙형을 가하라!"

세조가 눈에서 불을 뿜으면서 영을 내렸다. 의금부 사령들이 일제히 달려들어 달구어진 쇠로 성삼문의 다리를 뚫고 팔을 지졌다. 살 타는 연기가 자욱하게 피어오르고 냄새가 코를 찔렀다.

낙형烙刑은 인두나 쇠꼬챙이를 불에 달구어 살을 지지는 것이다. 성삼문은 처절한 고통 속에서도 얼굴빛 하나 변하지 않았다. 쇳조각을 달구어 배꼽 위에 놓자 기름이 지글지글 끓고 살이 타들어 갔다.

"하하! 다시 달구어 오게 하라. 나리의 형벌이 참 독하다."

성삼문은 쇳조각이 식자 미친 듯한 웃음을 터뜨리면서 세조를 비웃었다. 친국에 참여한 당상관들은 모골이 송연해지는 기분이었다. 성삼문 등은 역모(단종 복위 운동)를 인정했다. 세조는 그들을 참수하라는 영을 내렸다. 박팽년은 고문을 받다가 옥중에서 죽었고 대역 죄인이기 때문에 죽어서도 효수되었다.

사육신을 참수한다는 소식이 장안에 알려지자 사람들이 구름처럼 몰려나와 거리를 메웠다. 성삼문이 수레에 실려 형장으로 끌려가기 시작했다. 그때 대여섯 살밖에 되지 않는 성삼문의 딸이 수레를 따라오며 애처롭게 우는 것이 보였다. 성삼문은 어린 딸을 보자 목이 메었다.

'아아! 어미는 어디 가고 저 어린 것이 나를 따라오는가.'

성삼문은 어린 딸 때문에 가슴이 천 조각 만 조각 찢어지는 것 같았다. 그는 마지막 길을 전송하는 노복이 술 한 잔을 따라 올리자 시 한 수를 지었다.

> 둥둥 북소리는 이 목숨을 재촉하는데
> 돌아보니 해는 이미 서산에 기울었네
> 머나먼 황천길에는 주막집도 없을 것인데
> 오늘밤은 뉘 집에서 자고 가야 하는가

성삼문은 다른 사육신들과 함께 망나니에 의해 목이 베어졌다. 성삼문이 죽은 뒤에 그 집을 적몰했는데, 을해년^{1455년, 세조가 즉위한 해} 이후의 녹봉을 따로 한방에 쌓아 두고 아무 해, 아무 달의 녹이라고 적어 놓았다. 재산을 적몰하려고 온 의금부 관리들은 숙연해졌다.

"녹봉을 한 톨도 사용하지 않았군."

"재물도 일체 모아 놓은 것이 없어."

집에는 쓸 만한 재산이 일체 없고 침방에는 초라한 짚자리만 있을 뿐이었다. 성삼문은 이미 오래전부터 죽음을 준비헤 두었던 것이다.

단종 복위 운동이 실패로 돌아가면서 집현전 학사들을 비롯하여 모의에 가담했던 충신들은 모두 사형당했다. 검거되지 않은 사람들은 스스로 목을 매거나 약을 먹고 자결했다. 충신들의 부인이나 딸은 공신들에게 하사되거나 노비로 끌려갔다.

성삼문 등 사육신의 단종 복위 운동은 실패로 돌아갔으나 그들의 충절은 항상 옷깃을 여미게 했고 성삼문의 절명시를 읽은 많은 사람이 눈물을 흘렸다.

단종 복위 운동의 실패 원인은 무엇일까. 운검이 폐지되자 성삼문 등 문신들은 거사 연기를 주장했고 유응부와 같은 무신들은 거사를 강행할 것을 주장했다. 이때 무신들의 주장에 따라 거사를 강행했다면 성공했을 가능성도 많았다. 그러나 문신들이 거사를 연기하자고 주장하면서 실패로 돌아간 것이었다.

"그들을 숙청해야 비로소 왕도정치를 실현할 수 있습니다."

– 기묘사화의 비밀

조선을 지배한 이들은 사대부들이고, 사대부들을 지배한 것은 성리학이었다. 사대부들은 유학을 유일하게 정학正學으로 생각하고 다른 학문은 잡학, 또는 사학邪學이라고 여겨 철저하게 배척했다. 성리학에 대한 믿음이 절대적이어서 다른 학문을 탄압하기까지 했다. 이는 유학이 탄생한 중국보다 더 극심해서 조선은 공자의 나라라고 해도 과언이 아니었다.

성리학은 '성명의리지학性命義理之學'을 줄인 말이다. 중국 송나라 때 들어와 공자와 맹자의 유교 사상을 '성리性理', 의리義理, 이기理氣' 등의 형이상학 체계로 해석하여 성리학이라 불렀다. 성리학은 보통 주자학朱子學이라고도 부르는데 공자와 맹자를 도통道統으로 삼되 도교와 불교는 공허한 학설에 지나지 않는다고 이단으로 취급했다.

조선의 성리학은 정몽주, 길재, 김숙자, 김종직, 김굉필, 조광조로 이어졌다. 이들은 사림파라고도 불리는데 중종 때 훈구파 대신들과 부딪쳐 수많은 선비가 숙청당한 기묘사화己卯士禍가 일어나게 되었다.

기묘사화의 희생자인 조광조는 이전까지 중종의 총애를 받았으나 훈구파와 대립하다가 사화가 일어나자 하루아침에 역적으로 전락했다. 그는 중종 14년 11월 16일, 옥중에서 비통한 상소를 올렸다.

> 신이 망령되고 어설프며, 우직한 자질로 경연에 출입하면서 전하를 가까이 모실 수 있었으므로 어리석게 속마음을 죄다 말씀 올려 뭇사람의 시기를 받았습니다. 신은 오로지 임금이 있는 것만 알고 다른 것을 헤아리지 않았습니다. 오로지 임금이 요순 같은 임금이 되게 하고자 하였습니다. 임금을 위한 것이 죄라면 신등의 죄는 만 번 죽어도 마땅하나 옥사가 일어나면 걷잡을 수 없어서 선비들이 사화에 걸려들 것입니다. 임금이 계신 곳이 멀어서 감히 신의 생각을 아뢸 길이 없으나 이대로 죽는 것도 참으로 견딜 수 없사오니 친히 국문하시면 만 번 죽더라도 여한이 없겠습니다. 뜻은 넘치고 말은 막혀서 차마 아뢸 바를 모르겠습니다.

조광조는 옥중 상소에서 자신이 죽는 것은 문제가 아니나, 사화가 한 번 일어나면 많은 사대부가 죽을 것이고, 이는 국가의 명맥을 흔드는 일이라고 충언하며 차라리 중종이 친히 국문해 줄 것을 호소했다.

기묘사화가 일어나면서 조광조 등은 옥에 갇혔다. 그러나 조광조에게 적용할 죄목이 마땅치 않아 훈구파는 전전긍긍했다. 그들은 조광조, 김정 등에게 한 차례의 공초만 받았을 뿐 가혹하게 심문하지 않았다.

"조광조가 무슨 죄가 있기에 투옥하셨습니까?"

정광필이 중종에게 물었다.

"대신들이 조광조가 죄가 있다고 했기 때문에 의금부에 가둔 것이다."

중종이 군색한 답변을 했다.

"전하, 언제 대신들이 조광조에게 죄가 있다고 했습니까?"

"훈구대신들이 조광조가 교만하기 때문에 죄가 있다고 했다."

중종은 어떻게 해서든 조광조를 제거하려 했다. 중종시대 최대 옥사인 기묘사화는 조광조의 제거를 목표로 한 것이었다. 그렇다면 조광조는 무엇 때문에 제거되어야 했고 선비들이 대거 숙청되는 기묘사화가 일어난 것일까.

조광조는 개국 공신인 조온의 5대손으로 어머니는 여흥 민씨였다. 그는 어릴 때부터 부친의 엄격한 훈육을 받았다. 예의에 추호도 어긋남이 없었고 총명하여 학문의 진도가 빨랐다. 하루는 조광조가 사랑에서 글을 읽는데 이웃집 여종이 조심스럽게 문을 열고 들어왔다.

"너는 누구인데 밤중에 선비의 방을 침범하는가?"

조광조가 여종을 쏘아보면서 호통을 쳤다.

"소녀는 이웃집에 사는 아무개의 여종으로 도련님 글 읽는 소리가 하도 낭랑하여 찾아왔습니다."

여종이 얼굴을 붉히면서 대답했다.

기묘사화의 희생자 조광조의 영정

"내외가 엄중한데 어찌 이리 괴이한 짓을 하는 것이냐? 물러가라."

"도련님의 글 읽는 소리가 소녀의 방심芳心을 흔들었습니다. 하룻밤만 시중을 들게 해주십시오."

"장부가 독서를 하는데 여자가 침범해 맑은 정신을 어지럽히니 마땅히 매로써 경계할 것이다."

조광조는 이웃집 여종의 고백을 냉정하게 거절하고 종아리를 때려서 돌려보냈다. 이것은 조선시대 사대부들의 뇌리를 관통한 미담이었다. 선비는 색을 멀리하고 오로지 책을 읽고 예를 지켜야 했다.

조광조는 도학 정치를 실현하려는 사람답게 행동에서도 사대부들의 모범이 되었다. 소년 시절부터 학문을 좋아하여 많은 서적을 섭렵한 그는 일곱 살 때 유배당한 김굉필의 문하에서 공부하며 성리학에 깊이 빠졌다. 김굉필은 '소학동자'로 불리는 인물로 성리학의 종사로 알려진 김종직에게 학문을 배운 정통 성리학자였다. 조선의 성리학은 김종직, 김굉필, 조광조로 그 정통이 이어진다.

조광조는 자신이 한 말을 반드시 실행하고 예법에 따라 행동했다. 부친을 여의자 홀어머니를 봉양하며 학문했다. 성균관에서 공부할

時值窮臘寒語
先生復況何似伏惟
○○定惟文福學問日新秋間
一扰以拔慰太虚と○痛剝昌齋
西論南邊○一疾而逝竟為瘴中
○竟○骨孤草一俱悲扁天平
ん此何事也悄誦同邊妄配此
鄉情若兄弟笑恕飲以思○也
今息棄我莫非妄也○煩之後也
痛夹更何言と○元正每有七風便
更賜
德善以慰○海曲慈懷餘病前○我
不成字草と謹拜復伏惟
鑑院
弘治六年癸亥十二月二十日
付慶人宏弼○上
後孫大坤宰務安時得宋

김굉필의 친필 필적

때는 학문과 예의가 뛰어나 동료들에게 존경받았고, 성균관 학생들이 학행이 있는 자를 나라에 천거할 때 첫 번째로 뽑혔다. 그는 성균관 유생 200명의 천거로 관직에 올라 중종의 신임을 얻기도 했다. 김종직이 그랬던 것처럼 성리학을 정치와 교화의 근본으로 삼아 요순의 왕도정치를 실현하려고 했다.

그러나 연산군을 몰아내고 집권한 중종이었다. 그에게는 많은 공신이 있었는데 공로가 없는 자들도 공신에 책록되어 높은 벼슬에 임명되고 녹봉을 받았다. 원리 원칙을 중시하는 조광조는 이와 같은 훈신들과 대립했다.

조광조는 중종의 신임을 얻자 과거제의 폐단을 보완하기 위해 현량과賢良科를 설치하여 많은 신진사류를 조정에 발탁했다. 김종직과 마찬가지로 소격서昭格署를 혁파하고 향약鄕約을 제정하여 지방을 유교적으로 교화하는 데 앞장섰다. 조광조의 개혁 정치는 훈구파로부터 견제를 받았다.

"머리에 피도 안 마른 것들이 무슨 개혁인가? 우리는 목숨을 걸고 반정을 일으킨 공신이야."

훈구파는 조광조를 비롯한 사림파가 눈엣가시였다.

"남곤은 소인이고 유자광 같은 이는 패악한 자입니다. 심정 또한 바르지 않습니다. 그들은 조정의 권력을 차지하고 부패하기 짝이 없습니다. 그들을 숙청해야 비로소 왕도 정치를 실현할 수 있습니다."

사림파도 훈구파에 맞서서 그들을 비난했다. 조광조는 사림파의 대표들인 김정, 김식 등과 더불어 위훈 삭제 문제를 논의했다.

"위훈 삭제는 반드시 해야 할 일입니다. 그러나 임금께서 허락하시겠습니까?"

김식이 걱정스러운 목소리로 물었다.

"허락하지 않으면 허락하게 만들어야지요. 우리에게는 사림이 있지 않습니까?"

조광조가 수염을 쓰다듬으면서 말했다.

"사림의 힘으로 임금을 압박하자는 말씀입니까? 잘못하면 임금의 심기를 건드릴 수 있습니다."

"그래도 해야 합니다. 조정을 깨끗하게 해야만 나라가 바로 서고 백성들이 편안하게 생업에 종사할 수 있습니다."

"공신들이 그냥 있지 않을 것입니다. 반드시 흉계를 꾸며 우리를 공격할 것입니다. 죽음을 각오하지 않으면 안 됩니다."

"선비가 믿는 것은 임금의 마음뿐입니다."

조광조는 대사간 이성동과 함께 훈구 세력인 반정공신을 맹렬하게 공격했다. 중종반정에 공을 세운 사람들은 인정하지만 공을 세우지 않고도 공신의 반열에 오른 사람들을 과감하게 축출해야 한다는 것이다. 성희안은 반정에 참여하지 않았는데도 공신이 되고, 유자광은 오로지 척족의 권력과 재물을 위해 반정에 참여했기 때문에 삭제해야 한다고 강력하게 주장했다.

공신들은 바짝 긴장했다. 조광조 혼자 주장하면 반격할 수 있겠지만, 사림파가 집단으로 주장하면 목숨을 건 싸움이 된다. 공신파가 잔뜩 긴장하여 정국의 추이를 주시하고 있을 때 사헌부, 사간원, 홍문관, 승정원이 기다렸다는 듯이 위훈 삭제를 요구하고 나섰다.

중종시대 조정에 대거 진출한 사림파는 왕도 정치를 실현하려면 필히 공신들을 제거해야 했다. 그들을 제1의 개혁 대상으로 보았다. 타깃은 성희안과 유자광 등 일부지만 실제로는 공신 전체를 겨냥한 것이었다. 사림파의 대대적인 공격이었다. 이들의 주장으로 한 달 내내 조정이 들끓고 정치가 마비되었다. 조광조를 앞세운 사림파의 위훈 삭제 요구는 중종이 압박감을 느낄 정도로 강력했다.

"위훈 삭제를 청하면서 신은 생사를 돌보지 않기로 하였습니다. 조정이 이 일로 논의가 분분한데 명색이 대신이라는 자들이 침묵 지키면서 보신만 하고 있습니다. 남곤은 1품인 재상으로서 육경의 반열에 있으면서 나라의 일을 염려하지 않고 영릉^{英陵, 세종의 능}의 향사 흠사^{享使, 제사 지낼 때의 사신}로 차출되어 갔습니다. 변을 보고 교묘히 피하였으니 그 마음 쓰는 것이 매우 간시합니다. 이를테면 유순, 김감 같은 자도 그 죄를 낱낱이 밝혀야 할 터인데 도리어 공신에 끼어 있습니다."

대사헌 조광조는 현역 대신인 남곤까지 맹렬하게 공격했다.

"그가 향사가 된 것이 과연 피하려고 그런 것이겠는가. 나는 모르겠다."

중종은 조광조가 남곤을 탄핵하자 불편하게 생각했다. 대사간 이성동, 승지 유인숙도 남곤이 옳지 않다고 아뢰었다.

"안당은 사림 중의 한 사람인데, 어찌하여 바른 대로 아뢰지 않습니까?

조광조는 입을 다물고 있는 중도파 대신 안당까지 비난했다. 정승과 육경의 반열에 있는 대신들은 조광조의 비난을 받자 얼굴이 흙빛이 되었다.

"전하께서 속히 결단을 내리셔야 합니다."

안당이 눈치를 살피면서 중종에게 아뢰었다.

"신은 귀양 가거나 죽더라도 청을 멈출 수 없습니다. 속히 공신록을 개정하라는 영을 내리소서."

조광조가 중종을 재촉했다.

"개정할 수 없다."

중종은 조광조의 간청을 거부했다. 조광조 등은 어전을 물러나와 항의하는 뜻으로 일제히 사직했다.

남곤은 조광조가 자신까지 비판했다는 말을 듣고 분노했다. 남곤역시 김종직의 문인으로 김종직의 제자 김굉필에게 가르침을 받아조광조에게는 사형뻘 되는 사람이었다. 한때 대간들의 탄핵을 받아물러난 적도 있었으나 문한文翰. 문장이 출중하다고 하여 다시 등용되었다. 그는 심정, 홍경주와 손을 잡고 조광조를 몰아낼 계략을 꾸몄다. 홍경주의 딸인 희빈 홍씨를 중종이 총애했기 때문에 이를 이용해 궁중에서 조광조를 모함했다.

"전하, 온 나라의 인심이 모두 조광조에게 돌아갔다고 하옵니다."

희빈 홍씨는 은근히 조광조를 비난했다. 중종은 처음엔 희빈 홍씨의 말에 귀를 기울이지 않았으나 경빈 박씨까지 가세하자 조광조를 의심하기 시작했다.

심정, 남곤, 김전 등 훈구파가 사림파에 대한 반격을 준비할 때, 육조의 모든 대신과 의정부, 승정원의 사림파까지 가세해 중종을 몰아세웠다.

'너희들의 요구는 들어줄 것이다. 그러나 너희들이 임금을 핍박했으니 그 죄 또한 마땅히 받아야 할 것이다.'

중종은 마침내 대간들을 불러들여 위훈을 개정해 공훈이 없는 자들을 위훈록에서 삭제하라는 영을 내렸다. 조광조를 비롯한 사림의 요구가 워낙 강경했기 때문에 중종은 마침내 2, 3등 공신의 일부, 4등 공신 전원, 즉 공신의 4분의 3에 해당되는 76인의 훈작을 삭탈하기에 이르렀다. 숫자는 불과 76인에 불과하지만 훈작이 삭탈되면서 노비와 재산까지 모두 몰수되어 훈구파엔 일대 파란이 일었다.

남곤, 심정, 홍경주는 마침내 궁중의 여인들을 움직였다. 여인들에게 시켜 대궐의 나뭇잎에 꿀로 주초위왕走肖爲王이라는 글자를 쓰게 했다. 주초走肖를 합치면 조趙 자가 되기 때문에 '조광조가 왕이 되려고 한다'는 뜻이었다. 벌레들이 꿀을 먹으려고 나뭇잎을 파자 글자를 만들어졌다. 희빈 홍씨와 경빈 박씨가 이 사실을 중종에게 보고했다. 중종은 조광조 등의 강력한 요구를 들어주기는 했으나 사림파와 더 이상 정치를 같이할 수 없다고 생각했다. 그리하여 주초위왕이라는 글자를 빌미로 조광조를 하옥하기에 이르렀다.

조광조의 묘

　사림파에 대한 대대적인 검거는 유생들의 반발을 불러왔다. 성균관의 유생 이약수 등 150여 명은 대궐 앞에서 상소를 올리고 반응이 없자 궐문을 밀고 난입하여 곧바로 합문 밖에 이르러 조광조의 무죄를 주장하면서 통곡했다. 유생들의 곡성이 대궐 뜰에 진동했다. 중종 14년 11월 17일 성균관 생원 임붕 등 240여 명이 상소해 조광조의 억울함을 아뢰고 감옥에 함께 들어가겠다고 청했다. 19일에도 이약수 등 성균관의 유생 300여 명이 상소를 올렸다. 조광조에 대한 구명 운동은 폭넓게 전개되었다.

　"조광조 등의 본래 마음은 나라의 일을 그르치고자 하지 않은 것일지라도 조정에서 이와 같이 죄주기를 청하였으니, 죄주지 않을 수 없다. 조광조, 김정은 사사하고, 김식, 김구는 장*1백에 처하여 절도에 안치하고, 윤자임, 기준, 박세희, 박훈은 장을 속**하고 고신을 빼앗고 외방에 부처하도록 하라."

조정에서 죄를 줄 것을 청했기 때문에 사사한다는 중종의 판결이었다. 그러자 기사관인 채세영과 이공인이 깜짝 놀라 아뢰었다.

"전하, 조광조 등에게 어찌 다른 뜻이 있었겠습니까? 나라의 일을 위하고자 하였을 뿐입니다."

"이 일은 조정에서 상세히 의논하였다. 영을 내린 대로 판부하라."

"신등은 감히 판부를 쓸 수가 없사옵니다."

채세영과 이공인이 엎드려 아뢰었다. 그러자 김근사가 돌아보고 채세영의 붓을 빼앗아 판부를 쓰려고 했으나, 채세영이 곧 붓을 가지고 멀리 물러가서 아뢰었다.

"전하, 조광조를 사사한다는 영을 거두소서."

"무엄하다. 기사관들이 어찌 이리 방자한가?"

"전하, 신들도 함께 사사하소서."

채세영과 이공인이 머리를 짓찧으면서 울부짖었다. 그러나 중종의 마음은 이미 조광조에게서 돌아서 있었다. 조광조를 비롯한 수백 명의 사림파가 의금부에 체포되어 가혹한 심리를 받은 뒤에 사약을 받거나 유배되었다.

임금 사랑하기를 어버이 사랑하듯 하였고　　愛君如愛父
나라 근심 내 집안일처럼 하였네　　　　　　憂國如憂家
밝은 해가 세상을 내려다보니　　　　　　　白日臨下土

밝고 밝게 비추어 내 마음 알리라   昭昭照丹衷

  조광조는 금부도사가 사약을 받들고 오자 절명시를 남긴 후 독한 술을 마신 뒤에 죽었다. 그는 학문은 뛰어났으나 현실 정치에 실패했다. 조광조가 죽은 뒤, 많은 사람은 학문을 하면 오히려 조광조처럼 죽음을 당한다며 학문하지 말아야 한다는 말까지 퍼졌다 한다.

  조광조 위훈 삭제 파동으로 훈구대신들에 의해 실각당한 선비들을 '기묘팔현己卯八賢'이라고 부른다.

13

"글자 획수대로 도륙을 당하리라."

– 무신정변의 비밀

우리는 왜 역사를 배우는 것일까. 미국의 철학자이자 시인인 조지 산타야나^{George Santayana}는 "과거를 기억하지 못하는 사람은 과거를 반복하기 마련이다"라고 했다. 산타야나의 말대로라면 우리는 과거를 반복하지 않기 위해 역사를 읽는 셈이다. 과거를 반복하지 않는다는 것은 '잘못된 과거를 반복하지 않는다'는 의미다.

고대 로마의 정치가이자 철학자인 키케로는 "자신이 태어나기 전에 일어났던 일을 모르는 것은 영원히 어린아이로 남아 있는 것이다"라고 말했다. 그의 말대로라면 어린아이로 남지 않기 위해 역사를 읽는 셈이다. 또 다른 말로 해석하면 '성숙한 자아'를 갖기 위한 것이고 '미숙한 자아'로 남아 있지 않기 위해 역사를 배우는 것이다. 역사는 반복되고, 인간은 반복되는 역사 속에서 과오를 찾고 이를 반성했을 때 비로소 발전하게 된다.

고려는 개국 이후 요동과의 전쟁을 위해 광군 30만 명을 양성하는가 하면 호족들의 반란으로 사병까지 득세했다. 그러나 요동정벌이 일어나기 전에 거란의 침략이 시작되어 국토가 짓밟혔고 무신들이 조정의 요직을 차지하게 되었다. 거란과의 긴 전쟁이 끝나고 나라가 안정되자 문신들이 등용되었고 무신들이 도태되기 시작했다. 환관과 문신들은 무신들을 철저하게 핍박하여 고려 제18대 의종 때 절정에 이르게 된다.

원래 고려는 문신의 나라가 아니었다. 거란의 침략 등으로 항상 무신들이 정권을 이끌었다. 그러나 거란의 침략이 사라지자 문신들이 조정의 요직을 차지하고 무신들을 핍박하기 시작했다.

고려 내순검군은 개경을 방어하는 군사들인데 온갖 고생을 하면서도 굶주리는 일이 많았다. 이에 왕실 호위대인 견룡대^{牽龍隊}를 이끄는 젊은 장교인 이의방, 이고, 채원 등이 반란을 모의하게 된다.

"문신들이 우리를 너무 우습게 알고 있어. 이놈들을 모두 때려죽여야 돼."

이고가 이를 갈았다.

"더 이상 문신들의 횡포를 참을 수가 없다."

이의방도 이고의 말에 찬성하고 나섰다.

"보현찰에서 해치우는 것이 어떤가?"

"좋지, 그런데 우리끼리 하는가? 대장군들도 참여시켜야 군사들이 따르지 않겠는가?"

"일단 저지르고 보자. 대장군들은 우유부단해서 일을 벌이려고 하지 않아."

이의방과 이고는 반란을 일으키기로 결의했다.

이 무렵 출처 불명의 동요와 참언이 고려 왕도 개경에 나돌았다.

보현찰[普賢刹]이 어디냐
글자 획수대로 도륙을 당하리라

보현찰은 사찰 보현원을 말하는 것으로 글자 획수는 총 35획이다. 그러므로 35명의 중요한 인물들이 참혹하게 죽임을 당한다는 무시무시한 예언이었다.

왕이 연복정에서 홍왕사[興王寺]로 갔다. 이때 왕은 황음[荒淫]에 빠져 정사를 돌아보지 않고, 승선 임종식과 기거주 한뢰 등이 또 원대한 생각이 없어서 은총만 믿고 오만하여 무사를 멸시하니, 여러 사람의 노여움이 더욱 심해 갔다. 왕이 보현원으로 행차하려고 오문[五門] 앞에 이르러 시신을 불러서 술을 따르게 하고, 술이 취하자 왕이 좌우를 돌아보며 이르기를, '장하도다, 이곳은 군병을 연습시킬 만하도다' 하고, 무신에게 명하여 오병수박희[五兵手搏戱]를 하라고 하였다. 이는 왕이 무신들의 불평을 알고 후하게 상품을 내림으로써 이들을 위로하고자 하였던 것이다. 한뢰는 무신들이 총애를 받을까 두려워하여 드디어 시기하는 마음을 품었다. 대장군 이소응이 한 사람과 맞잡고 치다가 소응이 이기지 못하고 달아나자, 한뢰가 갑자기 앞으로 나가더니 그 뺨을 쳐서 즉시 뜰 아래로 떨어뜨렸다. 왕이 여러 신하와 더불어 손뼉을 치며 크게 웃었고, 임종식, 이복기도 또한 소응을 꾸짖고 욕하였다. 이에 정중부 김광미, 양숙, 진준 등은 안색이 변하며 서로 눈

짓하였다. 중부가 소리를 높여 한뢰를 꾸짖기를 '소응이 비록 무
신이나 벼슬이 삼품인데, 어찌 모욕을 이다지 심하게 주느냐'
하니, 왕이 중부의 손을 잡아 위안하고 화해시켰다.

《고려사절요》

《고려사절요》의 기록에 따르면 고려의 문신이 늙은 장군의 뺨을
때릴 정도로 무신을 업신여겼다. 무신들은 분노로 몸을 떨었다. 이
고는 그 자리에서 칼을 뽑으려고까지 했으나 정중부가 만류했다.
절치부심하던 견룡대의 젊은 장교들은 의종이 보현원에 출행했을
때 반란을 일으켰다. 의종과 문신, 환관들은 호화로운 진수성찬을
먹고 술을 마시며 호위 군사들에게는 밤이 늦도록 음식을 주지 않
았다.

"지금부터 문신들을 처치한다. 문신은 씨를 남기지 말고 도륙하
라! 우리는 복두^{僕頭}를 벗을 것이니 누구든지 복두를 쓴 자는 가차 없
이 주살하라!"

이의방이 철추가 달린 철봉을 움켜쥐고 소리를 질렀다.

"예!"

교위와 대정들이 일제히 칼을 뽑았다.

"가자!"

이의방이 앞서 달리기 시작했다. 군사들은 창을 움켜쥐고 함성을
지르며 보현원의 파사정이라는 누각으로 달려갔다. 누각에서 술잔
치를 벌이던 의종과 문신들은 경악했다.

"무슨 일이냐?"

의종이 깜짝 놀라 벌떡 일어났다. 문신들도 자리에서 일어나 웅성

거렸다.

"폐하, 문신들이 배불리 먹고 취하여 노는 동안 우리 무관들은 굶주리고 있습니다. 게다가 문신들은 무관들을 노예 다루듯 함부로 하고 있으니 어찌 용서할 수 있겠습니까?"

이의방이 의종을 노려보며 외쳤다.

"무엄하다. 어느 존전이라고 일개 무관이 나서느냐?"

내시 김석재가 큰소리로 고함을 질렀다.

"네놈이 아직도 사태를 파악하지 못하고 있구나, 그러면 네놈부터 죽어라!"

이의방이 철추를 휘둘러 김석재의 얼굴을 내리쳤다. 김석재는 얼굴이 피투성이가 되 처절한 비명을 질러댔다. 장내는 순식간에 아수라장이 되었다. 이의방이 김석재를 죽이자 이고와 박순필, 조원정 등도 칼을 휘둘러 환관과 문신들을 살육하기 시작했다. 승선 이세통, 내시 이당주, 어사 김기신, 지후 유익겸, 사천감 김자기, 태사령 허자단 등이 피를 뿌리고 죽어 갔다.

"한뢰는 어디에 있느냐?"

이고가 한뢰를 찾아 소리를 질렀다. 보현원의 누각은 이미 시체로 즐비했다.

"한뢰가 어상御床 밑에 숨었다."

누군가 흥분한 목소리로 소리를 질렀다. 이고가 피가 줄줄 흐르는 칼을 들고 어상으로 달려갔다.

"폐하, 한뢰를 내놓으십시오."

이고가 의종에게 소리를 질렀다.

"왜 한뢰를 죽이려고 하는가?"

"한뢰는 문신입니다. 문신은 한 놈도 살려두지 않겠습니다."

이고가 어상을 발길로 내질렀다. 한뢰가 그 안에 웅크리고 앉아 있었다.

"천하의 악적아, 이제 죽음을 맛봐라!"

이고가 칼을 번쩍 들었다가 한뢰의 목을 내리쳤다. 한뢰가 처절한 비명을 질러댔다. 피가 왈칵 솟구치면서 한뢰의 목이 떨어져 뒹굴었다. 반란군은 고려의 왕을 연금한 뒤에 황궁으로 달려갔다. 견룡군과 내순검군이 함성을 지르며 이의방과 이고의 뒤를 따랐다.

"네놈들은 여기가 어디라고 난을 일으키느냐?"

추밀원 부사 양순정이 잠을 자다가 말고 뛰쳐나와 소리를 질렀다.

"양순정이다. 저놈을 죽여라!"

이고가 소리를 지르자 견룡군들이 일제히 달려들어 양순정을 난도질했다. 그는 잠결에 숙소에서 뛰쳐나와 소리를 지르다가 참변을 당했다. 종1품의 품계인 이부 판사 허홍재도 장졸들의 칼 아래 피를 뿌리고 목이 떨어졌다. 《삼국사기》를 편찬한 고려의 대학사 김부식의 둘째 아들 상서우승 김돈시는 난군들에게 난도질되어 죽었다. 별장 이의민은 물을 만난 물고기처럼 황궁을 돌아다니며 문신들을 쳐 죽였다. 정변이 일어났을 때 가장 많은 문신을 죽인 사람이 이의민이었다.

"문신들을 모두 죽여라!"

견룡군과 내순검군은 닥치는 대로 황궁을 돌아다니며 문신들을 도륙했다. 피를 본 군사들이었다. 황궁은 아수라장으로 변했다. 군사들은 다투어 문신들과 환관들을 죽인 뒤에 황궁의 귀중한 보물들을 약탈했다. 이것이 정중부의 난, 또는 무신의 난이라고 불리는 고

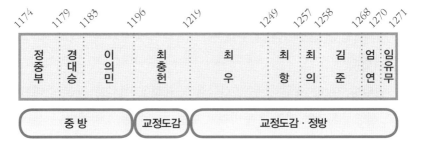

무신정권 최고 권력자와 지배 기구

려 군인들의 반란이었다.

이후 고려는 무신들이 정권을 장악하여 이의방, 정중부, 두경승, 경대승, 이의민으로 이어지다가 최충헌이 장악하여 4대 60년 최씨 무신 정권 시대를 맞이하게 되었다.

이의방을 비롯해 군사들이 난을 결정적인 원인은 처우에 대한 불만이었고, 발단은 문신들의 무신들에 대한 조롱 때문이었다.

문신 김돈중은 어릴 때부터 총명하고 날랜 사람이었다. 인종 때 과거에 급제하여 내시로 봉직하고 있었는데 제석^{除夕, 섣달그믐}에 대궐에서 역귀를 쫓는 나례^{儺禮}가 벌어졌다. 견룡, 내시, 다방 등이 어우러져 잡기의 경연이 벌어졌기 때문에 임금이 참여했다. 이때 나이 어린 김돈중이 장난기가 발동하여 촛불로 상장군 정중부의 수염을 태우고 달아났다.

"이놈! 네놈이 감히 어른의 수염을 태우느냐?"

정중부는 김돈중을 잡아서 매치고 욕설을 퍼부었다. 김돈중은 바로 김부식의 첫째 아들이다. 김부식이 누구인가. 이자겸의 난을 저지하고 묘청의 난을 토벌했을 뿐 아니라 한림학사와 문하시중^{門下侍中,} ^{총리}을 역임한 인물이다. 김부식은 그 일로 정중부와 무신들을 더욱 미워했다.

이의방, 이고, 채원 등은 문신들을 도륙하고 새로운 왕을 추대했고, 정중부를 형식적인 우두머리로 받들며 조정을 장악했다. 무신들 사이에도 알력이 일어나 이의방이 이고와 채원을 제거하고 실질적인 권력을 행사했다. 그는 자신의 딸을 태자비로 삼는 등 전횡을 일삼았다.

그러나 정중부는 노련한 장군이었다. 그는 이의방을 제거하고 정권을 장악했으나 경대승, 이의민 등에게 차례로 정권이 넘어갔다. 마침내 최충헌에게까지 넘어가 최씨 무신 정권 시대가 시작된다.

"대륙에 풍운이 몰아치는데 어찌 책만 읽고 있겠습니까?"

– 최영 장군의 비밀

고려 5백 년 역사는 함경도의 군벌 이성계에 의해 무너졌다. 고려에는 최영이라는 걸출한 인물이 있었고, 그 외에도 정몽주를 비롯해 여러 문신이 있었으나 결국 몰락하고 말았다. 최영은 무신이면서 정치인으로 명성을 떨친 고려의 기둥과 같은 인물이었지만, 이성계에게 패하여 허망한 죽음을 맞이했다. 그는 무엇 때문에 이성계에게 패했을까. 그는 왜 요동정벌군을 일으키고 이성계에게 5만 대군을 맡겨, 이성계가 위화도에서 회군하자 속수무책으로 당했는가.

최영의 아버지는 사헌부 간관을 지낸 최원직이고, 5대조는 최유청으로 고려 예종 때 집현진 대학사를 지낼 정도로 학문이 높았다. 그의 집안은 대대로 문신 가문이다. 그러나 그가 태어나고 자랐을 때 고려가 혼탁한 시기였기 때문인지 활쏘기와 말타기 등 무예를 익히고 병서를 읽어 무인의 길을 걸었다. 그의 부친은 학문을 멀리하는 아들을 이해할 수 없었다.

"우리 집안은 대대로 학문을 했다. 너는 어찌하여 학문하지 않고 무예만 익히는 것이냐?"

하루는 최원직이 최영에게 물었다.

"아버지, 고려는 혼탁합니다. 대륙에서는 원나라가 기울고 곳곳에서 영웅호걸이 일어나고 있습니다. 대륙에 풍운이 몰아치는데 어찌 책만 읽고 있겠습니까?"

"세상이 어지러운 것은 나도 알고 있다. 네가 대륙에라도 갈 생각이냐?"

"난세에는 문신이 할 일이 없습니다. 고려에도 무신의 시대가 올 것입니다."

최영이 최원직을 설득했다. 그가 어디서 대륙의 정세를 들었는지 알 수 없지만, 최원직은 아들의 주장이 뚜렷한 것을 알고는 더 이상 만류하지 않았다.

최영은 양광도 도순무사 군영의 장수로 왜구 토벌에 공을 세우며 두각을 나타내기 시작했다. 이때가 최영이 처음으로 역사에 등장한 시기였다. 대륙에는 명나라가 일어나고 원나라가 쇠퇴하면서 풍운이 일어났다. 대륙의 풍운은 고려에도 휘몰아쳐 왔다. 몽골의 침략으로 수십 년 동안 지배를 받은 고려는 공민왕이 즉위하면서 반원 친명 정책을 쓰기 시작했다. 그러나 원나라에 기대 벼슬을 하던 대신들은 공민왕의 반원정책에 반기를 들었다.

"원나라를 따르는 자들은 원나라로 가라!"

공민왕은 원나라에 굽실대던 부원세력을 대대적으로 숙청하겠다는 계획을 세웠다.

이때 공민왕은 조일신 때문에 골머리를 앓고 있었다. 조일신은 공민왕이 원나라에 있을 때 시중을 들던 자였다. 공민왕이 즉위하자 참리參理 벼슬을 받았고, 고려로 돌아온 뒤에는 찬성사로 임명되고 일등공신으로 책봉되었다.

"원나라 조정의 대신들이 자기 친족을 벼슬시키려고 전하와 신에게 청탁했습니다. 전리사와 군부사가 지체시키는 일이 많을까봐 우려됩니다. 바라옵건대 정방政房을 다시 설치하셔서 전하께서 직접 벼슬을 내리도록 하소서."

조일신이 공민왕에게 아뢰었다.

"옛 제도를 바꾼 지 얼마 되지도 않았는데 또 바꾸겠는가? 그럴 수 없다."

공민왕이 거절했다.

"저의 말을 따르지 않으신다면 무슨 면목으로 다시 원나라 조정의 사대부들을 보겠습니까?"

조일신이 벌컥 화를 내고 물러갔다. 그는 어느 사이에 고려의 병권까지 장악했다. 공민왕은 그를 단속하지 못한 것을 후회했다. 당시 조일신은 헌사에서 자신의 가노家奴를 수감하자 옥을 부수고 그를 내보냈을 정도였다. 그는 고려의 법까지 무시할 정도로 기고만장했다.

'조일신이 군주를 능멸하고 있다.'

공민왕은 조일신을 내치려고 계획을 세웠다. 그러나 조일신은 개경의 군사를 장악하고 조정까지 손에 쥐고 흔들었다.

'왕이 나를 제거하려고 해? 왕에게 무슨 재주가 있어서 나를 제거하는지 보자.'

조일신은 자기 일당을 이끌고 이궁을 포위한 다음 숙직하던 판밀직사사 최덕림, 상호군 정환, 호군 정을상 등을 죽였다. 그는 닥치는 대로 개경의 관리들을 살해했다. 개경에는 무시무시한 피바람이 불었다.

"왕은 나를 우승상에 임명하고 정천기를 좌승상에 임명하시오."

조일신은 칼을 들고 공민왕을 위협했다. 그는 자신을 따르는 관리들에게 마음대로 벼슬을 주었다.

'조일신은 금수만도 못한 놈이다.'

공민왕은 조일신에게 치를 떨었지만 그의 횡포는 더욱 심해졌다. 공민왕은 조일신의 횡포를 견디다 못해 비밀리에 어림군 장수들을 동원해 조일신을 죽였다. 이때 최영도 조일신의 무리를 처형하는 데 공을 세워 호군護軍으로 발탁되었다가 마침내 장수가 된 것이다.

"우리 집안은 대대로 나라에 충성을 다했다. 너도 이제 나라에서 무관으로 일하게 되었으니 임금과 나라에 충성을 다하도록 하라."

아버지 최원직이 당부했다.

"아버님, 걱정하지 마십시오."

"관리는 청렴해야 한다. 황금 보기를 돌 같이 하라."

"명심하겠습니다."

최영이 절을 올리면서 맹세했다.

조일신이 죽으면서 고려 조정은 안정이 되었다. 공민왕은 부원세력을 축출하기 시작했다. 부원세력은 막강했으나 공민왕은 굴하지 않았고, 여러 해에 걸쳐 축출하고 원나라군을 고려에서 몰아내기 시작했다.

함경도와 두만강 일대, 철령 이북은 원나라 쌍성총관부 소속이었다. 쌍성총관부는 원나라의 위세를 빌려 고려를 압박했다. 공민왕은 쌍성총관부를 수복하라는 영을 내렸다. 이때 쌍성총관부에서 원나라 관리로 있던 이자춘과 그의 아들 이성계가 고려에 귀순해 왔다. 공민왕은 이들의 귀순을 크게 환영했다.

'이자춘은 사병을 거느리고 있다.'

최영은 이자춘의 귀순이 불안했다. 그러나 고려는 왜구와 원나라 군과 싸워야 했다. 공민왕은 이자춘에게 쌍성총관부를 탈환하라는 영을 내렸다. 이자춘과 이성계는 자신들이 거느리는 사병들을 동원해 쌍성총관부를 공격해 원나라군을 초원으로 추방했다.

"이자춘이 쌍성총관부를 탈환했다. 그대들의 공이 크다."

공민왕은 이자춘을 만나고 크게 기뻐했다. 그들에게 함경도 일대를 다스리게 했다.

최영은 무장으로 명성을 떨치기 시작했다. 공민왕 3년에는 대호군大護軍이 되었다. 당시 원나라는 쇠퇴기에 접어들어 사방에서 공격받고 있었다. 원나라는 명나라와 싸우기 위해 고려에 지원군을 요청했다. 최영은 일단의 군사를 이끌고 대륙으로 들어가 유탁과 함께 원나라의 승상 탈탈을 따라 원나라 반란군을 정벌하는 전쟁에 참여했다. 대륙에서의 전쟁이었다. 원나라에 저항하는 반란군의 저항은 거세었다.

최영은 스물여덟 번 전투를 벌였다. 최영이 성을 함락하려 할 무렵 탈탈이 참소를 당해 돌아가자 전투를 중단했다. 최영은 해가 바뀌자 강소성에서도 여러 차례 전투를 벌이고 안휘성에서도 반란군과 싸워 격퇴했다. 그는 수년 동안 대륙에서 전투를 벌였지만 원나라는 명나라에 패해 초원으로 쫓겨 갔다. 최영은 고려로 돌아왔다.

고려 말기 삼남지방 일대는 왜구의 침략이 잦았다. 그 무렵 왜구가 4백여 척의 병선을 이끌고 침략했다. 최영은 왜구가 침략했다는 보고가 올라오자 즉시 군사를 이끌고 출정하여 격퇴했다. 왜구는 해마다 침략했고 최영 장군은 해마다 출정해 왜구를 격퇴했다. 그의 이름이 삼남지방에 널리 알려졌다.

"최영 장군이다!"

삼남지방에서는 최영을 대대적으로 환영했다. 고려의 남쪽에서는 왜구가 북쪽에서는 홍건적이 침입했다. 머리에 붉은 띠를 두른 홍건적은 국경을 넘어 평양까지 내려왔다. 1361년에는 홍건적이 침입하여 개경이 함락되어 고려의 사직이 위태로워지기까지 했다. 고려에 아비규환의 참상이 벌어졌다. 최영은 이방실, 이성계 등과 함께 홍건적을 격퇴했다.

"진눈깨비가 내리는 가운데 어가가 이천현利川縣, 지금의 경기도 이천시에 당도했는데 비에 젖은 왕의 옷이 얼어붙자 장작불을 피워 한기를 막았다. 이날 적군이 개경을 함락한 후 수개월 동안 진을 치고 머물면서 말과 소를 죽여 그 가죽으로 성을 쌓고는 물을 뿌려 얼음판을 만들어 아군이 기어오르지 못하게 했다. 또 남녀 백성들을 죽여 구워 먹거나 임신부의 유방을 구워 먹는 등 온갖 잔학한 짓을 자행했다."

중국의 역사서에도 구워 먹었다는 기술은 찾아보기 어려운데, 《고려사》에는 특이하게도 홍건적이 고려인을 구워 먹었다고 기술돼 있다.

공민왕은 홍건적을 피해 경상북도 안동까지 피신했으나 최후의 일전을 준비했다. 안우, 이방실, 황상, 한방신, 이여경, 김득배, 안우경, 이구수, 최영, 이성계 등이 군사 20만을 인솔해 동교東郊에 진을 친 후 총병관總兵官 정세운이 장수들을 독려해 개경을 포위하고 맹렬하게 공격했다. 홍건적은 무수한 시체를 남기고 물러가고 최영과 이성계는 막대한 공을 세웠다.

고려는 내우외환이 계속되었다. 1363년 흥왕사에서도 난이 일어났다. 흥왕사의 난은 대장군 김용이 일으킨 것이다. 최영은 이성계와 함께 이들을 진압해 찬성사贊成事에 올랐다.

1364년에는 덕흥군 사건이 일어났다. 공민왕이 원나라를 배격하자 원나라는 덕흥군을 고려왕에 임명하고 1만 군사와 함께 고려로 보냈다. 최영은 덕흥군 일파도 격퇴했다.

한편, 1365년 왜구가 교동喬桐, 강화군 교동도과 강화도로 침입해 오자, 최영이 동서강도지휘사가 되어 군사들을 거느리고 동강東江을 지켰다.

공민왕은 노국공주가 죽자 신돈에게 국사를 맡긴 채 자제위를 만들어 남색에 빠지고 혼음한 짓을 저질렀다. 그러나 노비를 해방시키면서 개혁주의자라는 평가도 받았다.

'이러다가 나라가 망하겠구나.'

최영은 공민왕을 보고 탄식했다.

최영은 밀직 김란이 딸을 신돈에게 바친 일을 꾸짖은 적이 있었다. 이 일로 신돈은 최영을 원수처럼 미워했다. 그는 최영이 고봉현高峰縣에 사냥간 것을 꼬투리 잡아 참소했다.

"왜적이 창릉에 쳐들어와서 세조의 영정을 훔쳐갔는데, 경은 동서강도지휘사로 있으면서 그 사실조차 알지 못했다. 그래서 김속명으로 경의 임무를 대신하게 했는데 그대는 오히려 병력을 동원해 때도 없이 사냥을 하니 어찌된 일인가? 짐이 비록 말하지 않더라도 대간들이 어찌 그 일을 비판하지 않겠는가? 이제 그대를 계림윤^{鷄林尹}으로 임명하니 빨리 임지^{任地}로 가라."

공민왕이 이순을 보내 명을 내렸다.

"요즈음 죄를 받은 사람들은 목숨을 보전하기 힘든데 나는 계림윤이 되었으니 임금의 은혜가 두텁구나."

최영이 탄식하며 임지로 떠나갔다. 신돈은 자신을 반대하는 사람들을 참소하여 닥치는 대로 죽였는데 그 일을 말한 것이다. 신돈은 이에 그치지 않고 최영을 계속 무고했다.

"최영을 국문하라."

공민왕은 신돈의 부하인 이득림을 보내 최영을 국문했다.

"내가 죄를 지었으니 즉시 처형하라. 나는 기꺼이 죽겠다."

최영이 거짓으로 자복하고는 즉시 처형해 달라고 요구했다. 공민왕은 그의 작위를 삭탈하고 노비를 몰수한 후에 유배를 보냈다.

최영은 전쟁은 잘했으나 정치력은 없었다. 그는 1371년 신돈이 처형을 당한 뒤에야 6년 동안의 유배 생활에서 풀려났고 개경으로 소환되어 다시 찬성사에 임명되었다. 1373년 6도 도순찰사가 되어 군적^{軍籍}을 작성하고 전함^{戰艦}을 건조했다. 또 장수들의 계급을 진급 또는 강등시키고 죄지은 수령을 독단으로 단죄했다.

"최영이 평소 조정 신하들의 자질 여부를 알지 못하므로 진급 강등시키는 것이 정확치 못했다."

사람들이 최영을 비난했다. 또한 일흔 살 이상의 노인들로부터 차등적으로 쌀을 세금으로 거두어 군량으로 충당하니 백성들이 모두 달아나고 원성이 자자했다. 최영이 인사를 독단으로 처리하고 70세 이상의 노인들에게도 세금을 거둔 것은 정치력이 부족하다는 사실을 의미한다.

1375년 공민왕이 죽고 우왕이 즉위했다. 우왕은 신돈의 아들이라는 말이 파다하게 나돌았다. 그러나 최영은 우왕에게도 충성했다.

왜구의 침입은 해마다 계속되었고 최영은 해마다 왜구와 싸워야 했다.

우왕은 자라면서 혼군이 되어 갔다. 그는 관리의 부인이나 딸을 닥치는 대로 강음했다. 개경의 관리들은 우왕에게 부인이나 딸을 빼앗기지 않으려고 전전긍긍했다. 우왕은 특이하게도 누군가 혼인을 한다는 말을 들으면 그 집으로 가서 신부를 빼앗아 강음했다. 최영은 우왕의 야행을 간곡하게 만류했다.

"지금 기근이 거듭 닥쳐와 백성들이 근근이 살아가고 있는데다 농사철이 한창인데 이리저리 노닐면서 여자들을 취하는 것은 옳지 않습니다."

"충숙왕도 자주 놀러 다녔는데 어찌 나만 유독 옳지 않다고 하는가?"

우왕이 불평했다.

"선왕 때에는 백성들이 안락하고 해마다 풍년이 들었기 때문에 놀러 다니는 것이 괜찮았으나 지금은 나라가 어지럽습니다."

우왕은 최영의 간언을 듣지 않았다. 그는 술에 취해 말을 달리다가 낙마했다.

"충혜왕께서는 여색을 좋아했으나 반드시 밤에만 즐김으로써 남들의 이목과 농사철을 피해 백성들에게 원망을 사지 않았습니다. 지금 전하께서는 절도 없이 말에서 떨어져 몸을 상하였는데, 제가 재상의 자리에 있으면서 제대로 바로잡지 못했으니 무슨 면목으로 남들을 대하겠습니까?"

최영이 간언을 올렸다. 우왕이 지금부터 행동을 고치겠다고 약속했지만 그의 폭정은 계속되었다. 조정은 간신배로 들끓고 귀족사회는 타락했다.

최영은 늙었다. 퇴직을 간청했으나 왕이 도리어 문하시중으로 임명하자 병을 이유로 사양하고 부임하지 않았다. 도통사都統使의 직인을 바치면서 병권을 거두어 달라고 간청했다. 이에 우왕은 지신사 염정수를 보내 위로한 후 계속 업무를 보도록 격려했다.

당시 고려 지도층은 부패가 극심했다. 특히 토지를 겸병해 농민들이 걸인이 되어 떠돌아다니는 일이 많았다. 최영이 조정에 나가 재상들이 백성들의 토지를 겸병하는 폐해를 극렬히 성토한 후, 겸병하지 않겠다는 서약서를 만들어 다 함께 서명하게 했다.

"이후로는 또 겸병하는 자가 있으면 내 칼이 용서하지 않을 것이오."

대신들은 모두 입을 다물었다.

1388년 우왕이 최영의 딸을 왕비로 삼으려고 했다.

"제 딸은 인물이 누추한데다 본처本妻 소생도 아니라서 항상 측실에 두었으므로 지존의 배필이 될 수 없습니다. 전하께서 꼭 제 딸을 비로 삼으려 하신다면 노신은 머리를 깎고 산으로 들어가겠습니다."

최영이 아뢰었다. 그러나 우왕과 최영의 수하에 있던 자들이 합심하여 그의 딸을 왕비로 만들어버렸다. 최영은 고려를 개혁하거나 부패를 막지 못했다. 그는 무신인 탓에 획기적인 정책을 수립하지 못했다.

1388년 최영은 수문하시중이 되었다. 이때 명나라가 철령위를 설치하고, 철령 이북 땅을 요동에 소속시키려고 했다.

"명나라가 고려를 업신여긴다. 요동도 원래는 고려 땅이다."

최영은 분연히 일어섰다. 명나라는 이때 원나라를 격파하여 그들은 몽골로 돌아가 북원을 세웠다. 최영은 요동정벌군을 일으킨다고 선언해 고려를 발칵 뒤집어 놓았다.

"명나라가 철령 이북 땅을 차지하려는 것은 용납할 수 없다."

"명나라는 대국이 되었다. 대국과 싸워서는 안 된다."

조정은 물 끓듯 했다. 이성계는 최영을 찾아가 군사를 일으키는 것은 옳지 않다고 했다.

"지금 군사를 내는 데 4가지 불가한 것이 있으니, 작은 나라로서 큰 나라를 거슬리는 것이 첫 번째 불가한 것이요, 여름에 군사를 출동시키는 것이 두 번째 불가한 것이요, 온 나라가 멀리 정벌을 하면 왜적이 빈틈을 타서 침입할 것이니 세 번째 불가한 것이요, 때가 무덥고 비가 오는 시기라서 활에 아교가 녹아 풀어지는 것과 대군이 전염병에 걸릴 것이 분명하니 네 번째 불가한 것입니다."

그는 고려가 명나라를 치는 것은 불가하다고 사불론四不論을 내세워 반대했다. 그러나 최영은 요동정벌을 강력하게 밀어붙였다. 권력의 정점에 있던 그는 우왕의 힘을 빌어 요동정벌군을 일으켰다. 정벌군은 5만 명, 대외적으로는 10만 명이라고 선언했다.

이성계와 조민수는 정벌군을 이끌고 압록강으로 향했다. 최영은 도원수가 되어 평양까지 가서 정벌군을 재촉했다. 정벌군은 위화도에 도착했으나 장마 때문에 진격할 수 없었다. 이성계는 조민수를 설득해 위화도에서 우왕에게 상언을 올렸다. 상언의 내용은 철령 이북의 영토 문제를 외교적으로 해결하고 군사를 회군하게 해달라는 것이었다.

"하물며 지금은 장마철이므로 활은 아교가 풀어지고 갑옷은 무거우며, 군사와 말이 모두 피곤한데, 이를 몰아 견고한 성^城 아래로 간다면 싸워도 승리를 기약할 수 없습니다. 이때 당하면 군량이 공급되지 않으므로 나아갈 수도 물러갈 수도 없으니 장차 어떻게 이를 처리하겠습니까? 삼가 생각하건대 전하께서 특별히 군사를 돌이키도록 명하시어 나라 사람의 기대에 보답하소서."

이성계와 조민수는 군사적인 이유까지 들어 철군하게 해달라고 청했다. 그러나 최영과 우왕은 이를 거절했고 이성계는 마침내 대군을 이끌고 개경으로 돌아왔다.

'아아 결국 이렇게 되는가?'

최영은 탄식했다. 그의 요동정벌의 꿈은 이룰 수 없게 되었다. 이성계가 5만의 대군을 이끌고 있었기 때문에 최영은 제대로 싸울 수 없었다. 수천 명의 군사로 황궁에서 맞서 싸웠으나 패하여 결박되었다.

"이 같은 사변은 나의 본심에서 한 것은 아닙니다. 장군은 대의^大^義에 거역했을 뿐만 아니라 국가가 편치 못하고 인민이 피곤하여 원통한 원망이 하늘까지 이르게 된 까닭으로 부득이 거병했습니다. 부디 잘 가시오. 잘 가시오."

이성계는 마침내 최영을 고봉현에 유배시켰다. 최영은 이후 합포와 충주로 유배지가 바뀌었다가 공료죄^{攻遼罪, 요동을 공격한 죄}로 개경으로 압송돼 그 해 12월에 참수됐다.

"창왕이 최영을 처형하게 하니 그때 나이가 일흔셋이었다. 처형

154

당하면서도 말씨나 얼굴빛이 전혀 흔들리지 않았다. 죽는 날에 개경 사람들이 모두 철시했으며, 멀고 가까운 지역의 사람들이 그 소식을 듣고는 길거리의 아이들과 시골의 여인네까지도 모두 눈물을 흘렸다. 시신이 길가에 버려지자, 길가는 사람들이 말에서 내렸으며, 도당^{都堂}에서는 쌀, 콩, 베, 종이를 부의로 보냈다."

《고려사》의 기록이다. 누란의 위기에 빠진 나라를 여러 차례 구한 명장 최영의 몰락이었다. 몰락의 이유는 정치력의 부족이라고 할 수 있다.

"전쟁은 틀림없이 일어날 것입니다."
– 백제 멸망의 비밀

백제는 어떻게 멸망했을까. 우리는 백제의 멸망을 떠올릴 때면 황산벌을 먼저 생각한다. 백제의 충신 성충과 흥수를 떠올리기도 한다. 그러나 세작細作, 첩자이 국가의 운명을 얼마나 좌우하는지 백제의 멸망에서 살필 수도 있다.

백제의 마지막 왕인 의자왕은 즉위 초에 형제들과 우애가 깊었고 효성이 지극해 해동증자라는 별명으로도 불렸다. 증자曾子는 공자의 수제자 증삼曾參을 일컫는데, 그는 효심이 두터웠다. 의자왕은 즉위 2년이 되었을 때 전국 주州와 군郡을 순행하며 흉년에 굶주리는 백성들을 위로하고 죄수들을 새로 재판하여 사형수를 제외하고는 모두 용서해 주었다.

7월에는 왕이 직접 군사를 거느리고 신라를 침공해 미후 등 40여 성을 함락시켰고, 8월에는 장군 윤충을 보내 군사 1만 명을 거느리고 신라의 대야성을 공격했다. 성주 품석이 처자를 데리고 나와 항복하자 윤충이 그들을 모두 죽이고 그의 목을 베어 서울에 보내고 남녀 천여 명을 사로잡아 서쪽 지방의 주, 현에 나누어 살게 하고 군사를 남겨 그 성을 지키게 하였다. 왕이 윤충의 공로를 표창하여 말 20필과 곡식 천 석을 주었다.

《삼국사기》

의자왕은 즉위 초기에 이처럼 선정을 베풀고 백제의 위세를 신라와 고구려에 크게 떨쳤다. 그러나 그는 재위 15년이 되자 달라진다.

"태자의 궁을 수리하는 데 대단히 사치스럽고 화려하게 하였으며, 왕궁 남쪽에 망해정을 건축했다."

의자왕이 태자의 궁을 수리할 때 사치스럽고 화려한 토목 공사를 벌였다는 기록이다. 또한, 충신인 성충과 흥수를 옥에 가두거나 유배를 보냈다. 성충과 흥수가 왜 유배를 가게 되었는지 《삼국사기》에 정확한 기록은 없다. 여러 가지 요인이 있겠지만 신라에서 보낸 첩자의 활약이 적지 않았을 것으로 보인다.

신라는 당시 삼국 중에서 군사력이 가장 약했다. 해마다 백제의 공격을 받아 수십 개의 성을 빼앗겨온 터라 왕과 신하들이 전전긍긍했다. 그러나 이 무렵 신라에 김춘추와 김유신이라는 걸출한 인재들이 등장했다. 김춘추는 탁월한 외교가였고 김유신은 전략가였다.

"유신 공, 우리는 수백 년 동안 백제의 침략을 받았습니다."

"고구려 또한 신라를 침략했습니다."

김유신이 한숨을 내쉬었다.

백제의 도읍지였던 부여 궁남지

"우리가 침략을 받지 않으려면 삼국을 통일해야 합니다."

"삼국통일이오?"

"그렇습니다. 먼저 백제를 치고 다음에 고구려를 쳐야 합니다."

"그 일이 가능하겠습니까?"

"우리가 손잡으면 못할 일이 어디 있겠습니까?"

"좋습니다."

김춘추와 김유신은 손을 굳게 잡았다. 그러나 신라의 군사력으로 백제를 멸망시킨다는 것은 어려운 일이었다.

"당나라의 군대를 빌리겠습니다."

김춘추는 신라와 당나라가 동맹을 맺는 나당연합의 계책을 세웠다.

"그럼 나는 군사를 양성하지요"

"나는 당나라에 가서 외교를 펼치겠습니다."

김춘추는 당나라로 가고, 김유신은 삼국통일의 대업을 준비하기 위해 군량을 비축하며 화랑을 양성했다. 이어 백제에 첩자를 파견해 유언비어를 퍼트리면서 치열한 공작을 벌였다.

> 5월, 서남쪽 사비하에서 큰 고기가 나와 죽었는데 길이가 세 발이었다.
>
> 8월, 여자 시체가 생초진에 떠내려 왔는데 길이가 18척이었다.
>
> 9월, 대궐 뜰에 있는 홰나무가 사람이 곡하는 소리처럼 울었으며 밤에는 대궐 남쪽 한길에서 귀신의 곡소리가 들렸다.
>
> 《삼국사기》

백제의 도읍 사비성에는 괴이한 소문이 쉬지 않고 떠돌았다. 신라 첩자들이 백제의 민심을 뒤흔든 것이다. 유언비어가 만연하게 하여 민심을 흉흉하게 만들려는 신라의 책략이었다. 고구려의 멸망에 대해서는 이런 기록조차 거의 없다.

신라의 급찬 조미압은 부산^{夫山} 현령으로 있다가 백제로 잡혀 가서 좌평 임자의 종이 되었다. 그는 정성을 다해 부지런히 일해 임자의 눈에 띄었다. 임자는 그를 불쌍히 여겨 의심하지 않았고, 마음대로 바깥출입을 하게 해주었다. 그러자 조미압은 백제를 탈출하여 신라로 돌아와 백제의 사정을 김유신에게 보고했다. 김유신은 깜짝 놀라 조미압의 손을 덥석 잡았다.

"나는 임자가 백제의 국사를 전담한다고 들었다. 내가 그와 의논하려 하였으나 기회를 얻지 못하고 있다. 그대가 나를 위하여 다시 돌아가서 내 말을 전하라."

유신은 조미압이 신라에 대한 충성심이 가득한 인물이라는 것을 믿고 말했다.

"장군이 저를 불초하다고 여기지 않고 일을 맡기시니 지금 죽는다고 해도 여한이 없습니다."

조미압이 머리를 조아리며 대답했다.

"나는 김춘추 공과 삼국통일의 대업을 이루려고 한다. 만약에 그대가 우리를 돕는다면 첫 번째 공로자가 될 것이다."

김유신은 조미압에게 임무를 부여한 뒤, 백제로 돌려보냈다.

"제가 기왕 백제의 백성이 되었으니 이 나라의 풍습을 알아야겠기에 수십 일 동안 다니느라 돌아오지 못했습니다. 그러나 개와 말이 주인을 그리는 마음처럼 제 마음을 억제할 수 없어서 이렇게 다시 돌아왔습니다."

조미압은 백제로 가서 임자에게 말했다. 임자는 그 말을 그대로 믿고 책망하지 않았다. 조미압이 자신의 집에서 노비로 일할 때 무척 성실했기 때문이다. 그로부터 며칠이 지났다.

"전번에는 벌을 받을까 두려워서 감히 바른말을 하지 못하였습니다. 사실 저는 신라에 갔다가 돌아왔습니다. 김유신이 전하라고 하면서 저에게 '나라의 흥망은 예측할 수 없으니, 만일 백제가 망하면 임자는 신라에 의탁하고, 신라가 망하면 내가 백제에 의탁하기로 하자' 이렇게 말하며 좌평 어른의 의향을 물어보라고 하였습니다."

조미압이 기회를 타서 임자에게 조심스레 말했다. 임자는 이 말을 듣고도 묵묵부답이었다. 조미압은 당황스러웠으나 죽음을 각오하고 그의 처분을 기다렸다.

"네가 지난번에 이야기한 김유신의 말이 무슨 뜻인가?"

하루는 갑자기 조미압을 부르더니 물었다. 조미압은 두려워하면서 김유신과 손을 잡는 것이라고 말했다.

"네가 하는 말을 잘 알았으니 돌아가서 김유신에게 알려라."

임자가 명했다. 조미압이 신라로 돌아와 임자의 말을 전하고, 동시에 백제의 내외 사정을 상세하게 보고했다. 김유신은 크게 기뻐하며 백제를 침략할 계획을 세웠다.

임자는 의자왕의 총애를 받던 인물이었다. 그런 그가 김유신의 사주를 받아 백제의 충신들을 모함하고 간신들을 등용하게 한 것이다. 의자왕은 점점 더 정사를 돌보지 않은 채 궁녀들을 데리고 음란과 향락에 빠져 지냈다. 충신 성충이 직언을 올리자 대로하여 옥에 가두었다. 성충은 옥에서 굶어 죽었다.

"충신은 죽어도 임금을 잊지 않는 것이니 한마디만 하고 죽겠습니다. 제가 항상 형세의 변화를 관찰하였는바, 전쟁은 틀림없이 일어날 것입니다. 무릇 전쟁에서는 반드시 지형을 잘 선택해야 하는데 상류에서 적을 맞아야만 군사를 보전할 수 있습니다. 만일 다른 나라 군사가 오거든 육로로는 침현을 통과하지 못하게 하고, 수군은 기벌포의 언덕으로 들어오지 못하게 하십시오. 험준한 곳에 의거해야만 방어할 수 있습니다."

성충이 죽으면서 의자왕에게 상서를 올렸다. 그러나 의자왕은 성충의 상서를 거들떠보지도 않았다. 이런 의자왕에게 백제의 귀족들까지 등을 돌리자 김유신과 김춘추는 당나라와 연합하여 백제를 침략하기 시작했다.

"당나라 군사는 숫자가 많을 뿐 아니라 정예병들입니다. 더구나 신라와 함께 우리의 앞뒤를 견제하고 있으니 만일 평탄한 벌판과 넓은 들에서 마주하고 진을 친다면 승패를 장담할 수 없습니다. 백 강과 탄현은 우리나라의 요충지로서, 한 명의 군사와 한 자루의 창 을 가지고도 만 명을 당할 수 있을 것이니, 마땅히 용감한 군사를 선 발하여 그곳을 지키게 해서, 당나라 군사로 하여금 백강으로 들어 오지 못하게 하십시오. 신라 군사가 탄현을 통과하지 못하게 하고 대왕께서는 성문을 굳게 닫고 든든히 지키면서 그들의 물자와 군량 이 떨어지고 군사들이 피곤해질 때를 기다린 후에 분발하여 갑자기 공격한다면 반드시 이길 수 있을 것입니다."

또 다른 충신 흥수도 옥중에서 아뢰었다.

"흥수는 오랫동안 옥중에 있으면서 임금을 원망하고 나라를 사랑 하지 않았을 것이니, 그 말을 따를 수 없습니다. 차라리 당나라 군사 로 하여금 백강으로 들어오게 하여 강 흐름에 따라 배를 나란히 가 지 못하게 하고, 신라 군사로 하여금 탄현에 올라가서 소로를 따라 말을 나란히 몰 수 없게 해야 합니다. 이때가 되어 군사를 풀어 공격 하게 하면 마치 닭장에 든 닭이나 그물에 걸린 고기를 잡는 것과 같 을 것입니다."

백제의 대신들이 아뢰었다. 분별력을 잃은 의자왕은 충신 흥수의 계책을 따르지 않았다. 결국 당나라와 신라 군사들이 이미 백강과 탄현을 지났다는 소식을 듣고서야 장군 계백에게 결사대 5천 명을 거느리고 황산으로 가서 신라 군사와 싸우라는 영을 내렸다. 계백 은 네 번 싸워서 모두 이겼으나 군사가 적고 힘이 모자랐다. 마침내 패한 그는 장렬하게 전사했다. 계백이 죽으며 백제는 더 이상 저항하지 못하고 항복하고 만다.

백제는 강대한 국가였다. 지금까지 백제 멸망의 주된 원인으로 의자왕의 폭정이 지목되어 왔다. 그러나 앞에서 본 것처럼 조미압으로 인한 국론 분열 역시 중요한 위치를 차지한다.《삼국사기》〈백제본기〉에 기록되었듯, 수많은 유언비어는 당시 백제의 민심을 흉흉하게 만들었다.

백제 멸망의 또 다른 원인으로 귀족들의 이탈을 들 수 있다. 의자왕은 처음에 귀족들과 가까이 지냈으나 점차 그들을 멀리하게 되었다. 그는 귀족들을 견제하고 왕권을 강화하려고 했다. 백제의 귀족 또한 자신들의 힘을 약화시키려 하는 의자왕을 별로 좋아하지 않았다. 이처럼 의자왕과 백제 귀족의 갈등은 갈수록 심해져 나당연합군이 백제를 공격할 때는 대부분의 귀족이 등을 돌린 상태였다. 그 때문에 신라의 김유신은 백제 국경을 돌파하고 황산벌에 이를 때까지 저항을 받지 않았다. 백제 귀족에게 이미 신라군과 싸울 의지가 없었기 때문이다.

"어리의 일은 반드시
네가 아뢰었을 것이다."
– 세종 왕위 책봉의 비밀

조선왕조 500년 역사에서 가장 뛰어난 성군으로 불리는 군주는 세종대왕이다. 한글을 창제했을 뿐 아니라 대마도를 정벌하고 6진을 개척했는가 하면, 박연 등을 발탁하여 예술 발전에 기여하고, 천민 출신인 장영실을 발탁해 과학 발전을 이룬 임금이 세종이다. 그러나 세종은 본래 장자가 아니었기 때문에 왕이 될 수 있는 위치가 아니었다. 그는 형인 양녕대군이 폐세자 되었기 때문에 세자로 책봉되고 왕이 된 것이다.

그 과정에서 세종과 양녕대군은 은밀하게 권력 투쟁을 벌였다. 태종의 비 원경왕후의 동생인 민무구 형제는 양녕대군을 지지하여 '전제론剪除論, 하나의 가지만 남기고 나머지는 잘라 버려야 한다는 주장, 양녕대군 외에 다른 왕자를 죽여야 한다는 뜻'을 내세웠다. 이들은 태종의 다른 아들을 추방하려는 공작을 했고, 충녕대군을 지지하는 세력은 '택현론擇賢論, 어진 인물을 뽑아야 한다는 주장'을 내세워 세종을 지지했다.

양녕대군 폐세자 사건은 어리^{於里}라는 아름다운 유부녀와의 사랑 때문에 시작되었고, 결정적인 원인은 충녕대군 세종의 밀고였다.

세종은 태종 이방원의 셋째 아들로 어머니는 원경왕후 민씨이고 부인은 심온의 딸이었다. 그는 어릴 때부터 서책을 좋아해《대학》을 수십 번 읽었을 뿐 아니라, 왕실 서고의 책들까지 섭렵한 학구적인 인물이기도 했다. 그에 반해 양녕대군은 아버지 이방원을 닮아 다혈질이고 호방한 성격이었다. 이방원이 두 번째 왕자의 난을 일으킨 뒤 보위에 오르자, 그의 장남인 양녕이 자연스레 세자로 책봉되었다. 세자빈 김씨는 태종과 공부를 같이 하여 동방^{同榜}이라고 불리는 김한로의 딸이다.

양녕대군은 세자가 되었으나 제왕학을 익혀 통치술이나 국가 경영을 배우는 것보다 활 쏘기와 술 마시기를 좋아했다. 그리고 유흥을 즐겨 제왕의 도 익히기를 게을리하곤 했다. 세자는 단순한 왕자가 아니라 왕위 계승권자이기 때문에 그런 세자가 학문을 등한시하고 유흥에 몰두하자 태종은 근심했다.

태종이 여러 차례 경고했으나 양녕대군은 기어이 '어리 사건'을 일으키고 말았다. 어리는 전 중추^{中樞} 곽선의 첩으로 한양 장안에 소문이 자자한 미인이었다. 양녕대군도 어리가 조선 제일의 미인이라는 소문을 들었으나 그녀가 성 밖에 있었기 때문에 만날 수 없었다. 하루는 양녕대군이 수하들을 거느리고 장안을 돌아다니다가 우연히 가마에서 내려 집으로 들어가는 어리를 보았다. 양녕대군은 어리의 아름다운 모습에 넋을 잃었다.

어리의 아름다움을 들은 적이 오래였으나, 그가 성 밖에 있었기 때문에 어찌할 수 없었다. 그 뒤 서울에 들어왔다는 소문을 듣고 친히 그 집에 가서 나오라고 했으나, 그 집에서 숨기고 내보내지 않으므로 내가 강요했더니, 어리가 마지못해 나왔는데, 머리에 녹두분이 묻고 세수도 하지 아니했으나 한 번 보았어도 미인이라는 사실을 알 수 있었다. 나는 그 집 사람더러 말을 대령하여 태우라고 했으나 그 집 사람이 좋아하지 않는 태도였다. 그래서 나는 말하기를 '그렇다면 내가 탄 말에 태우고 나는 걸어가겠다고' 했더니, 그 집 사람이 마지못해 말을 대령했다. 그래서 나는 어리의 옷소매를 끌어 말을 타게 하니, 어리가 말하기를 '비록 나를 붙들어 올리지 않더라도 나는 탈 작정이다' 하고 곧 말을 탔다. 그때 온 마을 사람들이 삼대[麻]같이 모여 구경하였다. 그날 밤에 광통교廣通橋에 있는 오막집에 와서 자고, 이튿날에 어리는 머리를 감고 연지분을 바르고 저물녘에 말을 타고 내 뒤를 따라 함께 궁으로 들어왔는데, 어렴풋이 비치는 불빛 아래 그 얼굴을 바라보니, 잊으려 해도 잊을 수 없이 아름다웠다.

《조선왕조실록》

《조선왕조실록》의 기록으로 양녕대군이 자신의 둘째 동생인 충녕대군, 뒷날의 세종에게 고백한 부분이다. 양녕대군은 곽선의 첩 어리와 광통교 근처의 민가에서 하룻밤을 지낸 후 대궐로 데리고 들어갔다.

양녕대군의 어리에 대한 사랑은 무섭게 타올랐다. 대궐에 데려다가 놓고 매일같이 정을 통하니 소문이 파다하게 나돌고 어리가 기어이 임신해 아이를 낳자 태종까지 알게 되었다. 태종은 노발대발하여 세자와 함께 어리를 강탈한 하인들까지 모두 검거했다.

"세자를 이렇게 만든 것은 실상 신등이 능히 바르게 교도^{敎導}하지 못한 탓입니다. 신등이 진실로 원하는 것은 이런 무리를 대의^{大義}로 처단함으로써 뒷사람을 경계하는 것입니다."

대신들은 세자인 양녕대군을 처벌할 수 없어 그 수하들을 처벌하라고 주장했다.

"이것은 경등의 죄가 아니다. 내가 아비이면서도 능히 의방^{義方}으로 가르치지 못하였는데 하물며 경등이 말해서 무엇 하겠는가? 옛날에 이윤^{은나라의 충신}은 신하이나 태갑^{신제, 태자}을 동궁^{桐宮, 유배를 보낸 장소}에 거처하게 하여 인^仁에 처하고 의^義에 옮기게 하였으니, 태갑은 능히 고친 자라 하겠지만 세자는 고치지 못한 자라 하겠다."

이렇듯 태종이 양녕대군을 비난했다.

"세자께서는 천자^{天資}가 보통 사람보다 뛰어나니 고치기 어려운 것이 아닙니다. 만약 이 같은 무리를 제거하신다면 하루아침에 개과천선할 것입니다."

양녕대군의 스승인 변계량이 아뢰었다. 그러나 태종은 양녕대군을 폐위하겠다는 뜻을 내비쳤다. 세자를 가르치는 빈객인 이래는 양녕대군의 잘못을 통렬하게 비판하면서도, 폐위하면 안 된다고 눈물을 흘렸다. 실록에는 눈물이 턱으로 흘러내려 말씨가 간절하니, 민여익, 변계량과 좌우에 있던 사람들도 감격하여 울지 않은 사람이 없었다고 기록하고 있다.

"세자는 반성하고 어리는 대궐에서 추방하라."

태종은 대신들의 건의를 받아들여 양녕대군에게 엄중히 경고하고 어리는 추방했다. 그러나 양녕대군은 여전히 어리를 잊지 못했다. 양녕대군의 부인 김씨는 양녕대군이 어리를 잊지 못해 침식을 거르자 친정어머니와 상의하여 어리를 다시 대궐로 불러들였다.

그런데 양녕대군이 풍류를 좋아하고 방탕하기만 했던 것은 아닌 것 같다. 양녕대군은 필체가 뛰어나기로 유명한데, 2008년 화재로 불에 탄 숭례문의 현판 글씨를 손수 쓰기도 했고, 지금까지 남아 있는 필적을 보면 당대의 어떤 인물 못지않게 필법이 뛰어나다. 다음은 양녕대군의 시다.

> 산허리 도는 안개 아침 짓는 연기인가
> 넝쿨 사이 걸린 달은 밤 밝히는 등불이네
> 나 홀로 고적한 암자에서 자고 나니
> 탑 하나 저만치 홀로 서 있네

양녕대군 폐세자 문제는 태종의 본처인 원경왕후에게서 낳은 네 아들, 양녕·효령·충녕·성녕대군이 치열하게 왕세자 자리를 두고 암투를 벌이고 있었기 때문에 더욱 가열되었다.

양녕대군의 외숙부인 민무구, 민무질 형제들은 세자인 양녕대군을 둘러싸고 그 아우들이 권력 투쟁을 벌이자 이들을 제거해야 한다고 은밀하게 주장했다. 그러나 이 소문이 태종의 귀에까지 들어가면서 대로하게 되었다.

"경진년에 효령, 충녕이 나이 겨우 다섯 살과 네 살이었는데, 네가 이들을 가리켜 말하기를, '이 작은 왕자가 또한 장^{**} 왕위 계승권을 다투는 마음이 있다'고 하였고, 또 병술년에 이르러서도 이 두 자식을 가지고 말을 하였는데, 언사가 심히 불쾌하였다. 만일 내가 이 말을 누설하였다면, 네가 어찌 편안하겠는가?"

태종은 민무구를 무섭게 질책했다. 태종의 말에 따르면 민무구가 효령과 충녕을 제거하려 했다는 것이고, 이는 효령과 충녕을 둘러싼 무리가 세자의 자리를 노리고 있다는 것이었다. 태종은 양녕대군이 아우들을 모두 죽이려 한다고 생각했다.

"임금의 자식은 오직 맏아들만 남기고 그 나머지는 모두 죽여야 하느냐?"

태종은 이천우, 김한로, 이응, 황희, 조용, 김과 앞에서 눈물을 흘렸다. 대신들도 모두 눈물을 흘렸다. 태종은 왕세자 양녕대군을 따르는 무리가 작은 아들들을 죽일까 봐 두려워하고 있었다. 결국 민무구 형제는 역적으로 몰려 처형되었다. 그러나 그들의 죽음으로 끝날 문제가 아니었다. 더구나 양녕대군이 어리를 다시 궁중으로 불러들인 일이 태종에게 알려져 대궐이 발칵 뒤집혔다.

"한경漢京(이 무렵 태종은 개성에 있었고 세자는 한양에 있었다)에 가서 세자빈을 그 아비 집으로 내보내라. 다만 노비를 주어서 보내라. 그 맏딸과 맏아들은 은혜를 베풀어 전殿에 머물게 하여 옛날대로 공급하라. 막내딸은 그 어미를 따라가 거주하게 하고, 또 그 첩의 딸들로 하여금 숙빈을 따라가 같이 거주하게 하라."

태종이 조말생에게 영을 내렸다. 세자빈 김씨를 동궁에서 내쫓은 것이다. 말 그대로 억울하게 축출된 셈이다. 세자의 아들과 딸도 모두 대궐에서 내쫓겼다. 태종의 친구이자 세자빈 김씨의 아버지인 김한로까지 귀양을 보냈다. 태종은 자신의 큰아들이자 왕세자인 양

녕대군을 내치는 문제로 오랫동안 고뇌했다. 양녕대군이 개성에 와
서 알현을 청해도 만나 주지 않았다. 양녕대군은 실망하여 대궐에
서 나오다가 충녕대군과 맞닥뜨렸다.

어리의 일은 반드시 네가 아뢰었을 것이다.

《조선왕조실록》

형인 양녕은 동생 충녕대군을 노려보면서 말했다. 충녕대군은 이
에 대답하지 않고 태종에게 반발하지 말라고 권고했다. 그러나 양
녕대군은 태종에게 거세게 반발했다.

전하의 시녀는 다 중하게 생각하여 받아들이고 신의 여러 첩妾
(어리와 숙빈)을 내보내니 곡성이 사방에 이르고 원망이 나라 안
에 가득 차고 있습니다. 한漢나라 고조高祖가 산동山東에 거할 때에
재물을 탐내고 색色을 좋아하였으나 마침내 천하를 평정하였고,
진왕晉王 광廣이 비록 어질다고 칭하였으나 그가 즉위함에 미치자
몸이 위태롭고 나라가 망하였습니다. 전하는 어찌 신이 나중에
크게 효도하리라는 것을 알지 못하십니까?

《조선왕조실록》

양녕대군은 태종에게 반성문을 올렸으니 내용인즉 아버지는 첩
을 중하게 생각하면서 왜 자신의 첩은 쫓아내느냐는 것이었다. 게
다가 한고조 유방의 예까지 들면서 훗날 자신도 성군이 될 수 있다
고 강변했다. 이를 본 태종은 대로했다.

"이 말은 모두 나를 욕하는 것이니, 망령된 일이다."

태종이 분노하자 대신들은 더 이상 양녕대군을 구할 수 없었다.

세자가 도리어 원망하고 분개하는 마음을 품고 드디어 상서上書하였는데, 사연이 심히 패만悖慢하고, 또 큰 글씨로 특별히 써서 두 장이나 늘어놓아 심히 무례하였다.

《조선왕조실록》

태종은 결국 양녕대군을 폐위하고 충녕대군을 세자로 책봉했다.

옛 사람이 말하기를 '나라에 훌륭한 임금이 있으면 사직社稷의 복福이 된다'고 하였다. 효령대군은 자질이 미약하고, 또 성질이 심히 곧아서 조목조목 하는 일이 없다. 내 말을 들으면 그저 빙긋이 웃기만 할 뿐이므로, 나와 중궁은 효령이 항상 웃는 것만을 보았다. 충녕대군은 천성이 총명하고 민첩하며 자못 학문을 좋아하여, 몹시 추운 때나 몹시 더운 때를 당하더라도 밤이 새도록 글을 읽으므로, 나는 그가 병이 날까 두려워하여 항상 밤에 글 읽는 것을 금지하였다. 그러나 나의 큰 책冊은 모두 청하여 가져갔다. 만약 중국의 사신을 접대할 적이면 신채身彩와 언어와 동작이 두루 예禮에 부합하였고, 술을 마시는 것이 비록 무익하나, 중국의 사신을 접대할 때 주인으로서 한 모금도 능히 마실 수 없다면 어찌 손님을 권하여서 그 마음을 즐겁게 할 수 있겠는가? 충녕은 비록 술은 잘 마시지 못하나 적당히 마시고 그친다. 또 그 아들 가운데 장대壯大한 놈이 있다. 효령대군은 한 모금도 마시지 못하니, 이것도 또한 불가^{不可}하다. 충녕대군이 대위^{大位}를 맡을 만하니, 나는 충녕으로서 세자를 정하겠다.

《조선왕조실록》

태종이 충녕대군을 세자로 책봉하며 내린 교지인데 둘째인 효령대군이 세자로 책봉되어야 했으나 술을 마시지 못하는 것도 하나의 이유가 되어 결국 셋째인 충녕대군이 세자가 되고 세종대왕이 된 것이다.

세기의 로맨스로 조선을 뒤흔들었던 양녕대군과 어리는 어떻게 되었을까. 양녕대군은 풍류남아로 한평생을 보내다가 죽고 어리는 자살했다. 폐위되어 대궐에서 추방되자 양녕대군은 극심한 혼란을

양녕대군의 생가

느껴 방황했던 듯하다. 태종 이방원이 광주에 거처하라는 엄명을 내렸으나 어느 날 밤 돌연 행방불명이 되어 조정을 발칵 뒤집어 놓았다. 그는 모든 사람을 놀라게 한 뒤에 거지꼴로 한양에 나타나 정신적으로 방황했음을 보여줬다.

> 상왕은 이배와 김경에게 임소로 돌아가서 양녕을 찾으라고 명령하였다. 양녕이 달아남에 있어 상하가 다 그 허물을 애첩 어리에게 돌리니, 어리는 근심스럽고 분함을 이기지 못하여 이날 밤에 목을 매어 죽었다.
>
> 《조선왕조실록》

양녕대군은 왕세자 자리에서는 물러났으나 비교적 오래 살았다. 세종은 자신의 두 형에게 항상 미안한 마음을 가지고 있었고 역대 어느 임금보다 형제들을 잘 돌보았다.

세종이 세자가 될 수 있었던 것은 양녕대군과의 치열한 권력 투쟁에서 승리한 결과다. 이 과정에서 세종은 형의 방탕한 행동을 밀고 하기까지 했던 것이다.

"어찌 왜적을 공격하라는 명을 따르지 않는가?"

- 이순신과 원균의 비밀

1592년 선조 25년 4월 13일, 임진왜란이 일어났다. 도요토미 히데요시는 일본을 통일하고 나서 30만 병력을 동원하여 조선을 침략했다. 일본 역사상 가장 많은 병력을 이끌고 해외 침략에 나선 것이다.

조선은 일본의 침략을 2년 전부터 예상하고 있었으나 동인과 서인의 당쟁으로 대책을 세우지 못했다. 그러나 류성룡은 전쟁 1년 전에 이순신과 권율을 발탁하는 등 나름대로 많은 노력을 기울였다.

서애 류성룡은 본디 이순신과 한마을에 살면서 젊어서부터 서로 친구가 되어 남달리 그를 잘 알았으므로, 매양 그에게 장수의 재능이 있음을 알았다.

《백호전서》

순신이 감사 이광의 군관이 되었는데 이광이 그 재주를 기이하게 여겨 주달하여 본도의 조방장^{助防將}으로 삼았다. 류성룡이 순신과 이웃에 살면서 그의 행검을 살펴 알고 빈우^{賓友}로 대우하니, 이로 말미암아 이름이 알려졌다. 과거에 오른 지 14년 만에 비로소 현감에 제수되었는데 고을을 다스리는 데 성적^{聲積}이 있었다.

《조선왕조실록》

이순신이 정읍현감에 제수되었을 때 실록에 기록된 내용이다.

조선은 장수를 발탁하고 병선을 수리하는 등 제대로 된 대책은 세우지 못했는데, 고니시 유키나가가 인솔한 선봉대는 병선 700여 척을 휘몰아 부산진에 상륙했다. 부산진 첨사 정발은 즉시 한양으로 파발을 보내는 한편 군사를 동원하여 방어에 나섰다. 그러나 우수한 화력과 대규모 병력을 동원해 침공한 일본군을 막지 못하고 무너졌다. 고니시는 부산성을 함락하자마자 동래로 달리기 시작했다. 일본 대군은 새카맣게 밀려와 동래성을 겹겹이 에워쌌다. 고니시는 동래성의 방비가 철저한 것을 보고 판자에 글을 써서 내걸었다.

전즉전부전가아도 戰則戰不戰假我道

'싸울 테면 즉시 나와서 싸우고 싸우지 않으려면 나에게 길을 빌려 달라'는 뜻이었다. 길을 빌려 달라는 것은 명나라를 치러 가는데 조선을 지나가겠다는 얘기였다. 조선 조정은 이러한 일본의 제안을 이미 여러 차례 거절한 바 있었다. 송상현도 판자에 글을 써서 반박했다.

사이가도난 死易假道難

'죽기는 쉬우나 길을 빌려 줄 수는 없다'는 비장한 뜻이었다.

"조선군의 결의가 확고하다. 전군은 공격하라!"

고니시는 송상현이 내건 판자 글을 보고 공격 명령을 내렸다. 일본군은 일제히 함성을 지르며 동래성을 향해 조총을 쏘기 시작했다. 조선군은 치열하게 항전했으나 일본의 조총 앞에서 더 이상 활로 대항할 수 없었다. 조선군은 피눈물을 흘리면서 독려하는 송상현의 분전에도 동문, 서문, 북문이 차례로 무너지자 더 이상 항전할 수 없게 되었다. 동래성은 무너지고 송상현은 전사했다.

이후 일본군은 파죽지세로 진격해 불과 열흘 만에 한양에 도착했다. 선조를 비롯한 조정은 북으로 피난을 떠났다. 조선은 다급하게 명나라에 구원을 청하는 한편 의병을 모아 일본군 방어에 나섰다. 일본군은 한양을 점령한 뒤 곧바로 평양을 향해 진격했다. 선조는 빗속에서 의주까지 몽진했다.

전쟁이 계속되면서 조선군도 군사를 정비해 일본군과 맞서 싸우기 시작했다. 전국에서 일본군을 물리치기 위한 의병이 일어나고 명나라가 5만 대군을 파견했다. 승승장구하던 일본군은 명군의 참전과 의병의 활약으로 주춤해졌다. 조선의 운명이 백척간두에 있을 때 전라좌수사 이순신의 승전보가 올라왔다.

"이순신이 왜군의 병선을 격파했다고 한다."

선조는 기뻐하고 전국에서 싸우던 조선군은 환호했다. 일본군은 바다에서 연일 이순신이 승전을 거두자 당황했다. 병선이 모두 파괴되면 보급이 원활하지 못하고 최악의 경우 일본으로 돌아갈 수 없게 된다. 게다가 명나라군까지 가세한 평양 탈환작전이 전개되면서 일본군도 막대한 타격을 받게 되었다.

"조선의 수군 때문에 우리가 전쟁에 패하고 있다. 이순신을 격파할 방법이 없는가?"

히데요시가 대신들에게 물었다.

"이순신은 조선 수군을 잘 이끌고 있습니다. 그를 격파하는 것은 어려운 일입니다."

"바다에서 승리하지 못하면 보급은 어떻게 하는가?"

"자객을 파견하여 죽이거나 계책을 써서 몰아내야 합니다."

"조선 수군 대장을 자객이 어떻게 죽이는가?"

"그럼 계책을 써서 몰아내겠습니다."

일본군은 바다에서 패배하고 육지에서 조선군과 명나라군의 공격을 받게 되자 전세를 만회하기 위해 남해안의 죽도, 안골포, 가덕도 등에 함선을 매복시키고 첩자를 파견하여 이와 같은 사실을 조선 조정에 넌지시 알렸다.

조선 조정은 그것이 함정이라는 사실을 모른 채 이들을 공격하라는 명령을 이순신에게 내렸다. 그러나 이순신은 일본군의 계책이라는 사실을 눈치채고 공격하지 않았다. 조정에서는 적이 가까이 있으니 공격하라는 영을 여러 차례 내렸다.

"전쟁을 조정에서 지휘하면 안 됩니다."

"일본군이 바다에 있는데 어찌 공격하지 않는 것인가?"

"저들이 함정을 만든 후 기다리고 있기 때문입니다."

"조정의 명을 따르라."

이순신은 꼼짝도 하지 않았다. 그 때문에 이순신은 사간원의 탄핵을 받게 되었다.

"순신이 조정의 명을 따르지 않으니 파직해야 합니다."

"통제사는 순신이 아니면 맡을 수 없습니다. 지금 사태는 위급하기 짝이 없어서 장수를 바꾸면 크게 낭패를 당할 것입니다. 한산도를 지키지 못하면 호남도 지킬 수 없습니다."

류성룡은 선조에게 간곡하게 아뢰었다.

"비변사가 어찌 아첨만 하는가?"

선조는 오히려 비변사를 질책했다. 류성룡은 수차례에 걸쳐 이순신을 해임해서는 안 된다고 간청했으나, 선조는 류성룡에게 경기도를 순찰하라는 어명을 내려 조정에서 내보내고 대신들을 행궁으로 불러 이순신을 통제사에서 해임한 후 한양으로 압송하게 했다. 이순신은 왕명을 거역하고 일본군을 공격하지 않았다는 이유로 한양으로 압송되어 의금부에서 가혹한 고문을 당했다.

이순신의 자리, 수군통제사에는 원균이 임명되어 일본과 해전을 벌였다. 원균도 일본군의 전세를 살피면서, 그들이 가덕도 일대에 매복하고 있다는 사실을 알고 공격하지 않았다. 조정에서는 일본 첩자들이 퍼트린 잘못된 정보를 믿고 원균에게 일본군을 공격하라는 명령을 내렸다.

'바다에서 적을 찾아 공격하는 것은 위험하다. 적이 올 때 우리가 기다렸다가 공격하는 것이 상책이다.'

원균 또한 조정의 명령을 받고도 일본군을 공격하지 않았다.

"통제사는 어찌 왜적을 공격하라는 명을 따르지 않는가?"

원균이 군사를 움직이지 않자 도원수 권율이 원균을 불러다가 곤장까지 때렸다. 수군 총사령관의 곤장을 때리고 다시 전쟁터로 나가라는 것은 역사적으로 전례가 없는 일이었다. 원균은 어쩔 수 없이 수군을 이끌고 출정했다가 일본군의 기습을 받아 함선 대부분을 잃고 가덕도에서 전사했다.

이간질을 하여 이순신을 떠나게 만들고 원균을 패하게 만든 것도 모두 일본의 깊은 기모機謀에서 나온 것이다.

《조선왕조실록》

실록은 이순신을 파면하게 만들고 원균을 패전하여 죽게 만든 것도 일본의 전략이라고 서술하고 있다.

조선 조정은 원균이 참패하자 그제야 당황했다. 그들은 이순신에게 남도로 내려가 왜적을 막으라는 영을 내렸다. 벼슬도 내리지 않고 백의종군하라는 영이었다. 이순신은 만신창이가 된 몸을 이끌고 걸어서 남으로 내려가기 시작했다. 그는 도원수 권율의 군영에 가서 신고하고 일본군과 싸우기 위해 남해안의 전선을 향해 떠났다. 남도에 도착한 이순신은 다시 전라좌수사에 임명되었다. 그는 파괴되지 않은 병선을 살폈는데 불과 열세 척밖에 남아 있지 않았다. 이순신은 이 열세 척으로 일본 병선을 피해 다니면서 다시 배를 건조하거나 수리하고, 수군을 모아 최후의 일전을 벌일 준비를 했다.

"지금 신에게는 아직도 열세 척의 병선이 남아 있습니다. 비록 병선의 숫자는 적지만 죽을힘을 다하여 싸우면 오히려 승리할 수 있

왜교성 전투와 노량해전을 그린 19세기 병풍

습니다.”

이순신은 최악의 조건 속에서도 절망하지 않았다. 어머니의 죽음과 어린 아들이 일본군에게 죽음을 당하는 심적 고통을 참아내면서 수군을 재건했다.

일본은 1598년 음력 8월 18일 도요토미 히데요시가 죽자 일제히 철군할 움직임을 보이기 시작했다. 순천에 집결한 왜장 고니시 유키나가는 왜선의 퇴로를 확보하기 위해 명나라 수군제독 진린과 이순신에게 뇌물을 보내 퇴각할 때 공격하지 말아 달라고 간청했다.

“조각배 한 척도 돌려보내지 않겠다.”

이순신은 고니시의 간청을 단호하게 거절했다. 퇴각하는 일본 병선은 자그마치 500척이 넘었다. 이순신과 명나라 수군은 일본군의 퇴로를 끊고 맹렬하게 공격했다.

이순신은 왜 조각배 한 척조차 돌려보내지 않으려고 한 것일까.

이는 왜적이 다시는 조선을 침략하지 못하게 하려는 전략이었다. 일본은 고려 말과 조선 건국 초 남해안 일대를 자주 침략하다가 임진왜란을 일으켰다. 이순신은 일본군을 몰살시켜 조선을 침략하면 죽음뿐이라는 것을 일본에 알리기 위해 대대적으로 공격한 것이다. 실제로 이순신이 죽은 뒤 일본은 수백 년 동안 조선을 침략하지 못했다. 이순신은 수백 년 앞을 내다보는 전략으로 일본군을 몰살시키고 자신은 장렬하게 전사한 것이다.

이순신이 원균을 대신하여, 제독 진린을 따라가 순천 앞바다에서 왜적을 쳐 크게 승전을 거두었을 때 왜적의 탄환을 맞아 배 안에서 죽었다. 이순신은 재질과 기운이 남보다 뛰어나 중국 사람들도 명장이라 일컬었다.

《조선왕조실록》

역시 실록의 기록으로, 이순신을 높게 평가하고 있다. 원균과 이순신을 죽게 만든 것은 전쟁 그 자체가 아니라 일본의 간계와 조선 조정의 무능이었다. 조선 조정은 일본의 간계에 속아 원균과 이순신을 죽음으로 몰아넣은 것이다.

"이길 수 없는 싸움을
할 필요가 없습니다."
– 이성계의 비밀

500년 역사의 조선왕조를 개국한 인물은 태조 이성계다. 그는 고려 지배층의 누대에 걸친 부패와 무능으로 피폐해진 고려를 무너뜨리고 조선을 건국했다. 때문에 '역사의 찬탈자'라는 오명을 쓰고 있으나, 당시 고려 백성은 새로운 왕조를 기다리고 있었다 해도 과언이 아니었다. 고려의 부패와 혼란은 조선이 개국되며 어느 정도 진정되었고 성군 세종을 만나 르네상스를 맞이했다는 사실이 이를 증명한다.

그렇다면 조선의 건국이 왜 정몽주나 최영과 같은 고려 귀족을 통해 이루어지지 않고 한낱 시골 무사 출신인 이성계에 의해 이루어졌을까. 이는 이성계가 혁명적 사상을 지닌 정도전을 만난 덕분이고, 동북면 출신 군벌이었기 때문에 가능한 일이었다.

이성계와 정도전이 주고받은 시를 보면 정도전이 젊었을 때부터 큰 뜻을 품었다는 사실을 알 수 있다. 이성계의 군영 앞에 늙은 소나무 한 그루가 있었는데 정도전이 소나무 위에 시를 남기겠다 말하며 껍질을 벗기고 글을 썼다.

아득한 세월에 한 그루의 소나무　　　　　蒼茫歲月一株松
몇 만 겹의 청산에서 자랐도다　　　　　　生長靑山幾萬重
잘 있다가 다른 해에 서로 볼 수 있을 것인가 好在他年相見否
인간 세상 굽어보고 큰 발자취를 남기리　　人間俯仰便陳返
〈함영 소나무에 제하다〉

　이성계가 동북면의 군벌이 될 수 있었던 것은 그의 5대조 할아버지인 이안사 덕분이다. 이안사는 고려 의종 때 일어난 무신의 난에서 주도적인 역할을 한 이의방의 동생 이린의 후손이었다. 정중부가 이의방을 제거하면서 동생 이린 일가는 탄압을 피해 전라도 전주로 이사했기에 태조 이성계의 후손들은 전주를 본관으로 삼게 되었다. 이안사는 전주의 유력한 호족이었는데, 그가 사랑하는 기생을 그 고을의 별감이 강제로 수청 들게 했다. 이안사는 분노했다.
　"내 계집을 빼앗는 별감을 용서할 수 없다."
　이안사는 별감과 큰 싸움을 벌

보물로 지정된 〈조선태조어진〉 속 이성계

였다. 화가 난 별감은 이 문제를 현감에게 알렸고, 현감은 도지사나 다름없는 안렴사에게도 알렸다. 안렴사가 사병을 동원해 체포하려고 하자, 이안사는 자신이 거느리던 전주 지역 백성 170여 호[가]를 이끌고 강원도 삼척으로 이주했다. 하지만 문제는 여기에서 끝나지 않았다. 기생 문제로 다툼을 벌였던 별감이 삼척의 안렴사로 부임해 온 것이다. 이안사는 다시 가족을 거느리고 동북면의 의주[宜州, 원산]으로 이주했다. 이때도 170여 호가 따라갔고, 새로 이안사의 영향력 안으로 들어온 삼척의 많은 백성 또한 뒤를 따랐다.

이안사는 지도력이 있어서 가는 곳마다 사람들을 이끌었다. 의주 일대에서도 백성들을 이끌고 군사를 양성했다. 고려는 원나라를 멀리하고 명나라를 가까이하려 하고 있었다. 그러자 원나라가 고려를 위협해 왔다.

추존왕 목조 이안사와 효공왕후가 묻힌 덕안릉

고려는 이안사를 이주 병마사로 임명해 원나라 군사를 방어하게 했다. 이때 원나라 군사가 침략하여 쌍성^{雙城, 영흥}에 진을 치고 이안사에게 투항할 것을 요구했다. 위기가 닥친 것이다.

"조정에서 원나라를 치라고 하는데 우리는 이길 가능성이 없다."

이안사가 부하들과 상의했다.

"이길 수 없는 싸움을 할 필요가 없습니다. 고려가 우리에게 해준 것은 아무것도 없습니다. 위기가 닥치자 우리를 개죽음하게 만들려는 것입니다."

"그렇다. 나도 원나라와 이길 수 없는 싸움을 하고 싶지 않다. 나의 가장 큰 임무는 우리 가족과 재산을 지키는 일이다."

이안사는 강력한 원나라 군대와 싸우느니 고려를 배신하고 원나라에 투항하는 길을 선택했다. 이안사는 누구보다 뛰어난 전략가였다. 그는 요동 지역 몽고군 총사령관과 친척의 딸을 혼인시켜 동맹을 맺고, 함경도로 진출해 세력을 확대했다. 이때 함경도 일대와 두만강 일대에는 여진족이 살고 있었는데, 여진족은 이안사의 세력이 커지자 위기감을 느꼈다. 그러던 차에 이안사가 죽었다. 여진족은 수천 명의 장사들을 동원해 이안사의 아들 이행리를 대대적으로 공격했다.

"이행리를 죽여라."

"고려인들이 원나라와 손을 잡고 우리 땅을 차지하고 있다."

여진족은 질풍처럼 달려왔다. 미처 준비가 안 된 이행리는 여진족을 상대로 전쟁할 수 없었다.

이행리는 황급히 돌아와서 가인^{家人}들로 하여금 가산을 배에 싣고 두만강 흐름을 따라 내려가서 적도赤島에서 만나기로 약속하고, 자기는 손 부인과 함께 가양탄加陽灘을 건너 높은 곳에 올라가서 바라보았다. 그러자 들에 적병이 가득하고, 벌써 선봉 300여 명은 뒤를 바짝 추격해 오고 있었다. 그때 물이 갑자기 100여 보가량이나 갈라져 이행리는 드디어 부인과 한 마리의 백마를 같이 타고 적도로 들어갔다. 이행리의 종자들까지 바다를 모두 건너자 물이 다시 합쳐져 적병은 건너지 못했다. 북방 사람이 지금까지 이를 일컬어 말하기를 '하늘이 도운 것이고 사람의 힘은 아니다'라고 하였다.

《조선왕조실록》

이행리가 적도를 향해 갈 때 갑자기 물이 줄어 모세의 홍해처럼 갈라졌다는 것이《조선왕조실록》의 기록이다.

"여진족을 몰아내야 하는데 어떻게 하는 것이 좋겠는가?"

"우리는 몽고와 손잡았습니다. 몽고군에 지원을 요청하는 수밖에 없습니다."

이행리는 여진의 공격을 막기 위해 원나라의 쌍성총관부雙城摠管府를 이용했다. 쌍성총관부는 고려 후기 몽고가 고려의 화주和州, 지금의 함경남도 영흥 이북을 직접 통치하려고 설치한 관부였다.

함경도 일대는 발해 멸망 이후 고려의 통치력이 제대로 미치지 못해 고려의 유민과 이민移民들이 여진족과 섞여 살고 있었다. 고려가 몽고와 치열한 전쟁을 벌이던 1258년고종 45년에 용진현龍津縣 출신의 조휘와 정주 출신의 탁청이 고려의 관리를 죽이고 몽고에 투항한 지역이었다.

"우리는 몽고에 투항한 사람들입니다. 여진족이 침략해 살 수 없으니 도와주십시오."

이행리는 쌍성총관부에 구원을 요청했다.

"너희가 몽고인인가?"

"선조들이 투항하여 몽고인입니다."

이행리는 막대한 재물을 바쳤다. 그는 자신의 선조가 원나라에 귀화한 전력이 있다 말하며 몽고인 행세를 했다. 쌍성총관은 이행리의 구원 요청을 받아들여 여진족을 공격했다. 결국 여진족은 막강한 원나라 군대에 굴복해 물러날 수밖에 없었고, 이행리의 족속은 동북면 일대에 세거할 수 있게 되었다.

여진족의 적은 이제 원나라가 되었고 이행리의 집단과 여진족은 평화롭게 공존할 수 있었다. 이행리는 비록 선조들이 원나라에 귀화했으나 고려인이라는 정체성을 지키고 있었다. 그는 여진족과 싸우지 않게 되자 함경도 일대에 자신의 제국을 건설했다. 함경도의 미개척 지역에도 주민들로 하여금 들어가 살도록 권장하여 세력을 확장하기 시작했다.

이행리가 죽자 그의 아들 이선래가 다스리게 되었다. 그는 함흥을 대읍으로 만들었다. 또 쌍성총관 조휘의 딸과 혼인하여 동북면의 최고 실세가 되었다.

이선래는 죽기 직전 맏아들인 이자흥에게 지역을 다스리는 천호의 자리를 물려주었다. 그러나 이자흥은 천호를 맡고 채 2개월이 안 돼 사망하고 만다. 그러자 이선래의 두 부인이 나섰다. 둘째 부인 조씨는 자신의 아들 나해를 후계자로 내세웠다. 그러자 첫째 부인 박씨 일족과 또 다른 세력 탁씨 일족이 반발했다. 두 세력이 천호 자리를 놓고 다투는 가운데 이자춘은 형의 자리에 비상한 관심을 보였다.

'이 기회를 잘 이용하면 동북면을 내 수중에 넣을 수 있다.'

이자춘은 동북면의 정세를 살피고 결단을 내렸다.

"형님이 돌아가시면 아우가 그 식솔들을 돌보는 것은 우리의 오랜 전통입니다."

이자춘이 박씨 부인에게 말했다. 이자춘은 천호가 형이니 형수인 박씨 부인을 자신이 돌보겠다고 말한 것이다. 이자춘은 박씨 부인과 손잡고 원나라 조정에 후계자를 바꾸어 줄 것을 요청했다. 원나라 조정에서 박씨 부인의 어린 아들을 후계자로 인정하자 조씨 부인 일가가 일제히 반발했다.

이자춘은 형의 첫째 부인 박씨와 손을 잡고 조씨가를 공격해 나해를 죽이고 그들을 유명무실하게 만들었다. 박씨 부인은 아들이 성장할 때까지 이자춘에게 천호 자리를 위탁했다. 야심이 많은 이자춘은 박씨 부인의 어린 아들이 성장한 뒤에도 지위를 돌려주지 않고 자신이 다스렸다.

이때 중국에서는 원나라가 쇠퇴하기 시작하며 명나라가 일어났고 고려의 공민왕은 원나라에서 이탈해 명나라와 손을 잡았다. 고려는 1356년^{공민왕 5년}에 대대적인 반원운동^{反元運動}을 전개하면서 동북면을 공격했다.

네 할아버지와 네 아버지는 몸은 비록 원나라에 귀화하였으나 그들의 마음이 우리 왕실에 있었기 때문에 우리 고조^{考祖}께서도 총애하고 가상하게 여겼다. 이제 너는 할아버지, 아버지를 욕되게 함이 없을지어다. 그러면 내가 장차 너를 잘 성취시켜 주리라.

공민왕이 이자춘을 회유했다. 이자춘은 동북면의 정세를 살피다가 과감하게 원나라와 손을 끊고 고려와 손을 잡으며 쌍성총관부를 탈환했다. 공민왕은 이자춘을 우다치^{亏達赤, 왕의 시위대}에 임명했다. 이후 이자춘과 그의 아들 이성계는 홍건적과 왜구 토벌에 큰 공을 세웠다. 동북면에서 활약하던 이자춘은 22세인 그의 아들 이성계와 함께 고려의 도읍 개경에 머물렀다.

그때 원나라에서 정변이 일어나 심양으로 도피한 기황후와 그의 일파가 고려를 공격하려고 했다. 신흥 제국 명나라와 원나라의 전

경기 구리시 동구릉에 있는 이성계의 왕릉

쟁도 치열했다. 공민왕은 이자춘을 동북면 병마사에 임명하여 쌍성총관부를 지키게 했다.

"이자춘은 사병을 거느리고 있으니 해체해야 합니다."

고려의 대신들이 공민왕에게 아뢰었다.

"동북면은 그가 아니면 다스릴 수 없다."

공민왕은 대신들의 제안을 받아들이지 않았다. 이자춘은 원나라 천호장의 신분에서 일약 고려 병마사로 신분이 바뀌어 함흥으로 돌아왔다. 그러나 그는 돌아온 지 얼마 되지 않아 죽고, 27세의 아들 이성계가 동북면을 세습해 다스리게 되었다.

이성계의 동북면 세습은 고려의 멸망과 조선의 건국에 중요한 분수령이 된다. 그의 군대는 고려가 아니라 이성계 가문에 충성했다. 이성계는 동북면을 지킴으로써 가장 강력한 군벌로 성장하는 발판을 마련한 것이다.

이성계의 가문은 원나라에 투항하는가 하면 필요에 따라 여진과 손잡기도 했다. 이는 어쩌면 가문의 생존을 위한 치열한 몸부림 같은 것이었다. 이 과정에서 가문의 유대는 더욱 공고해져 군벌로 성장할 수 있는 계기가 되기도 했다.

"신이 우리를 도왔다."

– 여몽연합군의 일본 정벌 실패의 비밀

초원에서 일어난 칭기즈칸의 푸른 군대는 전 세계를 정복했다. 몽고군은 중국 대륙에 원나라를 세웠다.

원나라 세조 쿠빌라이는 동북아시아를 모두 점령했으나 일본이 육지에서 너무 멀리 떨어져 있어 정복하지 못하자 고려와 연합해 정벌하려 했다. 이 무렵은 고려가 몽고군에 투항해 지배받던 시기였다. 그러나 백성들인 삼별초三別抄는 진도와 제주도를 발판으로 몽고군에 계속 저항했다.

삼별초를 제압한 후에도 일본 정벌을 위해 고려에 많은 몽고군이 주둔했다. 1272년 1월, 진도에서 삼별초를 토벌한 몽고인 백양이 원나라로 개선하기 시작했다. 그런데 그의 행렬에는 수많은 고려 부녀자들이 포로로 섞여 있었다. 백양은 마치 전리품을 취하듯 그들을 오랏줄로 묶은 채 끌고 갔다. 그녀들은 개경을 지날 때 구원해달라고 소리치며 통곡했다.

"도와주세요. 우리는 강화도에서 삼별초에 의해 강제로 끌려간 관리의 부인들입니다."

부녀자들은 개경에 이르자 사람들을 향해 울면서 소리를 질렀다. 그러나 고려인들은 모두 몽고 군사들에게 끌려가는 부녀자들을 외면했다. 그녀들은 강화도에서 삼별초의 수장 배중손에 의해 진도로 끌려갔다가, 배중손이 패하자 몽고군의 포로가 되어 다시 끌려가는 길이었다.

날씨는 살을 엘 듯이 추웠다. 그녀들은 진도에서부터 걸어왔기 때문에 옷이 누덕누덕해지고 신발조차 제대로 신지 못한 채였다. 밤이면 몽고 군사들에게 겁탈당하고 낮이면 행군해야 했다. 추위와 고단한 행군으로 중도에서 죽는 여자도 많았고, 몽고에 도착하면 노예 생활을 하거나 다른 몽고인들에게 팔려갔다.

당시 원나라는 세계를 지배했다. 그들은 중앙아시아를 점령하고 러시아까지 진출했다. 광대한 중국도 정벌해 전 세계를 대부분 정복했다. 그들은 고려의 남쪽에 있는 섬나라 일본에게도 투항할 것을 요구했다.

"일본에 항복을 원하는 것은 조공을 바치게 하기 위한 것뿐이다."

원나라 황제가 말했다. 고려는 일본에 원나라 황제의 뜻을 전했으나 일본은 거절했다.

"작은 섬나라가 원나라에 항복하지 않는 것인가?"

원나라는 본격적으로 일본 정벌을 준비하면서 고려에 전함을 건조하라는 영을 내렸다. 고려는 전함 건조에 총력을 기울였다.

1274년 1월, 원나라는 총관(摠管) 찰홀을 감독으로 파견하여 병선

300척을 건조하도록 했다. 병선 건조에 필요한 장인과 역군 및 일체 자재들은 전부 고려에서 부담하게 했다. 고려 24대 원종은 문하시중 김방경을 동남도 도독사都督使로 임명했다. 원나라는 고려의 매국노 홍다구를 총관으로 임명했다.

고려에 전쟁의 피바람이 휘몰아치기 시작했다. 원나라는 일본을 정벌하기 위해 정동군 1만 5천 명을 보냈다. 원나라에서 정예군이 파병되어 오자 고려는 물 끓듯 했다. 그러나 고려 임금 원종이 갑자기 승하하면서 일본 정벌은 뒤로 미루어진다.

1274년 6월 원종이 죽자, 세자 심이 즉위해 충렬왕이 되었다. 그의 이름은 왕거, 어릴 때 이름은 왕심, 또는 왕춘이었다. 원종의 맏아들로서 순경태후(혹은 정순왕후) 김씨에게서 태어났다. 충렬왕은 원종이 죽었을 당시 원나라에 있었으나 유서에 따라 문무백관들에 의해 국왕으로 추대됐다.

원나라는 충렬왕이 아직 고려로 돌아오지 않았는데도 일본을 정벌하라는 영을 내렸다. 고려는 원종이 죽고 신왕이 없는 상태에서 일본 원정을 위해 김방경이 선봉대를 거느리고 남해로 출발했다. 원나라는 정동군 도원수 홀돈을 보내 4천여 명의 고려군을 추가로 선발, 원정군에 편입시켰다.

충렬왕은 1274년 8월이 되어서야 원나라에서 돌아왔으며, 문무백관이 마천정馬川亭까지 나가서 맞이했다.

원나라는 도원수 홀돈, 우 부원수 홍다구, 좌 부원수 유복형과 더불어 몽한군蒙漢軍 2만 5천 명을 동원했다. 고려군은 정예군 8천 명, 초공, 인해引海, 바닷길의 안내자, 수수水手, 수군 6천 700명이 동원되었다. 전함은 무려 900여 척이었다. 합포 앞바다는 여몽연합군을 태운 전함으로 가득 찼다. 10월의 바다는 잔잔한 편이었다.

"전진하라!"

여몽연합군은 마침내 일본을 정벌하려고 출항했다. 합포에서 출발한 지 이틀 만인 5일에 대마도에 도착했다. 대마도에서는 아수라의 참상이 벌어졌다. 대마도를 방어하던 소스케국의 군사들은 여몽연합군의 공격을 받고 모두 전사했다. 여몽연합군은 10월 14일, 일기도에 이르러 치열한 전투를 벌인 끝에 점령했다. 이 전투에서 1천여 명의 일본 군사들이 전사했다. 일기도를 방어하던 다이라는 패전에 책임을 지고 자살했다. 여몽연합군은 퇴각하는 왜인들을 추격하여 도륙했는데 죽어 넘어진 시체가 삼대 쓰러진 것처럼 많았다.

대마도에 이어 일기도를 점령한 여몽연합군은 일본 본토인 큐슈의 하카타 만으로 진격했다. 큐슈의 일본인들은 대대적으로 군사를 동원해 방어에 나섰다. 큐슈 여러 지방에서 무사들이 하카타 만으로 달려갔다. 붕고 지방의 오토모, 시게히데, 히고의 기구치, 다케자키 등이 무사들을 이끌고 대장 쇼니 휘하에서 전투를 준비했다. 하카타 만 앞바다에는 여몽연합 원정군을 태운 900여 척의 병선이 새카맣게 덮여 있었다.

10월 20일 하카타 만에 상륙한 여몽연합군은 일본군과 치열한 전투를 벌였다. 일본의 군사들은 방어하기 위해 처절한 전투를 벌였으나 여몽연합군이 화약까지 사용하는 바람에 대패하여 퇴각했다. 그러나 곧 밤이 오자 여몽연합군이 전함으로 퇴각하면서 전투가 멎었다.

"군사들을 배에서 내려 상륙하게 해야 한다."

고려의 장수들이 원나라 장수들에게 말했다.

"군사들을 상륙시키면 일본의 기습을 받을 수 있다."

원나라 장수들은 고려 장수들의 건의를 묵살했다. 일본인들은 사색이 되었다. 여몽연합군은 그들이 예상했던 것보다 훨씬 강해서 하카타 만에서 죽은 병사들이 절반이 넘었다. 날이 밝아 전투가 다시 벌어지면 전멸당할 것이다. 쇼니 대장을 비롯하여 일본인들은 침통하게 옥쇄(명예나 충절을 위해 깨끗이 죽음)를 각오했다. 그때였다.

'바람이 분다!'

나뭇잎이 검푸르게 흔들리기 시작하자 침통해 하던 쇼니 대장의 얼굴에 화색이 돌았다. 피투성이가 되어 여기저기 쪼그리고 앉았던 군사들까지 고개를 들고 하늘을 쳐다보았다. 서쪽에서 불어오는 바람은 점점 거세져 자정 무렵이 되자 태풍으로 돌변했다. 기와가 날아가고 나무가 뿌리째 뽑힐 정도로 강력한 태풍이 불자 일본군은 바닷가로 달려 나갔다.

바다는 칠흑같이 어두웠고 비바람이 세차게 몰아쳐 산더미 같은 파도가 밀려왔다. 폭풍우가 거세게 몰아치고 해일처럼 덮치는 파도 소리 때문에 여몽연합군의 비명조차 들리지 않았다. 이튿날 날이 밝았을 때 하카타 앞바다를 새카맣게 메웠던 여몽연합군의 전함은 대부분 사라져 버렸다. 바다에는 파손된 배 조각과 여몽연합군의 시체들만 둥둥 떠다니고 있었다.

"신이 우리를 도왔다."

일본군은 환호하면서 만세를 불렀다. 여몽연합군은 해마다 가을이 되면 일본 열도에 불어오는 계절풍의 습격 탓에 1만 3500명에 이르는 대군이 물속에 빠져 죽었다. 결국 일본 원정은 폭풍우 때문에 실패로 돌아간 것이다. 고려군의 원수 김방경은 살아남은 병사들을 이끌고 고려로 귀환했다.

일본인들은 신이 보내준 바람 덕분에 여몽연합군과 싸워 이겼다고 하여 그때부터 10월에 부는 바람을 신풍神風, 즉 가미카제라고 불렀다.

원나라는 일본 정벌에 실패하자 더욱 분노했다. 원나라 황제 쿠빌라이는 일본 정벌을 주관하는 정동행성까지 설치한 후 고려에도 계획을 세우라고 지시했다.

김방경은 고려의 대장군이었다. 그는 1차 원정 때 고려군을 지휘하며 태풍의 피해를 최소한으로 줄였다. 그러나 원나라의 앞잡이였던 홍다구는 고려에서 가장 출중한 대장군 김방경을 원나라 황제에게 무고했다.

왕이 흔도, 홍다구와 함께 방경과 그 아들 흔을 국문하였다. 홍다구가 우리나라와 오랜 감정이 있었기 때문에 방경에게 죄를 자복하게 해서 나라에 화를 미치게 하려고 쇠줄을 머리에 두르고 못을 치려는 것처럼 하고, 또 매질하는 사람을 호령하여 그 머리를 치게 하고 종일 발가벗겨 세우니, 날씨가 매우 추워 살과 피부가 얼어 시커멓게 멍이 들었다.

《고려사절요》

김방경은 홍다구에게 가혹한 고문을 당했다. 그러나 김방경의 명성은 이미 원나라 황제 쿠빌라이에게도 알려져 있었다. 황제가 그에게 원나라로 들어오라고 지시했다. 김방경은 원나라에 입조해 무구를 해명해야 했다.

홍다구의 아버지 홍복원은 고려인으로 반역자였다. 홍복원의 아버지 홍대순은 인주 도령都領이었다. 고종 5년에 원나라에서 합진찰랄을 보내 거란군을 강동성江東城에서 공격할 때 홍대순이 마중 나가서 항복했고, 홍복원은 고종 18년에 살리타이가 대군을 거느리고 침입했을 때 마중 나가 항복하는 등 대를 이어 고려를 배신했다.

홍복원은 특히 서경의 낭장으로 있으면서 필현보와 함께 선유사宣諭使 대장군 정의와 박녹전을 죽이고 서경에서 반란을 일으켰다. 이에 최우가 가병 3천 명을 보내 북계 병마사 민희와 함께 토벌하라는 영을 내렸다. 토벌군은 서경으로 달려가 반란군을 몰살시켰다. 홍복원은 달아나고 필현보는 사로잡아 개경으로 압송하여 거리에서 요참형腰斬刑에 처했다. 반란군을 토벌하자 우는 홍복원의 아비 홍대순과 그 처자 및 동생 홍백수를 옥에 가두고 나머지 주민들은 모조리 섬으로 강제 이주시켜 서경이 폐허가 되다시피 했다.

홍복원은 고려의 역신이었으나 몽고에 협조해 점점 지위가 높아졌다. 그는 원나라의 동경 총관이 되어 고려인 군민을 관리했는데 몽고에 투항한 40여 성의 백성이 모두 그에게 예속되었다. 그는 고려에 대해 허다한 중상모략을 하면서 원의 군사를 따라 왕래했다. 몽고가 고려를 침략할 때는 앞잡이가 되고 철수할 때는 고려인을 약탈했다. 최우는 홍복원의 환심을 사려고 홍대순을 대장군에 임명하고 중으로 숨어 살던 홍백수는 머리를 길러서 낭장으로 임명했으며 장위를 홍복원의 사위로 삼아 뇌물을 보냈다. 홍복원은 최우가 보내는 뇌물에 만족하여 고려를 모함하는 일이 줄어들었다. 그러나 이때부터 몽고의 군사가 매년 침략하여 고려의 주와 군들을 약탈했는데 이는 모두 홍복원이 인도한 것이었다.

"홍복원은 악인이다. 하늘은 어찌하여 그런 자를 잡아가지 않는 것인가?"

고려인들은 홍복원을 증오했다. 고종 37년, 몽고에서 홍대순을 불러 데려갔다.

고려의 왕족인 영녕공 왕순이 인질로 있을 때 홍복원의 집에 기숙하고 있었다. 홍복원은 왕순을 후하게 대우해 주었다. 그러나 세월이 길어지면서 왕순은 몽고의 궁주와 혼례를 올리고 홍복원과의 사이가 점점 나빠졌다. 왕순은 홍복원에게 점점 불평하게 되었다.

"내가 정성을 다해 받들었는데 오히려 불평하는구나."

홍복원은 왕순을 비난하기 시작했다. 왕순도 홍복원을 비난해 마침내 서로 원수지간이 되었다.

고종 45년에 홍복원이 은밀히 무당을 시켜 나무를 깎아 인형을 만들어 그 손을 결박하고 머리에 못을 박아 땅속에 묻거나 혹은 우물 속에 넣어 왕순을 저주했다. 왕순은 홍복원이 자신을 죽이려 한다고 교위 이주에게 말했다. 이주는 고려에서 도망을 친 자로 홍복원과 사이가 좋지 않았다. 그가 쿠빌라이에게 홍복원의 저주 사건을 보고했다.

"아이가 학질을 앓기에 이것으로 악귀를 진압했을 따름 다른 뜻은 없다."

홍복원이 쿠빌라이의 조사관에게 말했다.

"그대는 나에게 오랫동안 신세를 졌으면서 어찌하여 적에게 참소해 나를 무함하는가. 속담에 기른 개가 도리어 주인을 문다는 격이다."

홍복원이 노하여 왕순에게 삿대질을 했다. 왕순의 부인이자 원나라 황제 원종의 딸인 함녕궁주가 홍복원의 목소리가 날카롭고 불손한 것을 보고 통역을 불러 자세하게 물었다. 그녀는 홍복원이 왕순을 비난했다는 것을 알게 되었다. 왕순의 처는 대로하여 홍복원을 꿇어 엎드리게 하고 눈에서 서릿발을 뿜으면서 추궁했다.

"너는 너희 나라에서 무얼 하던 사람이냐?"

"변방에서 살던 사람입니다."

홍복원이 대답했다.

"그러면 우리 주인은 어떤 사람이냐?"

"왕족입니다."

"그렇다면 우리 주인이 진정 너의 주인이 아니냐? 실상은 네가 개인데 도리어 우리 주인더러 개가 주인을 문다고 했으니 웬 말이냐? 나는 원나라의 황족이다. 황제가 우리 주인이 고려 왕족이라 해서 나를 출가시켰고 나도 조석으로 조금도 태만하지 않고 모시며 딴마음을 품지 않는다. 그런데 만약 우리 주인이 개라면 어찌 사람이 개와 같이 살겠느냐? 나는 황제에게 가서 말하겠다."

왕순의 부인은 벌컥 화를 내며 그 길로 황제에게 달려갔다. 홍복원은 그때서야 울며불며 왕순에게 머리를 조아리고 사죄했다. 왕순이 측은하여 부인을 만류하려 했으나 이미 말을 타고 떠난 뒤였다. 홍복원은 재산을 털어서 뇌물을 준비한 후 왕순에게 간청했다.

왕순은 홍복원과 함께 밤낮을 가리지 않고 달려가다가 중도에서 쿠빌라이의 칙사를 만났다. 칙사는 홍복원을 보자 즉시 장사 수십 명에게 명령해 그를 발로 차서 죽이게 한 후 그 가산을 몰수하고, 홍복원의 처와 아들 홍다구와 홍군상에게 차꼬와 쇠고랑을 채워 가지고 돌아갔다. 쿠빌라이는 홍복원의 아들 홍다구의 가족들에게는 죄를 묻지 않았다. 그 후 홍복원의 여러 자식은 아버지의 죽음에 원한을 품어 수단 방법을 가리지 않고 고려를 모함했다.

1280년 충렬왕이 원나라에 입조해 황제를 만났다. 원나라 황제는 흔도, 홍다구, 범문호에게 일본을 먼저 정벌하라는 동정東征 명령을 내렸다. 홍다구, 흔도는 몽고 · 고려 · 한인 군사 4만 명을 거느리고 합포를 출발하고, 범문호는 만군蠻軍 10만 명을 거느리고 강남에서 출발해, 일기도에 집결하여 일본을 공격하라는 것이었다. 충렬왕이 이때 원나라 황제에게 제안했다.

"첫째 탐라耽羅에서 진수하는 고려 군사를 동정하는 군사에 보충할 것, 둘째 고려인과 한인의 군사수를 줄이고 도리첩목아를 시켜 몽고군을 더 징발하게 할 것, 셋째 홍다구의 관직을 더 올리지 말고 성공하기를 기다려서 상을 주며, 또 도리첩목아로 하여금 고려왕과 함께 정동성의 사무를 맡도록 할 것, 넷째 고려 군관들에게 모두 패면牌面을 하사해 줄 것, 다섯째 원나라의 연해 지방 사람들도 모두 사공, 수부水夫에 충당할 것, 여섯째 안찰사를 보내 백성들의 고통을 조사할 것, 일곱째 고려왕이 직접 합포에 가서 군사를 검열하게 할 것입니다."

"아뢰는 내용을 이미 다 알았노라."

원나라 황제가 영에 따라 여몽연합군이 일본을 정벌하러 가는 2차 전쟁이 시작되었다. 쿠빌라이는 2차 일본 정벌에 남송 지방에서 10만 명의 군사와 전함 3천 500척을 동원하여 강남군이라고 명명했다. 고려에서는 원나라, 한인, 고려군을 합친 4만 명과 전함 900척을 동원하여 동로군이라 명명했다. 동로군은 5월 3일 합포에서 출발했다. 동로군 앞에 불길한 일도 일어났다.

"이달 26일에 여러 군사들이 대마도와 일기도로 향했으나 홀로물탑의 수군船軍 113명과 초공 및 수수 36명이 풍랑을 만나 행방불명이 되었다."

행성 총파가 보고했다. 전쟁을 시작하기도 전에 불길한 일이 일어난 것이다. 동로군은 대마도와 일기도를 차례로 점령하고 구주로 접근해 하카타 만의 시가도를 점령했다. 고려군의 원수 김방경은 일기도에서 일본군 300명을 죽여 명성을 떨쳤다.

원나라가 수차례에 걸쳐 항복을 요구했으나 일본은 완강하게 버티고 있었다. 그러나 막상 15만 명에 이르는 여몽연합군이 2차로 일본을 향해 오자 당황했다.

"국난과 내 목숨을 바꾸게 해주십시오."

일본의 가메야마 천황에게 이세신궁에 가서 기도하는 수 외에는 대책이 없었다.

동로군은 시가도를 점령한 뒤에 하카타 만을 공격하기 시작했다. 그러나 일본은 하카타 만에 견고한 석축을 쌓고 대기하고 있었다. 치열한 전투가 벌어졌으나 하카타 만에는 상륙조차 할 수 없었다. 밤이 되자 일본은 작은 배를 이용해 동로군의 전함에 접근해 횃불을 던졌다. 1차 정벌 때 폭풍우 때문에 막대한 손실을 입은 동로군은 시가도로 철수했다.

범문호가 지휘하는 강남군은 일기도에서 동로군과 합류할 예정

〈몽고습래회사〉에 묘사된 그림.
여몽연합군에 맞서기 위해 하카타 만에 석축을 쌓고 방어하는 일본군

이었다. 그러나 항해 실수로 히로도로 향했다. 강남군과 동로군은 연락이 끊겨 6월 하순에야 다케시마(규슈 지역에 있는 섬으로 독도와는 별개의 섬)에서 합류해 하카타 만을 대대적으로 공략했다.

'신만이 우리를 구원할 수 있다.'

15만 명의 대병력이 하카타 만을 공략하자 일본 열도는 공포에 휩싸였다. 하카타 만의 일본군은 치열한 방어전에 나섰다. 그러나 여몽연합군이 하카타 만을 공략한 지 하루밖에 되지 않아 또다시 거대한 폭풍우가 몰아쳐 왔다. 이 태풍은 입춘 때로부터 7개월이 지나면 해마다 불어오는 계절풍이었다. 7월 1일 밤의 폭풍우는 15만 명이 타고 있는 여몽연합군의 전함을 휩쓸었다. 산더미 같은 파도와 세찬 바람에 4천 척에 가까운 전함이 전복되거나 파도에 휩쓸려 파손되었다. 캄캄한 어둠과 비바람 속에서 여몽연합군 10여만 명이 수장되었다.

'신이 이번에도 바람을 보내 주었다.'

이튿날 날이 밝자 일본인들은 또다시 만세를 부르면서 환호했다. 하카타 만 앞바다에 부서진 배 조각과 여몽연합군의 시체가 무수히 둥둥 떠다니고 있었다. 일본은 이번에도 폭풍우 때문에 대승을 거둔 것이다.

"공격하라!"

전열을 가다듬은 일본은 다케시마 섬에 집결해 있는 여몽연합군을 공격했다. 10여만 명이 수장되고 나머지 병사들로만 맞서 싸운 여몽연합군은 대패했다. 15만 명의 여몽연합군 중 살아 돌아온 병사는 불과 3만여 명밖에 되지 않았다.

충렬왕과 원나라 공주는 합포까지 가서 여몽연합군을 독려하며 승전을 기다렸지만 폭풍우 때문에 패전하자 크게 실망했다. 8월이 되자 여몽연합군은 초라한 모습으로 합포로 돌아왔다. 김방경을 비롯해 참전한 고려 장수들이 행궁에 와서 충렬왕에게 전쟁 결과를 보고했다.

"기이한 일이다. 두 번씩이나 폭풍우 때문에 패했으니 어찌하겠는가?"

충렬왕은 탄식한 뒤에 김방경 등을 위로했다. 원나라 황제 쿠빌라이는 죽을 때까지 일본을 정벌하고 싶어 했으나 결국 뜻을 이루지 못했다.

3장

전란의 위기
민중의 삶은
고달팠다

"왕은 때때로 외국인의 손을 잡고 불쌍하게 울었다."

– 을미사변의 비밀

서력 1895년 10월 7일, 조선왕조 500년의 고도인 한성은 달빛 아래 잠들어 있었다. 깊은 가을밤, 만호장안은 불이 꺼진 채 조용했고, 인적이 끊어진 정동 골목에 찬바람이 불면서 나뭇잎과 휴지 조각이 음산하게 쓸려 다니고 있었다.

그러나 자정이 가까워지면서 착검한 총으로 무장한 일본군의 대오가 한성으로 소리 없이 밀려오기 시작했다. 그들의 눈에는 핏빛 살기가 번뜩이고 대오는 기세가 삼엄했다.

이따금 여우 울음소리처럼 음산하고 날카로운 호각 소리가 한겨울 삭풍처럼 밤공기를 흔들어대고, 그 사이사이로 말을 탄 사관이 낮고 단호한 목소리로 병사들을 질타하는 소리가 들려왔다. 그들은 긴박하게 움직이고 있었다.

대원군이 경복궁을 중건하고 6조 관청을 종로에 번듯하게 세워 임진왜란 이후 모처럼 한성이 국도의 위용을 갖춘 것도 잠깐, 민씨

세력이 정권을 잡고 병자년에 일본과 강화도수호주약을 체결함으로써 일본인들의 조선 침략의 길이 트이게 되었다. 이 병자수호조약은 일본의 강압에 의한 불평등 조약이었다. 이후 일본은 끈질기게 대륙으로 진출하고자 노력했고 그 일환으로 조선 침략을 준비했다.

1894년 조선에서의 우월권을 확보하기 위해 동학농민전쟁을 핑계로 일본과 청나라는 전쟁을 일으켰다. 많은 사람의 예상을 뒤엎고 일본은 바다에서 청나라의 북양 함대를 물리치고 평양에서 청군을 대파했다. 금주성을 점령하고 여순을 함락했다. 일본군은 여순 시내에서 시민과 포로 약 6만 명을 학살하고 시가지를 불태웠다.

청일전쟁에서 승리한 일본은 요동반도를 할양하라고 요구했다. 그러나 러시아, 독일, 프랑스 함대 때문에 요동반도를 포기할 수밖에 없었다. 청나라가 일본에 굴복하자 그들은 조선에서 이권을 챙기기 위해 혈안이 되었다. 금광 채굴권, 철도 부설권 등이 속속 일본으로 넘어갔다. 명성황후는 러시아를 끌어들여 일본을 견제하는 인아거일 정책을 실시했다. 이에 일본은 명성황후 때문에 자신들의 이익이 침해된다고 생각하여 그녀를 시해하는 작전명 '여우사냥'을 시작한 것이다.

일본 공사 미우라 고로의 지휘 아래 일본군 수비대와 친일 군대인 훈련대가 동원되었다. 이들은 새벽이 되자 일제히 경복궁을 공격했다. 왕궁 시위대와 일본군은 치열하게 격전을 치렀으나, 경복궁은 점령되었고 건청궁에 있던 고종은 연금되었다. 세자는 칼등으로 쳐서 기절시켰다. 그리고 그들은 명성황후 민씨를 시해하기 위해 옥호루로 달려갔다.

명성황후 민자영이 일본인들의 흉도에 비참하게 시해되고 불태워진 것은 1895년 10월 8일, 미명의 새벽으로 그녀의 나이 마흔다섯 때였다. 그녀가 시해된 후 조선왕조는 급격하게 몰락의 길을 걷기 시작해 1905년 을사보호조약, 1910년 한일합방으로 이어지는 국권 상실시대를 맞이하게 된다. 그녀가 일본인들에게 시해된 후 조선왕조는 걷잡을 수 없이 무너져 내려, 한말 조선에서 그녀가 어떠한 위치를 차지하고 있었는지를 짐작할 수 있다.

명성황후의 파란만장한 일대기를 돌이켜볼 때, 그녀는 한국 근대사를 가장 다채롭게 장식한 풍운의 여인이요, 무너져 가는 조선왕조를 지키려고 몸부림치다 시해된 강인한 여성이었다.

일본은 경복궁 점령 때도 그랬고 명성황후 시해 사건을 저지를 때도 수백 장의 고유문을 뿌려서 여론을 유도했다. 그 고유문의 내용은 언제나 명성황후가 정치에 간여해 나라가 혼란하고 개혁이 되지 않아 조선의 대원군이 지사들과 함께 일본의 출병을 요구하여 개입하게 되었다는 것이다. 그러나 대원군은 한 번도 명성황후를 제거하기 위해 일본군의 출병을 요구한 일이 없을뿐더러 경복궁 점령 때와 명성황후 시해 사건 때 오히려 일본군이 강제로 끌고다녔을 뿐이었다.

명성황후가 태어난 1851년은 철종조 초기로 누대에 걸친 부패와 콜레라로 전국에서 수십만의 백성들이 죽어 갔고 세계사적으로는 봉건사회에서 근대사회로 급격한 전환이 이루어지던 시기였다. 이러한 시기에 조선은 깊은 잠에서 헤어나지 못한 채 수구와 개화의 양극이 첨예하게 대립하고 있었다.

명성황후는 조선조가 무너져 가고 있을 때, 열여섯 어린 나이로 국모가 되어 여성으로서는 드물게 정치에 참여했던 인물이다.

명성황후가 시해된 그날 미우라 일본 공사는 대궐에 입궐해 고종을 알현하고 강압적으로 친일 내각인 제4차 김홍집 내각을 성립시키는 한편, 8월 22일에는 이미 시해된 명성황후를 폐서인하는 조칙을

명성황후 탄생 기념비

발표하게 한다. 이때까지도 명성황후가 죽었다는 사실이 정확하게 밝혀지지 않아서 고종은 일본인들에게 둘러싸인 채 두려움에 떨고 있었다. 미국 대리공사 알렌과 러시아 공사 베베르가 총소리를 듣고 입궐했는데 명성황후를 시해한 일본인들은 그때까지도 대궐에 남아 있었다.

외국 공사들은 일본인들의 살기등등한 모습에서 그들이 무슨 일을 저질렀는지 막연하게 짐작할 수 있었지만, 자세한 내막은 알 수 없었다. 일본 공사관의 우치다 영사는 사태의 핵심을 잘 모르고 있었다. 그는 미우라 공사가 경복궁에서 돌아오자 흥분한 목소리로 보고했다.

"조선의 왕궁에서 굉장한 소동이 있었습니다."

"아니, 이것은 소동이라고 할 수 없는 일이다. 이것으로 조선은 드디어 일본의 소유가 되었다. 이제 안심이다."

우치다 영사의 말에 미우라 공사는 큰일을 해낸 듯 자신감에 넘쳐서 기분 좋게 대답했다. 그러나 열국 공사들이 미우라를 난처하게 만들기 시작했다. 게다가 고종도 폐비 조칙에 강하게 반발했다.

"짐에게 왕비를 폐비하는 데 서명하라고 강요하려거든 차라리 짐의 손목을 자르라."

그러나 고종의 뜻에 관계없이 명성황후에 대한 폐비 조칙이 일본의 위협에 굴복한 대신들에 의해 발표되었다.

"이 조칙은 짐이 내린 것도 아니고 서명한 일도 없다. 왕비는 언제까지나 짐의 왕비며 결코 폐비가 아니다."

고종은 일본 공사들의 감시를 피해 자신의 불행한 실정을 외국인들에게 호소했다. 외국인들은 고종의 비참한 모습을 낱낱이 기록해 두었다.

'왕은 때때로 외국인들의 손을 잡고 불쌍하게 울었다.'

고종이 어떠한 위치에 있었는지 보여주는 단적인 예다. 영국의 여행가 이사벨라 비숍Isabella Bishop도 고종의 비참한 상태를 폭로했다.

낮에는 외국 사절들이 국왕을 알현하였는데 이때에도 왕은 심적으로 몹시 동요되어 있었고, 간간이 울먹이며 그래도 아름다운 왕비가 도피하고 있으리라고 믿고 있었다. 왕은 관습을 어기면서까지 외국 사절들의 손을 잡고는 그들의 직권을 통해서라도 이 이상 불법과 폭력이 자행되지 않도록 막아 달라고 부탁했다.

《한국과 그 이웃 나라들^{Korea and Her Neighbours}》

열국 공사들은 일본인들의 만행에 분노해 대책을 논의했다. 조선 정부는 이미 일본인들의 수중에 들어가 내각 개편, 폐비 조칙 및 왕비 간택령을 잇달아 발표하고 있었다.

"일본인들이 궁녀들을 끌고 나와 마당으로 내던지고 서너 명을 살해했다. 일본인 한 사람이 마당에서 사태를 지휘했다고 한다. 증인과 목격자들이 있다. 일본 공사는 해명하라."

베베르 공사는 대책회의를 마친 후 미우라 공사를 신랄하게 추궁했다.

"그것은 오해다. 그러한 불법은 일본군의 명예를 걸고 일어날 수 없는 일이다."

미우라 공사는 명성황후 시해를 완강하게 잡아뗐다.

"죽은 여인들의 시신을 수십 명이 목격했다!"

"일본군은 결코 그런 일을 저지르지 않았다."

미우라 공사는 궁색한 답변만 되풀이했다. 그러나 이 사건은 러시아인 전기기사 사바틴, 현흥택, 맥이 다이 장군에 의해 낱낱이 폭로되고 조선에 있던 외국 기자들이 전 세계에 알려 큰 충격을 주었다.

"공사, 이 사건은 너무나 중대하여 그대로 넘길 수 없소. 공사가 해명하지 않으면 러시아는 중대한 선언을 하지 않을 수 없소."

베베르 공사는 미우라에게 강경하게 선언했다. 사태는 미우라에게 불리하게 돌아가기 시작했다. 일본인들에 의한 명성황후 시해가

명성황후 시해에 가담한 것으로 알려진 낭인들

기정사실로 인정되고 여론이 비등해졌다. 열강들은 일제히 일본을 비판하고 나섰다. 일본의 야만 행위를 규탄하는 국제 여론이 빗발치자 일본은 당황했다. 미우라와 그 일당은 베베르와 알렌, 힐리어 등의 노력으로 전원 일본으로 소환되어 히로시마에서 재판을 받았으나 왕비를 살해한 점은 인정되나 증거가 없다는 이유로 석방되었다. 이들은 명성황후 시해 사건으로 재판에 회부되긴 했으나 불이익을 당하지는 않은 것이다. 오히려 일본에서 이들 모두 영웅이 되었다.

고종은 1897년 국호를 대한제국으로 바꾸고 황제가 되었다. 그러나 고종은 헤이그 밀사 사건으로 일본의 강압에 따라 황제 자리를 1907년 아들인 순종에게 물려준 뒤 1919년 승하했다.

명성황후가 시해당한 옥호루

명성황후는 1895년 고종과 순종의 지극한 사랑으로 복위되어 1897년 명성황후로 추증돼 성대한 국장이 치러졌고, 1919년 고종이 승하하자 금곡 홍유릉으로 이장되어 평생을 바쳐 사랑했던 남편 고종의 옆에 타다 남은 뼛조각으로 묻혔다. 명성황후의 시신은 일본인들에게 시해된 후 불에 타 대부분 뼛조각 상태로 연못 또는 우물에 버려졌으나 훈련대의 윤석우 소위가 타다 남은 뼛조각을 일부 수습하여 녹원의 숲에 묻어 장례를 지낼 수 있었다는 기록이 전해져 온다.

윤석우 소위는 이로 인해 명성황후 시해 사건의 주모자(왕비의 시신에 손을 대었다는 불경죄)로 몰려 이주회, 박선과 함께 교수형에 처해졌다. 물론 이들의 죄는 조작된 것이고 우범선과 이두황은 훈련대를 동원해 범궐했기 때문에 일본으로 망명하였다.

고종은 일본의 강압으로 1895년 음력 11월 25일 단발령을 내린다.

"짐이 머리를 짧게 하여 모든 신민에게 모범을 보이니 너희들 대중은 짐의 뜻을 헤아려 만국萬國과 병립竝立하는 대업을 이룩하게 하라."

고종과 왕세자에 이어 대신들이 차례로 상투를 잘랐으나 단발령은 유림의 격렬한 반발을 불러일으켰다.

고종은 미우라 일본 공사가 일본으로 소환된 후 친러시아파인 이범진, 이완용과 비밀리에 협의해 러시아 공관으로 탈출했다. 아관파천이었다. 러시아는 고종을 보호하기 위해 수병水兵 120명을 입경시켰다. 일본 수비대도 즉각 비상경계에 들어갔다. 그러나 청일전쟁으로 군사력이 약화된 일본이 러시아와의 전쟁을 회피하여 군사적인 충돌은 일어나지 않았다.

고종은 러시아 공관에 도착하자 명성황후 시해 사건을 저지른 것도 모자라 폐비하라고 강요한 대신들을 살해하라는 명을 내린다.

"역도의 괴수 조희연, 우범선, 이두황, 이호진, 이범래, 권형진은 보는 즉시 참수해 목을 가져오고 김홍집, 유길준, 정병하, 장박 등을 즉각 포살하라."

이로 인해 김홍집, 정병하는 경무관 안환에게 체포되어 오다가 광화문 앞에서 성난 군중들에게 맞아 죽게 된다. 군중들은 김홍집 등이 일본군과 결탁하여 명성황후를 시해하고 단발령을 내리게 했다고 믿고 있었다.

214

어윤중은 용인군 장서리의 한 주막에 들렀다가 그곳 백성들에게 비참한 죽음을 맞이했다. 일설에는 어윤중이 죽은 곳이 어사리^{魚死里}라는 말이 있다. 후일 사람들이 어사리라는 지명이 어씨가 죽는다는 뜻을 내포하고 있는데 어윤중이 하필 그곳으로 피신하다가 죽었다며 기이하게 여겼다.

대원군 또한 1898년 음력 2월 2일 일흔아홉의 고령으로 운현궁 사저에서 유명을 달리해 파란 많은 일생에 종지부를 찍었다. 이에 앞서 대원군의 부인 부대부인 민씨도 숨을 거두었는데, 그녀는 숨을 거두기 2년 전 뮈텔 주교로부터 영세를 받고 1년 전 첫 영성체를 모셨다. 그때 그녀는 조선과 조선 왕실의 안위를 간곡히 기도했다고 한다.

"임금에게 올릴 커피차 관에 넣었습니다."
– 고종 승하의 비밀

고종은 흥선대원군 이하응의 둘째 아들로 안동 김씨의 세도가 극성을 부리고 있을 때 불과 열둘의 나이로 조선의 국왕에 즉위했다. 그가 즉위하던 1863년은 조용한 은자의 나라인 조선에 외세가 밀려오고 있던 시기였다. 그는 나이가 어렸기 때문에 신정황후 조씨가 수렴청정을 하고 생부인 이하응이 섭정했다.

그는 1866년 열다섯 살에 명성황후 민씨를 부인으로 맞아들였으나 두만강에 출몰하는 러시아인 때문에 천주교에 대한 대대적인 박해를 일으켰다. 물론 이러한 박해는 정권을 잡은 조대비와 이하응이 저지른 일이었다. 천주교를 탄압하면서 프랑스 신부 9명을 살해해 병인양요가 일어나고, 제너럴셔먼호 침몰 사건으로 신미양요가 일어났다. 병인양요는 약 8천 명에 이르는 천주교 신자를 죽게 만들었다.

이하응은 집권하면서 철저하게 쇄국 정책을 강행했다. 이하응이 지나치게 정권을 휘두르면서 아들과 아버지 사이에도 갈등이 생겼다. 고종은 명성황후 민씨와 최익현의 도움으로 친정을 시작했다. 그는 이하응의 쇄국 정책을 폐기하고 개항을 시작했다. 1875년 운양호 사건으로 일본이 조선에 들어오고 1882년에는 미국과 수호를 맺었다.

그러나 이에 대한 반발과 구식 군대에 대한 차별로 임오군란이 일어나 대궐이 난군들에게 점령당하고 왕비는 장호원으로 피난을 갔다. 정권은 다시 이하응의 손에 넘어갔다.

1884년 개화파의 김옥균이 일본의 후원을 받아 갑신정변을 일으켰다. 그들은 조선을 완전히 개혁하려고 했으나 청나라가 개입하는 바람에 삼일천하로 끝나고 이하응은 청나라로 끌려가게 된다.

1884년 찍은 고종의 최초 사진

개화의 바람도 무섭게 휘몰아쳤다. 조선은 프랑스, 영국, 독일, 러시아 등과 수교를 맺었고, 천주교는 포교의 자유를 얻었다. 그러나 민족 종교인 동학은 포교의 자유를 얻지 못해 신도들의 불만이 높아졌고 보은집회에는 자그마치 10만 명의 신도들이 운집하여 조정을 위협했다.

1894년이 되자 고부군수 조병갑의 탐학을 참지 못한 접주 전봉준이 난을 일으켰다. 이 난은 순식간에 동학농민운동으로 발전해 조선을 휩쓸었다. 일본은 자국민들을 보호한다는 명목 아래 군대를 상륙시키고 경복궁을 넘어 들어가 왕궁 시위대를 무력화시킨 채 보물을 약탈했다. 동학농민운동을 진압하는 일본군은 잔인했다.

청나라가 군대를 파견하면서 청일전쟁이 발발했다. 그러나 동양의 대국이었던 청나라는 일본에 대패하고 말았다.

명성황후 민씨는 일본의 침략이 노골화되자 인아거일 정책을 실시하여 일본을 멀리하고 러시아를 가까이하기 시작했다. 조선을 개화시키고자 철도 부설권을 미국에 주고 경복궁에 전등을 설치했다.

"조선의 왕비가 왕을 허수아비로 만들고 마음대로 권력을 휘두른다. 왕비 때문에 일본은 막대한 손해를 보고 있다."

1895년 10월 8일 일본은 경복궁에 침입해 명성황후 민씨를 살해하고 불태우는 만행을 저질렀다. 고종은 건청궁에 연금되었고, 조선은 무너져 갔다.

1905년 을사보호조약이 이루어지고 대한제국은 외교권을 박탈당했다. 제2차 한일협약인 을사조약이 체결되어 외교권을 일본에 빼앗김으로써 병자호란 이래 가장 큰 국가 존망의 위기를 맞았다. 이에 우국지사 민영환, 조병세, 홍만식 등은 자결로써 항의하고 전국에서 의병이 일어났다. 일본은 1906년 2월 통감부統監府를 설치해 본격적인 내정 간섭을 시작했다. 고종은 이에 분개하여 헤이그에 밀사를 파견했으나, 일본의 방해로 뜻을 이루지 못했다. 오히려 헤이그 사태에 책임을 지고 아들인 순종에게 양위하고 말았다.

친일 매국노 이완용, 송병준, 이용구 등은 매국 단체 일진회進會를 앞세워, 조선인의 원願에 의하여 조선을 합병한다는 미명 아래 무력으로 위협하고 돈으로 매수해 1910년 8월 29일 마침내 이른바 한일합병조약을 강제로 성립시켜 대한제국은 국권을 완전히 상실하게 되었다. 조선통감부는 조선총독부로 바뀌어 대한제국을 통치했다.

나라 잃고 하루아침에 황제에서 이태왕李太王 상왕으로 전락한 고종은 덕수궁에서 쓸쓸한 말년을 보냈다. 그는 커피를 마시면서 어린 딸 덕혜옹주의 재롱을 보며 지냈다. 그러던 1919년 어느 날, 그는 커피를 마신 뒤 갑자기 죽었다. 커피는 서양 선교사들이 가지고 들어오기 시작해 고종과 명성황후도 가배차가咖啡茶라 부르면서 즐겨 마셨다. 그러나 1898년 김홍륙이 고종이 즐겨 마시는 커피에 독약을 넣어 시해하려던 사건이 밝혀져 조정이 발칵 뒤집혔다.

김홍륙은 함경도 출신으로 노비였으나 블라디보스토크를 왕래하며 러시아 말을 배워 역관이 되었다. 1894년고종 31년 이범진이 러시아 공사 베베르와 조약을 체결할 때 러시아어 통역관으로 활약하면서 고종과 명성황후의 총애를 받았다. 김홍륙은 1895년 임최수와 안경수 등과 함께 춘생문春生門 사건을 일으켜 더욱 총애를 받았다. 춘생문 사건은 명성황후가 시해된 후 고종이 일본군에 둘러싸여 꼼짝 못하

독살설이 파다한 가운데 치러진 고종 장례 행렬

고 있을 때 고종을 밖으로 나오게 하여 친일 정권을 타도하고 새로운 정권을 수립하려던 사건이다.

1896년 아관파천 때 비서원승으로 있으면서, 권력이 생기자 함부로 휘두르다가 친러파가 무너지자 벼슬을 잃었다. 그러나 고종이 여전히 총애하여 대궐을 자유롭게 출입하면서 러시아와의 통상을 주도하도록 했다. 그 과정에서 많은 돈을 착복하여 흑산도로 유배를 가게 되었다. 그는 고종이 자신을 배신했다고 생각해 흑산도로 떠나기 직전, 왕이 즐겨 마시던 커피에 보현당 창고지기인 김종화를 시켜 독약을 탔다. 고종은 냄새가 좋지 않다고 생각하여 마시지 않았으나 태자(순종)는 커피를 마시고 피를 토하며 쓰러졌다. 사

220

건을 조사하니 김홍륙이 사주한 일이었다. 김홍륙은 유배지에서 잡혀 올라와 관련자와 함께 사형되었다.

"그 약을 받아 가지고 보현당에 들어가서 임금에게 올릴 커피차관(茶罐, 항아리)에 넣었습니다."

보현당의 창고지기인 김종화가 자백한 내용이다. 그로부터 20년이 지난 1919년 1월 21일 커피를 마시던 고종이 갑자기 경련을 일으키며 죽었기 때문에 그가 독살되었다는 소문이 파다하게 퍼졌다.

고종 황제의 팔다리가 1~2일 만에 엄청나게 부어올랐고 황제의 치아가 모두 빠졌으며, 혀는 닳아 없어졌고, 30센티미터 가량의 검은 줄이 목 부위에서부터 복부까지 길게 있었다. 또 고종 황제가 승하한 직후에 두 명의 궁녀가 의문의 죽음을 당했다.

사람들은 이와 같은 사실을 들어 고종 황제가 죽은 원인을 독살이라고 주장했고, 이는 3 · 1운동을 촉발하는 중요한 원인이 되기도 했다.

"어찌 이런 자들과
큰일을 도모하랴?"
– 병인양요의 비밀

조선 후기, 개혁에 실패해 부패가 만연했고 백성들의 생활이 궁핍해졌다. 남인들을 중심으로 이용후생학과 실학이 발전했으나 학자들 사이에서만 연구되었고 백성들이나 왕실에서의 개혁은 이루어지지 못했다. 개혁적 임금인 정조가 죽고 순조가 즉위하며 안동 김씨가 세도를 누리면서 부패는 극에 달했고, 벼슬을 사고파는 일이 흔해짐은 물론 수탈이 빈번해지자 이를 견디다 못한 백성들이 민란을 일으키는 일이 잦았다.

철종 대에 이르면 회복이 불가능할 정도로 민생 경제가 파탄에 이른다. 철종은 강화도에서 농사를 짓고 나무를 하던 더벅머리 총각이었기 때문에 안동 김씨 세도에 짓눌려 국정을 효과적으로 이끌지 못했다. 그렇게 대신들의 뜻에 따라 나라를 다스리다가 죽었다.

철종이 후사 없이 죽자 흥선대원군 이하응의 둘째 아들 재황(고종의 초명)이 신정왕후 조씨의 양자로 들어가 조선의 제26대 국왕이 되었다 그는 당시 불과 열두 살이었고, 나이가 어려 대왕 대비인 신정왕후 조씨가 형식 적으로 수렴청정을 하고 생부 인 흥선대원군 이하응이 섭정 하며 권력을 휘둘렀다.

이하응은 야심이 많은 인물 이었다. 그는 안동 김씨가 세 도를 부릴 때는 숨을 죽인 채 안동 김씨에게 비굴할 정도로 굽실거려 상갓집 개라는 조롱 을 받기도 했다. 그러나 권력 을 잡자 단숨에 안동 김씨 세

흥선대원군 이하응의 모습

도를 끊어 버리고 조정을 대대적으로 개혁하기 시작했다. 서원 철 폐와 풍속 개량, 인재의 고른 등용을 실시하고, 양반들에게까지 세 금을 부과해 백성들로부터 지지를 받았다. 그는 부패를 일소하기 위해 왕법을 엄중하게 시행하여 '대원위분부'라는 말이 떨어지면 산천초목이 벌벌 떨었다.

고종이 즉위하고 흥선대원군이 섭정한 때는 개화의 물결이 밀려 오던 시기였다. 서구 열강은 팽창 정책을 내세워 아시아와 아프리 카에 식민지를 건설하고 미지의 나라와 무역을 실시했다. 조선은 건국 이래 외국과의 교통을 단절해 왔다. 조선이 유일하게 왕래하 는 나라는 청나라뿐이었다. 그러나 그것도 사신들이 오갈 때뿐이었

고 국경은 항상 굳게 닫혀 있었다.

당시 러시아는 서구 열강들이 청나라를 에워싸고 각축을 벌이는 사이 꾸준히 남진 정책을 추진하고 있었다. 한편 청나라는 강희대제의 전성시대를 거쳐 1840년에는 아편 수입 문제로 영국과 아편전쟁을 벌였으나 대패하고, 1842년 8월 난징조약에 의해 홍콩을 영국에 할양했다. 뿐만 아니라 1856년에는 영국 상선 애로호 사건, 프랑스 선교사 살해 사건 등으로 영국과 프랑스를 상대로 전쟁을 벌였지만 영불연합군이 베이징까지 침입해 청나라 황제가 열하로 피신하는 사태까지 벌어진다. 이때 러시아의 중재로 베이징조약을 맺은 청나라는 연해주를 러시아에 양도하지 않을 수 없었고, 러시아는 숙원이었던 부동항을 해삼위海參威, 블라디보스토크에 개설한 뒤 조선의 변방을 위협하기 시작했다.

"인국의 병란, 서교도天主教의 발호, 로서아 군사의 내습 등은 목하 초미의 우환인즉 속히 대책을 세우지 않으면 안 됩니다."

조선의 변방과 국경이 끊임없이 위협받자 외침을 막기 위해 대책을 세워야 한다는 상소가 빗발치기 시작했다.

1863년 2월에는 5명의 러시아인들이 얼음을 타고 두만강을 건너와 경흥부에 통상을 요구하는 편지를 보내 조선이 발칵 뒤집혔다. 러시아가 침략한다는 소문이 퍼지면서 민심도 덩달아 흉흉해졌다. 고종 2년1865년 9월에 또다시 러시아인 수십 명이 몰려와 국서를 가지고 있으므로 함경감사를 만나게 해달라고 요구했다. 2개월 후인 11월에는 3명이, 수일 후에는 기마를 탄 자를 선두로 7명이 내습해 전과 같은 요구를 해왔다.

천주교도인 홍봉주와 김계호는 청나라를 굴복시킨 프랑스와 영국이 조선과 3국 동맹을 맺어 러시아를 방어해야 하며, 그 외교적인 교섭은 조선에 들어와 있는 프랑스인 천주교 주교를 통해야 한다는 글을 작성해서 조기진을 통해 대원군에게 올렸다. 그러나 대원군이 말없이 그 글을 무릎 밑에 넣어 버리자, 대원군의 위세에 눌린 김계호, 홍봉주 등은 슬그머니 자리를 뜰 수밖에 없었다.

김계호 등이 다녀간 지 이틀 후, 고종의 유모 박씨가 대궐에서 나와 대원군의 부인 민씨를 찾아왔다.

"나라가 위급한데 어찌하여 너희 천주교도들은 아무 일도 하지 않고 있느냐? 내가 듣자니 러시아 오랑캐가 조선을 침략하려고 변방을 어지럽히고 있다는데 주교가 조선, 청나라, 불국 이렇게 3국 동맹을 맺도록 외교적 수완을 발휘해야 하지 않느냐?"

천주교 신자였던 대원군의 부인 민씨가 그들에게 호통쳤다.

"3국 동맹이라니 금시초문입니다."

유모 박씨는 어리둥절했다.

"일전에 김계호 등이 러시아의 침략을 막으려면 주교의 힘을 빌려야 한다고 했다. 그런데 글이 조잡하여 대감께서 좋아하지 않으셨다. 승지였던 남종삼 같은 이를 시켜 다시 글을 올리도록 해라. 주교가 러시아를 물리치도록 힘을 써주면 대감께서 포교의 자유를 허락할 것이 아니냐?"

부대부인 민씨의 지시를 받은 고종의 유모 박씨는 즉시 이 사실을 홍봉주에게 알렸다. 홍봉주와 김계호 등은 자신들이 지은 글이 서툴고 빈약했던 것을 깨닫고 승지 벼슬을 지낸 남종삼에게 글을 써서 대원군에게 올려 달라고 부탁했다. 독실한 천주교 신자였던 남종삼은 조선에 들어와 있는 외국 신부들에게 조선말을 가르치고 있었다. 그는 홍봉주의 얘기를 전해 듣고 손수 글을 지어 대원군을 찾아가 3국 동맹을 설명했다.

"주교는 어디 있소?"

대원군이 솔깃하여 물었다.

"주교는 지방에서 전교 활동에 힘쓰고 있습니다."

"그러면 내가 급히 만나고 싶다고 전하시오."

대원군이 남종삼에게 지시했다. 남종삼은 대원군의 말을 듣고 이를 홍봉주, 김계호 등에게 알려 속히 주교를 불러오라고 지시했다. 아울러 대원군이 주교를 만나겠다고 했으니 조만간 포교의 자유가 허락될지 모른다는 말도 했다.

"그 말씀이 사실입니까?"

"내 어찌 이런 일로 허튼 소리를 하겠는가? 속히 주교님을 모셔오게."

병인양요 당시 강화도에 상륙 중인 프랑스군

홍봉주와 김계호 등은 남종삼의 이야기를 듣고 조선에서 선교의 자유를 얻게 되었다거나 큰 성당을 짓는다고 떠들고 다녔을 뿐 프랑스 주교를 불러와야 한다는 사실은 까맣게 잊고 말았다. 결국 그들은 남종삼의 말을 주교에게 알리지 않았다. 그러나 그 시간 조선 조정은 긴박하게 움직이고 있었다. 베이징에 있던 동지사^{冬至使} 이홍민이 '청나라는 서교도를 용인하고 있으나 서교도들이 청나라 인민의 재산을 약탈하고 부녀자를 겁탈하는 등 폐해가 심각하다'는 내용의 편지를 보내 왔다. 이로 인해 조정의 여론이 들끓었다. 대원군은 천주교 주교가 자신을 찾아와 러시아의 침략 문제를 해결해 주기를 간절하게 바랐지만, 하루가 지나고 이틀이 지나도 주교는 오지 않았다.

'이자들은 나라가 위험에 빠졌는데도 관심이 없구나. 어찌 이런 자들과 큰일을 도모하랴?'

천주교인들에게 실망한 흥선대원군 이하응은 대로해 모든 천주교도를 잡아들여 처형하라는 지시를 내렸다. 이와 같은 지시는 대왕대비 조씨의 이름으로 내려진 것이다. 이로 인하여 병인박해가 일어나 수많은 사람이 죽고, 프랑스가 강화도를 침략하는 병인양요의 원인을 제공한다.

흥선대원군은 이후 강력하게 쇄국 정책을 밀어붙인다. 대원군은 서양인의 통상 요구나 선교가 청나라의 예에서 보듯 조선을 침략하기 위함이라고 생각했다. 대원군이 쇄국 정책을 강행할 때 일본은 명치유신을 단행한 후 서양 문물을 받아들여 봉건 국가에서 근대 국가로 발전했다.

……드디어 안 주교들은 그들의 뜻대로 1866년 양력 3월 30일, 즉 예수 수난 첨례일에 충청도 수영^{水營}이 있는 보령의 바닷가에서 거룩한 피를 흘리게 되었는데 그때의 광경은 다음과 같았다. 즉, 수영 앞 바닷가의 모래사장에 자리를 잡고 앉은 충청도 수사^{水使} 앞에 형틀을 벌려 놓고, 만일을 염려하여 포수군^{砲手軍}으로 하여금 총을 재워 가지고 수사 앞에 서 있게 하고, 그 밖의 구경꾼들을 막기 위하여 200명의 군인으로 하여금 그 주위를 에워싸게 하였다. 사형장으로 안 주교들이 끌려 나오게 되었는데, 그 광경을 구경하던 사람 중에 교우가 몇 명 있어 다음과 같은 말을 전하게 되었다.

군인들이 주교에게 조선의 법대로 관장에게 절하라고 하니, 주교는 '서양의 법에 없는 일은 못하겠다'라고 대답하였다. 이에 관장은 크게 노하여 군인에게 명하여 억지로 절을 시키게 한 후, 주교로 하여금 먼저 칼을 받게 하였는데, 주교는 구세주 예수와 함께 통하기 위하여 고난을 길게 받게 되었다. 우선 망나니가 첫 번째 칼로 주교의 목을 찍은 후, 그가 사람을 죽임으로써 받게 될 품값을 정하지 않은 것을 생각하고 칼질을 멈추고 관장에게 그 뜻을 아뢰었다.

관장은 값을 적게 주겠다고 하고, 망나니는 더 받겠다고 하여 양자 사이에 인색한 자와 탐내는 마귀가 서로의 욕심을 채우려고 승강이를 거듭하며 순교하는 주교의 사정은 전혀 생각하지 않았다. 이 과정에 목이 반쯤 베인 주교의 온몸이 오랫동안 부르르 떨리고 있었다. 그러는 사이에 품값이 정해져서 망나니가 다시 칼을 두 번 휘둘러 치게 되니 안 주교는 조선에 나온 지 21년

228

만에 마흔여덟의 나이로 천당의 진복眞福을 얻게 되었다.

안 주교의 뒤를 이어 오오매뜨로 신부는 두 번 내려친 칼날에 피를 흘리고, 민유앙 신부와 황석두, 장낙소는 각각 첫 번째 칼날에 순교하게 되었다.

이러한 사실이 리델한국명 이복명 신부의 조선 탈출로 동년 9월에 파리 외방 전교회 소속의 신학교에 전해졌는데, 때마침 소풍을 다녀온 파리 신학생들은 조선에서 9명의 신부가 박해를 받고 피를 흘렸다는 소식을 듣고 감격에 넘쳐 성당으로 달려가 촛불을 환하게 켜놓고 성가를 부르며 아홉 차례에 걸쳐 울며 기도했다.

위의 글은 프랑스 외방전교회 소속의 리델 신부가 조선의 참혹한 천주교 탄압의 현장을 적은 편지의 일부다. 프랑스인 신부들이 순교한 내용의 편지가 공개되자 유럽 전역은 놀라움에 치를 떨었다. 이것이 바로 천주교에서 병인군난丙寅窘難, 또는 병인교난丙寅教難이라고 부르는 1866년의 대박해다. 당시 약 8천 명에서 2만 명에 이르는 교인이 순교해 전국이 피로 물들었고 통곡이 그치지 않았다고 한다.

"살아서 돌아가시려면 이놈의 말을 들어야 합니다."

– 병자호란의 비밀

해군은 여진족이 세운 후금(후에 청나라)이 일어났을 때 명나라와 후금을 오가는 실리 외교를 전개했다. 광해군이 폭정을 일삼았는데도 후대에 와서 높은 평가를 받은 이유는 이 때문이다. 광해군은 명나라의 파병 요청을 받아들여 강홍립에게 1만 3천 명의 대군을 주어 출병하게 한 후, 상황을 보아 후금에 붙을지 명나라에 붙을지 결정하라고 밀명을 내렸다. 이에 강홍립은 명나라와 전쟁 중인 후금과 싸우는 체하다가 그들의 군세가 우세하자 투항하여 조선 군사의 희생을 막았다. 후금은 그와 같은 사실을 알고, 또 조선과 좋은 관계를 유지하기 위해 1년 만에 포로들을 석방시켰다.

후금은 조선인이 필요했다. 대부분의 포로들은 돌려보냈으나 희망자들에 대해서는 후금에 남게 했다. 대부분의 군사가 돌아왔으나 일개 병졸인 정명수는 후금에 남아서 그들의 말을 배우고 후금의 칸에게 충성하기 시작했다. 정명수에 대한 기록은 남아 있지 않다. 그러나 그가 군졸로 끌려간 점을 미루어 평범한 백성이었음을 알 수 있다.

정명수는 고향으로 돌아가 봐야 땅도 없기에 편하게 살 수도 없고, 양반들의 멸시와 가난 속에 살아야 했다. 그러나 후금은 그에게 만족할 만한 대우를 해주었다. 후금의 언어를 가르쳐주고 먹을 것과 입을 것을 제공해 주었다. 정명수는 지체가 높은 장군들을 따라다니다가 후금으로 전향해 새로운 인생을 살게 된 것이다.

1636년 12월, 형제의 관계를 군신의 관계로 바꾸자는 청나라의 제의를 조선이 거절하자, 청나라는 10만 대군을 휘몰아 노도처럼 압록강을 건너 침략했다. 이때 정명수는 조선을 침략하는 청나라군을 인도해 청나라 황제의 신임을 받았다. 조선은 혹한 속에 물밀 듯이 밀려오는 청군을 막아내지 못했고, 봉림대군과 인평대군, 비빈을 강화도로 피신시키기로 결정했다.

"적이 압록강을 건너 파죽지세로 남하하고 있습니다."

국경에서 위기를 알리는 파발이 빗발치듯 날아왔다. 청나라가 대규모의 군사를 이끌고 침략하자 조선은 당황했다.

"오랑캐가 이미 의주와 평산을 거쳐 남하하고 있다. 경들은 속히 항전할 준비를 갖추라."

인조는 비빈들과 대군을 먼저 보내고 항전하다가 여의치 않을 시 자신도 강화도로 들어가려 했으나 청군의 진격 속도가 워낙 빨라 우왕좌왕하다가 남한산성으로 들어갔다. 그렇게 남한산성으로 피신했으나 강화도가 함락되자 성을 나와 한양과 광주를 잇는 한강변 나루인 삼전도에서 투항했다.

이때 정명수는 청나라의 위세를 등에 업고 매국노 노릇을 하면서 조선 조정을 괴롭혔다.

청역[淸譯] 정명수와 변란[卞蘭]이 병조 좌랑 변호길을 끌고 들어와 큰 몽둥이로 때렸다. 이때 변호길은 관소[館所]를 파수하는 낭청[郎廳]으로 관소 문 밖에 있었는데, 정명수가 총애하는 기생이 문을 나와 폐단을 일으키므로 변호길이 통렬히 금지하자 기생이 정명수에게 호소하여 욕보인 것이었다.

《조선왕조실록》

정명수는 역관의 자격으로 병자호란에 참여했다. 그는 조정의 높은 관리까지 몽둥이로 때리는 등 만행을 저질렀다.

정명수에게 동지중추부사를 제수하고 인하여 그 어미에게 월료[月料]를 지급하였다.

조정에서는 정명수의 만행을 견디다 못해 높은 벼슬에 임명했다. 그는 온갖 악한 짓을 하며 매국노 노릇으로 조선을 괴롭히다가 조선인들이 암살하려고 하자 청나라로 달아나 계속 조선을 모함했다.

심양에 있던 소현세자는 정명수를 용서할 수 없었다. 그는 관소에 있는 조선 관리들에게 대책을 세우라고 지시했다. 시강원[侍講院, 조선시대 세자의 교육을 담당하던 관청] 필선[弼善, 세자의 교육을 전담한 벼슬] 정뇌경 등이 정명수를 제거할 계획을 세웠다. 심양 관소에는 소현세자와 봉림대군이 있었기 때문에 재상 박노, 신두연, 보더 박계영, 필선 신유, 사시 김종일, 징지화 등 여러 명의 조선 관리들이 있었는데 모두 정명수를 제거하는 모의에 참여했다.

"하리[史]들 가운데 충직하여서 이 일을 맡을 만한 자로는 강효원보다 더 나은 자가 없다."

정뇌경이 말하고 강효원에게 의향을 물었다. 이에 강효원이 따르겠다고 말했다. 정뇌경 등은 정명수가 부패해 조선이 청나라에 바치는 조공까지 약탈한 사실을 적은 문서를 준비하고 며칠 후 청나라 형부에 고발장을 바쳤다.

인조가 청나라군에 대항해 45일간 싸운 남한산성 수어장대

청나라 관리가 깜짝 놀라 시강원의 관원들을 급히 불러들였다. 정뇌경과 강효원은 형부에 출두해 정명수의 비리와 탐욕을 낱낱이 진술했다.

"정뇌경이 나리를 형부에 고발했습니다."

정명수의 부하가 달려와 고했다.

"뭣이 어째?"

정명수의 얼굴이 하얗게 변했다.

"빨리 대책을 세우셔야 합니다."

"무슨 대책을 세우느냐?"

형부에서 재상 박노를 불러다가 조사한다고 합니다. 박노의 입을 막아야 합니다.

"문서를 모두 불태워라."

정명수는 문서를 훔쳐 불태운 뒤 재상 박노를 협박해 거짓 진술을 하라고 요구했다.

"정명수가 이와 같은 악독한 짓을 저질렀느냐?"

형부가 박노를 추궁했다.

"그런 일이 없습니다. 정뇌경과 강효원이 정명수를 모함했습니다."

박노는 정명수의 협박을 받고 반대로 진술했다. 청나라 황제는 무고한 정뇌경과 강효원을 참수하라는 명을 내렸다. 이에 소현세자와 봉림대군이 정뇌경을 살리기 위해 탄원서를 내려고 했다.

"내 머리를 자른 뒤에 가시오."

정명수가 달려와 소현세자를 가로막았다. 정명수는 우락부락한 청나라 무뢰배들까지 동원해 살벌한 분위기를 연출했다. 정지화가 곁에 있다가 호통을 쳤다.

"어떤 놈인데 감히 이와 같이 하는가?"

"내가 뭐하는 놈이냐고 물었는데, 나는 정명수다."

정명수가 눈알을 부라리면서 주먹으로 마구 때려 정지화의 갓끈이 끊어지고 옷고름이 풀어졌다. 소현세자는 정명수가 무력으로 막자 쩔쩔맸다.

"네 이놈! 네놈이 어찌 이와 같이 방자한 것이냐?"

봉림대군도 호통을 쳤다.

"대군께서 살아서 돌아가시려면 이놈의 말을 들어야 합니다."

정명수가 봉림대군을 쏘아보았다. 소현세자와 봉림대군은 정뇌경을 구할 수 없었다. 그들은 가까스로 정뇌경이 참수당하는 것을 막고 교수형을 당하게 한 뒤 시신을 수습해 조선으로 보냈다.

'내가 이 원수를 반드시 갚을 것이다.'

이사룡은 이와 같은 사실을 알자 절치부심했다. 그는 경상도 성주 사람인데, 양민 출신 군사로 강홍립군에 포함되었다가 심양에 머물고 있었다.

이사룡은 정뇌경과 강효원이 교수형 당했다는 사실을 알고는 정명수의 죄상을 낱낱이 적어 형부에 고발해 모살한 뒤, 명나라를 공격하라는 청나라 장수의 명령에 불복한 채 사형을 당했다. 그러나 그가 어떻게 정명수를 모살했는지는 기록이 없다.

정뇌경, 강효원, 이사룡의 충성은 조선인들을 감동시켰다. 정뇌경이 죽음을 당했을 때 아들인 정유악은 겨우 여덟 살이었다. 그는 효종 3년^{1652년} 가을에 실시한 진사시^{進士試}에 장원으로 급제했다.

"진사시에 장원한 자가 누구인가?"

효종^{봉림대군}이 대신들에게 물었다.

"정유악이라고 합니다."

"그 아비가 누구인가?"

"정뇌경이라고 합니다."

"정유악을 부르라."

효종이 깜짝 놀라 정유악을 어전으로 불렀다. 효종은 봉림대군 시절 형인 소현세자와 함께 정뇌경을 구하려고 애썼다.

"너의 모습이 자못 너의 아비와 같다."

효종은 정뇌경이 억울하게 죽은 것을 잘 알고 있기에 정유악을 보자 눈물을 흘렸다.

"너는 여기에서 그치지 말고 더욱더 힘써 원대한 뜻을 이루도록 하라."

효종이 정유악에게 당부했다.

"전하의 지극하신 말씀에 감읍하옵니다."

정유악이 감격하여 눈물을 흘렸다.

"이 아이의 아비는 자신의 몸을 돌보지 않고 나라를 위하다가 헤아릴 수 없는 화에 빠져들었는데, 사람들이 구하지 못했으며, 나 역시도 힘이 약해 어떻게 구해 볼 도리가 없었다. 표피^{豹皮}와 지필묵^{紙筆墨}을 하사하라."

효종이 승지 이일상에게 지시했다. 정뇌경, 강효원, 이사룡 등은 국난에 처했을 때 나라를 위해 목숨을 바쳤기 때문에 후손들도 충신의 후손이라는 명예를 얻었고, 정명수는 나라를 팔아먹은 매국노였기 때문에 그가 모살을 당하고 나서 조선에 있던 친족들까지 전원 처형을 당했다.

"고구려 왕족을 모조리 사로잡으라."

– 고구려 평양 천도의 비밀

주몽과 소서노가 건국한 고구려는 대무신왕 시절 이웃의 부족 국가를 정벌하며 영토를 넓혔다. 주몽은 졸본에 도읍을 정했으나 나라가 커지며 환도성으로 도읍을 옮겼다. 이어 고구려는 국내성을 거쳐 평양으로 천도했다. 평양 천도는 그동안의 천도와 달리 우리 민족이 대륙에서 한반도로 이동했다는 사실을 의미한다.

우리가 오랜 역사를 살펴보다가 아쉬워하는 부분이 바로 우리 민족의 터전을 일부 잃었다는 점이다. 고조선이 요동 일대에서 건국되었고 부여의 여러 나라도 요동에서 일어나 요동을 다스렸다. 그러나 고구려가 평양성으로 천도하며 드넓은 만주 벌판을 상실하게 되었다.

고구려가 평양으로 천도한 첫 번째 원인으로 외세의 침입을 꼽는 시각이 있다. 장수왕[20대 왕]이 평양으로 천도하기 전, 고구려는 연나라의 침략으로 혹독한 피해를 입었다.

고국원왕은 국강상왕이라고 불리는데 이름은 사유, 유, 또는 쇠로 알려져 있다. 아버지는 미천왕, 어머니는 주씨였다.

'연나라는 중원을 정벌할 야심을 갖고 있다. 그에 대비해야 한다.'

고국원왕은 연나라가 강성해지자 환도성을 증축하고 그들의 침략에 대비했다. 그러나 연나라는 더욱 강대해져 도읍을 용성으로 옮기고 중원으로 진격할 준비를 했다.

"먼저 고구려를 빼앗고 다음에 우문씨를 멸해야 중원을 도모할 수 있습니다."

연나라의 장군 모용한(연나라 왕인 모용황의 형)이 그렇게 아뢰자 장군들 또한 일제히 그 말이 옳다고 재창했다.

"그대들의 말이 옳다. 중원을 정벌하기 전에 고구려를 먼저 정벌해야 한다."

연나라 왕 모용황은 마침내 대군을 일으켰다.

"고구려로 가는 데는 두 개의 길이 있다. 북로는 평탄하며 넓고 남로는 험준하고 좁다. 어느 길을 선택하는 게 좋겠는가?"

모용황이 장군들에게 물었다.

"고구려는 우리가 북로로 올 것이라고 예측하고 준비할 것입니다. 대왕께서는 정예 부대를 이끌고 그들이 예상하지 못하는 남로로 진격하십시오. 북쪽으로 소부대를 보내 고구려군을 속이면 비록 그들이 북로에서 승리한다고 해도 우리가 남로를 통해 도성을 무너뜨릴 것이기 때문에 더 이상 대항하지 못할 것입니다."

형인 모용한이 다시 아뢰었다. 연나라 왕 모용황은 손수 정병 4만 명을 거느리고 남로로 진격했다. 북로는 장수 왕우에게 노약자 1만

5천 명을 거느리고 진격하게 했다. 드넓은 만주 대륙에 전쟁의 바람이 불기 시작했다.

"대왕, 연나라가 침략해 오고 있습니다."

국경에서 군사들이 달려와 다급하게 보고했다.

"고구려군에 비상을 걸어라."

고국원왕은 아우 무에게 정예 부대 5만을 이끌고 북로로 출정해 연나라군을 막으라 했다. 자신은 소수의 군사를 거느리고 남로를 방어했다. 이때 연나라 장군 모용한 등이 달려와 전투를 벌이고 모용황이 뒤이어 대군을 이끌고 달려와 대대적으로 고구려군을 공격했다.

"적의 대군이 남로로 물밀듯이 밀려오고 있습니다."

고구려 장수 아불화도가가 황급히 보고했다.

"뭣이?"

고국원왕은 깜짝 놀라 전력을 다해 싸우라는 영을 내렸다. 그러나 연나라군은 정예병들이었고, 고구려군은 병력 배치를 잘못한 탓에 남로에서 대패했다. 연나라군은 고구려군을 대파한 후 파죽지세로 환도성까지 내달렸다. 고구려 주력 부대가 북로에 배치되어 있어서 환도성은 무주공산이나 다를 바 없었다. 연나라의 좌장 한수가 고구려 장수 아불화도가를 죽이자 연나라군이 승세를 타며 환도성으로 물밀듯이 짓쳐들어왔다. 고구려군은 처절한 전투를 벌였으나 시간이 흐르며 성이 무너지기 시작했다.

"대왕, 속히 피하십시오."

장수들이 고국원왕에게 다급하게 말했다. 연나라 군사들이 이미 성 안으로 몰려들고 있었다. 고국원왕은 신속히 단웅곡으로 도주했다. 고국원왕이 탈출하자 고구려 환도성은 아수라장이 되었다. 군사들이 다투어 달아나고 왕비를 비롯하여 비빈들도 황급히 성문을 빠져나갔다.

"고구려 왕족을 모조리 사로잡으라."

연나라 장군 모여니가 따라와서 왕모 주씨와 왕비를 잡아 돌아갔다. 이때 또 다른 연나라 장군 왕우 등은 북로에서 고구려 군사와 싸우다가 모두 대패했다. 고구려군은 환도성이 위태롭다는 사실을 그제야 알고 달려왔다. 모용황은 더 이상 고국원왕을 추격하지 않고

황해 남도 안악군에 있는 안악3호분의 벽화.
이 무덤의 주인이 누구이지는 명확하지 않다. 고국원왕설, 미천왕설, 동수설 등이 있다.

사자를 보내 그에게 항복을 요구했다.

"항복하라니……. 절대로 항복할 수 없다."

고국원왕이 단호하게 말했다. 연나라 장수들은 회의를 거듭했다.

"고구려 땅은 우리가 남아 지키기가 어렵습니다. 지금은 그들의 임금이 도주하고 백성들이 흩어져 산골짜기에 잠복했으나, 우리 대군이 철수한 뒤에는 틀림없이 다시 모여 나머지 군사를 수습할 것입니다. 이는 족히 근심거리가 될 것이므로 고구려왕 아버지의 시체를 싣고, 그의 생모를 사로잡아 돌아갔다가, 고구려왕이 제 발로 와서 사죄하기를 기다린 후 돌려주어, 은혜와 신의로써 무마하는 것이 상책입니다."

연나라 장수들이 모용황에게 아뢰었다. 모용황이 그 말에 따라 미천왕의 무덤을 파서 그 시체를 싣고, 대궐 창고에 있는 역대 보물까지 탈취한 후 남녀 5만여 명을 사로잡았다.

"고구려 황궁을 불태우고 환도성을 헐어 버려라."

모용황이 영을 내리자 연나라 군사들은 일제히 환도성을 철저하게 파괴했다.

'반드시 이 치욕을 갚으리라.'

고국원왕은 피눈물을 흘리면서 맹세했지만, 왕모와 왕비가 사로잡혔고 미천왕의 시체까지 빼앗기자 전쟁을 계속할 의욕을 잃고 말았다. 고구려는 일시적으로 연나라와 화친을 맺었다. 연나라는 고구려의 항복을 받은 후 돌아갔다. 고국원왕은 어쩔 수 없이 도읍을 평양 동황성으로 옮겼다.

고국원왕 때는 전쟁의 시대였다. 연나라를 상대하는 것도 벅찬 일인데 백제까지 국경을 침략해 왔다. 왕은 백제와 전쟁을 벌이다 화살에 맞아 죽었다.

고구려의 뼈아픈 패배에 대한 복수는 후에 광개토대왕이 요동을 정벌하며 했다고 볼 수 있다. 광개토대왕의 이름은 담덕으로 제18대 고국양왕의 아들이다. 광개토대왕은 대대적으로 정복 전쟁을 벌여 재위 기간 동안 고구려의 영토와 세력권을 크게 확대했기 때문에, 시호 또한 '영토를 넓혔다'는 뜻의 '광개토^{廣開土}'다.

고구려의 왕은 특수한 경우가 아니면 대부분 자신이 죽어 묻힌 땅 이름으로 시호를 삼았다. 고국원에 묻히면 고국원왕, 중천에 묻히면 중천왕, 동천에 묻히면 동천왕, 산꼭대기에 묻으면 산상왕이라고 불렀다.

광개토대왕은 재위 기간 중 64성과 1400촌락을 정복했다. 서쪽으로 요동, 북쪽으로는 개원^{開原}에서 영안^{寧安}, 동쪽으로는 혼춘^{琿春}, 남쪽으로는 임진강 유역이 고구려 영토가 되었다. 고국원왕 때 고구려를 침략한 연나라를 넘어 만주 일대까지 평정했다.

영락^{永樂} 5년 왕중의 왕 태왕께서는 친히 군사를 이끌고 염수^{鹽水}까지 가서 비려^{神麗}부락 700영^{營}(700번의 전쟁)을 깨뜨리고 헤아리기 힘들 정도의 우마군양^{牛馬群羊}을 노획해 북풍^{北豊}을 거쳐 개선했다.

영락 6년 태왕께서는 손수 수군을 끌고 백제를 쳐서 58성^{城}과 700촌을 공파하고, 영원히 노객^{奴客}이 되겠다는 백제 아신왕의 항복을 받아낸 뒤 백제의 왕제^{王弟}와 대신^{大臣} 10인을 비롯한 포로 천 명을 얻어 개선했다.

영락 8년에 태왕께서는 군사를 동원해 식신토곡^{息愼土谷}을 관^觀하고 부근의 가태라곡^{加太羅谷} 등에서 남녀 300명을 노획하여 조공하게 했다.

영락 10년 태왕께서는 신라를 구원하기 위해 보기^{步騎} 5만을 파견해 임나가라^{任那加羅, 가야와 신라}까지 가서 왜를 토멸했다.

영락 14년 태왕께서는 백제군을 따라 대방계^{帶方界, 황해도}에 침입한 왜를 궤멸시키기 위해 고구려의 철기군단을 이끌고 출정해 길을 끊고 사방에서 추격하여 무수한 적을 참살했다.

영락 17년 고구려 철기군단은 적군을 섬멸해 개갑^{鎧甲} 1만여 개와 헤아릴 수 없을 정도의 군수품을 얻고 개선하는 길에도 많은 성을 격파했다.

영락 20년 태왕께서는 동부여^{東夫餘}를 정벌했다. 동부여는 추모왕^{鄒牟王, 주몽}의 속민^{屬民}으로 조공을 끊어버리고 반항하고 있었으나 태왕께서 토벌했다. 태왕이 공파한 동부여의 성이 64개, 부락이 1천 400개에 이르렀다.

광개토대왕 비문

광개토대왕의 비문에 있는 기록이다. 광개토대왕이 불과 나이 마흔에 요절하자 아들 장수왕이 돌연 도읍을 평양으로 옮겼다. 장수왕은 왜 국내성에서 평양으로 천도한 것일까.

아버지 광개토대왕이 요동을 정벌해 고구려가 다시 강대해져 있었기 때문에, 이웃 나라와의 잦은 전쟁을 피해 압록강을 건너 평양까지 내려왔다는 시각은 설득력이 약하다. 고구려는 고국원왕 시대부터 수많은 전쟁을 치러야 했다. 자연스럽게 군사력이 강해지면서 영토도 확장되어 갔다. 광개토대왕 시절에는 개마부대라고 하는 철기군이 수만 명이나 있었다.

장수왕의 평양 천도를 반대 혹은 찬성했다는 기록이 전혀 보이지 않는다. 《삼국사기》가 완전한 역사서라고 보기에는 어려운 점이 있으나 환경적인 요인을 꼽는 시각도 있다. 백두산에 화산 폭발이나 지진이 일어났을 수도 있다. 그러나 그에 대한 기록은 없다. 요동 일대는 겨울이 몹시 춥기 때문에 따뜻한 남쪽으로 이동했을 것이라는 추정도 가능해 보인다. 그렇지만 고구려는 애초 대륙에서 일어난 나라이기 때문에 추위를 두려워하지는 않았을 것이다. 고구려가 평양으로 천도한 진정한 이유는 무엇일까.

고구려는 부족연맹 국가였다. 부족들의 연맹체인 제가회의가 국가의 중요한 정책을 결정하고 왕도 추대했다. 그들에게는 자치권이 있어 종묘를 따로 갖고 있었고 군사도 자체적으로 거느렸다.

소수림왕은 강력한 제가회의에 맞서 중앙집권 정부를 구성했다. 소수림왕^{17대 왕}, 고국양왕^{18대 왕}, 광개토대왕^{19대 왕}으로 이어질 때는 왕들의 권력이 훨씬 강해 제가회의가 꼼짝할 수 없었다. 그러나 장수왕이 즉위하며 제가회의가 다시 득세해 장수왕과 충돌하게 되었다.

장수왕 16년 평양으로 천도하다.

《삼국사기》〈고구려본기〉나 《삼국사절요三國史節要》는 천도를 단 한 줄로 요약하고 있다. 이때를 전후하여 전쟁도 없었고 특별한 기후 변화도 없었다.

장수왕 3년 12월에 국내
성에 많은 눈이 내리다.

고구려에 기후 변화가 일
어난 것은 장수왕 3년과 8년
의 일이었다. 장수왕 3년에
는 국내성에 눈이 5척이나
내렸다. 장수왕 8년에는 동
쪽 지방에 큰 홍수가 일어
났다. 그러나 이러한 기후
변화 때문에 천도한 것으로
는 보이지 않는다.

그렇다면 장수왕이 남쪽으
로 천도한 이유는 제가회의
귀족과의 대립뿐이다. 장수
왕은 고구려가 강대해지려

광개토대왕 비문 일부

면 제가회의를 약화시킨 후 왕권을 더욱 강화해야 한다고 생각했다.
이는 소수림왕 시절부터 줄기차게 추진해 온 정책이었다.

고구려의 도읍인 국내성에 생활 근거지를 갖고 있던 제가회의를
약화시킬 수 있는 방법은 평양 천도밖에 없었다. 그들은 왕을 따라
천도하거나 자신들의 기반이 공고한 현재의 국내성에 남아 있거나
둘 중 하나를 선택해야만 했을 것이다. 이렇듯, 장수왕은 제가회의
를 약화시키기 위해 그들의 근거지인 만주 대륙을 버리고 한반도로
천도한 것이었다.

"임금이시여. 우리를 버리지 마십시오."
– 삼전도 굴욕의 비밀

1637년 1월 30일, 찬바람이 사납게 몰아치는 늦겨울이었다. 조선 국왕 인조는 차마 떨어지지 않는 걸음으로 말에 올라 남한산성 서문을 나섰다. 조춘이라고 하지만 날씨는 아직도 차디찼다. 하늘은 잿빛으로 암울하게 흐려 있고 간간이 눈발이 흩날렸다. 앙상하게 마른 나뭇가지는 황량한 들판을 달려오는 바람에 몸을 떨면서 자지러지는 비명을 질러댔다.

"전하!"

행렬을 수행하지 못하는 백관들과 상궁들이 성문 안에서 일제히 울음을 터트렸다. 그들의 울음소리에 뒤돌아보는 인조의 눈가에도 물기가 어렸다.

"울지 마라. 과인이 어리석고 하늘에 죄를 지어 이런 치욕을 당하는 것이다. 사직에 죄인인데 어찌 가는 길을 더디게 하는가?"

인조의 말에 백관과 상궁들이 무릎을 꿇으면서 통곡했다. 비통한

일이었다

　청태종에게 항복하러 삼전도 三田渡로 향하는 길이었다. 지난겨울 내
내 남한산성에서 치열하게 항쟁을 했건만 강화도에 피신시킨 봉림
대군과 세자빈을 비롯하여 대신의 식솔이 청나라군에게 인질로 잡
히는 바람에 항복을 결정한 것이다. 태조 이성계가 조선을 창업한
이래 처음 있는 일이었다. 임진왜란 때도 의주까지 몽진을 갔지만
항복하진 않았었다.

　인조는 남한산성 서문을 나섰다. 인조의 항복 행렬을 수행하는 대
신들은 삼정승과 판서, 승지, 주서 등 50여 명에 지나지 않았다.

　"전하!"

　서문에서 인조의 행렬을 배웅하는 백관들은 가슴을 치면서 눈물
을 흘렸다.

　"어서 가십시오. 황제 폐하께서 기다리십니다."

　인조가 성문을 나서자 청나라 장수 용골대와 마부대가 성 밖에 와
서 행렬을 재촉했다.

　"오늘의 일은 오로지 황제의 말과 두 대인이 힘써준 것만을 믿을
뿐입니다."

　인조가 용골대에게 처연하게 말했다.

　"지금 이후로는 두 나라가 한집안이 되는데 무슨 걱정이 있겠습
니까? 시간이 이미 늦었으니 속히 갔으면 합니다."

　용골대가 다시 재촉했다. 인조의 행렬이 마침내 삼전도에 이르렀
다. 인조가 고개를 들어 바라보자 멀리 청군 진영에 청태종이 황옥黃
屋을 펼치고 앉아 있고 그를 호위하는 군사들의 기치창검이 숲을 이

치욕의 삼전도 항복을 재현한 부조

루고 있었다. 조선은 항복했고 청나라는 승전했다. 인조의 행렬이 가까이 오자 악사들이 요란하게 악기를 연주했다. 인조는 말에서 내린 후 걸어서 황옥 앞에 이르렀다. 용골대가 청태종에게 조선의 국왕이 항복하러 왔다고 고했다.

"지난날의 일을 말하려 하면 길다. 이제 용단을 내려 국왕이 왔으니 매우 다행스럽고 기쁘다."

청태종이 용골대를 시켜서 말했다.

"천은이 망극합니다."

인조가 머리를 조아리면서 대답했다. 용골대가 인조를 인도하여 단 아래에 북쪽을 향해 자리를 마련하고 청태종에게 절할 것을 요구했다. 인조는 세 번 절하고 아홉 번 머리를 조아렸다. 이는 '삼배구고두례 三拜九叩頭禮'라고 하여 제후가 천자에게 바치는 예절이고 신하가 군주에게 바치는 예절이었다.

"짐이 이번에 조선을 정벌하러 온 것은 원래 죽이기를 좋아하고 재물을 탐해서가 아니다. 본래는 조선과 화친하려고 했는데, 그대 나라의 군신 群臣이 먼저 불화를 야기했기 때문이다. 짐은 조선과 털 끝만큼도 원한 관계를 맺은 적이 없다. 그대들이 도탄에 빠지는 것은 실로 내가 원하는 바가 아니다. 단지 그대 나라의 군신이 스스로 재앙을 만나게 했을 뿐이다. 이제는 한가족이 되었으니 편안하게 지내라."

인조가 절을 올리자 청태종이 흐뭇해하여 말했다. 중국 양주에서 수십만 명을 학살해서 중국 인구가 감소되었다는 말을 들을 정도로 잔인한 청태종이 뜻밖의 아량을 베푼 것이다.

청나라의 포로가 된 봉림대군을 비롯하여 세자빈은 서쪽 단 아래 늘어서 있었다. 조선의 국왕이 항복하는 모습을 본 그들은 망극하여 어찌할 바를 몰라했다. 청태종이 인조에게 단에 오르도록 청했다. 청태종은 남쪽을 향해 앉고 인조는 동북 모퉁이에서 서쪽을 향해 앉았다. 청태종이 인조에게 술과 고기를 권했다. 인조가 사례하고 술만 마셨다.

"이제는 두 나라가 한집안이 되었다. 양국 장수들의 활 쏘는 솜씨를 보고 싶으니 각기 제주를 다히도록 히리."

청태종이 기뻐하면서 말했다.

"이곳에 온 자들은 모두 문관이기 때문에 활을 잘 쏘지 못합니다."

인조의 시종이 청태종에게 대답했다. 용골대가 황제의 명이라면서 억지로 활을 쏘게 하자 위솔 정이중이 활을 쏘았다. 정이중은 다섯 번을 쏘았으나 모두 맞지 않았다. 청나라 왕자 및 장수들이 떠들썩하게 어울려 활을 쏘면서 조선의 장수들을 비웃었다.

인조가 청태종에 하직하고 나오자 세자빈을 비롯하여 대신들의 부녀자들이 모두 한곳에 모여 있었다.

"빈궁과 조선인들은 모두 국왕에게 작별의 절을 올리라."

청태종이 용골대를 시켜 세자빈과 대군부인에게 명을 내렸다. 이에 소현세자의 부인인 강빈과 봉림대군 부인을 비롯하여 부녀자들이 모두 나와 절을 했다. 그들은 장차 청나라에 인질로 끌려갈 예정이었다.

"전하, 저희들을 구해 주십시오."

청나라의 포로가 된 부녀자가 인조 앞에 무릎을 꿇고 울었다.

"내가 무슨 힘이 있어서 너희들을 구하겠느냐?"

부녀자들이 흐느껴 울자 인조도 함께 울었다.

청태종은 해질 무렵이 된 뒤에야 비로소 인조에게 한양으로 돌아가라는 영을 내렸다. 왕세자와 세자빈 및 두 대군과 부인은 청군 진영에 남게 했다. 인조는 막차幕次에 들어가 세자빈을 위로하고 문신 최명길에게 청나라까지 호위하게 했다.

인조는 나온 지 40여 일 만에 한양으로 돌아가고자 소파진所波津을 경유하여 배를 타고 건넜다. 당시 진졸津卒은 거의 모두 죽고 빈 배 두 척만이 남아 있었다. 백관들이 다투어 건너려고 임금의 옷을 잡아당기기까지 하면서 배에 올랐다. 평소에는 옷깃을 만지면 불경하다고 하여 사형을 당했을 것이다.

250

인조가 건넌 뒤, 청태종이 뒤따라 말을 타고 달려외 얕은 여울로 군사들을 건너게 하고 용골대에게 군병을 이끌고 행차를 호위하게 했다. 청나라로 끌려가는 조선의 부녀들이 인조를 바라보며 울부짖었다.

"임금이시여, 임금이시여. 우리를 버리지 마십시오."

길에서 통곡하는 부녀자가 수만 명이나 되었다. 그러나 망국의 군주, 인조는 그들의 울부짖는 소리에 한마디도 대답할 수 없었다. 인조의 행렬은 인정人定, 밤에 다니는 것을 금하기 위해 종을 치던 일 때가 되어서야 비로소 한양에 도착했다.

청나라는 누르하치가 여진의 여러 부족을 통일해 1616년에 건설한 나라다. 그들의 조상은 건주여진으로 두만강 유역에 살고 있었다. 중국 5대 시대의 한 부족이 금나라를 세우고 요遼를 멸망시킨 뒤에 송나라를 남방으로 쫓아 버렸는데, 이는 고려시대 때의 일이다. 금나라는 몽고에 의해 멸망할 때까지 중국 북부 지역을 점거했다. 그러나 몽고가 명나라에 패하여 초원으로 달아나고 명나라가 조선에서 일어난 임진왜란에 참전하느라 약해진 틈을 타서 건주여진의 족장 누르하치가 여진의 여러 부족을 통일하고 1616년에 나라를 세워 칸汗, 군주의 지위에 올랐다. 그는 국호를 후금으로 하고 흥경에 도읍을 정했다.

명나라는 후금을 토벌하려고 군사를 출정시켰으나 오히려 대패하여 열하의 동쪽을 완전히 잃었다. 후금을 건국한 누르하치가 죽자 홍타이지가 즉위하여 광활한 만주를 통치했다. 홍타이지는 명나라와 조선의 연합을 막기 위해 조선에 사신을 보내 우호 조약을 맺으려고 했다.

조선은 광해군이 보위에 있던 시기였다. 조정 대신들은 대부분 후금과 관계를 맺는 것은 명나라를 배신하는 것이라 여겨 후금을 배척했다. 그러나 광해군은 과감하게 실리 외교를 전개해 명나라와 금나라 모두와 외교 관계를 유지했다. 명분보다 국가의 실익을 중요하게 생각한 것이었다.

광해군 시절에는 대북의 이이첨이 반대당을 숙청하려고 피비린내 나는 정쟁을 벌였다. 그들은 임해군을 역모로 몰아 죽인 뒤에 영창대군을 죽이고 인목대비를 폐위시키는 폐모까지 일으켰다. 이 과정에서 홍길동의 저자 허균이 죽고 이덕형과 이항복 같은 원로대신들이 모두 귀양을 갔다. 조정이 어지러워지자 이귀와 김류 같은 서인들이 반정을 일으켜 인조를 옹립했다.

인조는 광해군의 정책을 철저하게 반대해 실리 외교에서 명분외교로 돌아섰다. 홍타이지는 1636년에 국호를 후금에서 청나라로 바꾸고 팽창 정책을 실시했다. 그는 만주 지방을 넘어 중국을 정복하겠다는 야심을 품고 있었다. 그는 조선을 명나라와 떼어 놓으려고 조선에 유화 정책을 펼쳤다. 조선에 많은 예물을 보내고 지극히 공손한 서찰을 보냈다. 조선의 대신들은 광해군의 실리 외교 정책을 철저하게 배척하면서 후금(청나라)을 오랑캐로 비하했다.

이에 청나라가 조선을 침략하여 정묘호란이 일어났다. 청나라는 평양을 돌파하고 평산에 이르렀으나 조선과 전쟁하는 사이에 명나라가 배후를 공격할까 봐 조선에 강화를 요청했다. 조선을 굴복시키면 굳이 전쟁을 계속할 이유가 없다고 생각한 것이다. 조선은 인조가 강화도로 피난했다가 강화를 받아들이고 청나라는 철군했다. 그러나 조선은 청나라에 굴복하고도 다시 명나라를 받들었다. 청나라가 요구하는 조공도 지나치게 많았다. 이에 조선이 반발하지 청 태종은 직접 대군을 이끌고 조선을 침략한 것이다.

인조반정이 일어나지 않고 광해군이 실리 외교를 계속했다면 어떻게 되었을까. 외교에 능란했던 광해군이라면 병자호란을 막을 수 있었을지도 모를 일이다.

압록강을 건넌 청군은 조선을 휩쓸었다. 그들은 대부분 기마병이었기 때문에 질풍처럼 빨랐다. 의주에서 방어하던 임경업 장군을 우회해 순식간에 한양을 향해 내달렸다. 불과 열흘도 안 되어 청군이 한양으로 쇄도하자 조선은 봉림대군과 세자빈을 비롯하여 대신의 식솔을 강화도로 피신시켰다. 그들은 여차하면 정묘호란 때처럼 인조까지 강화도로 들어가서 항쟁할 생각이었다.

"청군이 이미 임진강에 이르렀습니다."

임진강을 지키던 군사들이 급보를 전해 왔다. 조정은 발칵 뒤집혔다. 인조와 대신들은 한밤중에 강화도로 들어가려고 대궐을 나섰다. 그러나 청군의 선봉이 이미 양화진까지 진출해 있었다. 인조와 대신들은 남한산성으로 진로를 바꾸지 않을 수 없었다.

날씨는 살을 엘 듯이 추웠다. 낮에 내린 눈이 얼어붙어 인조가 탄 말이 꼬꾸라지기까지 했다. 인조는 강추위 속에 밤새도록 길을 걸어 남한산성에 이르러 40여 일 동안 투쟁했다.

군사들을 총지휘하는 도체찰사에는 영의정 김류가 임명되고 강화도를 방어하는 검찰사에는 김류의 아들 김경징이 임명되었다.

청군은 파도가 몰아치듯이 피난민들을 향해 달려오고 있었다. 그때 양반가의 부녀자들이 월곶진의 언덕과 들에 하얗게 몰려들어 구해 달라고 울부짖었다. 청나라군이 가까이 오고 있다는 소문이 퍼지면서 피난민들은 아우성을 쳤다. 월곶진에서 강화 갑곶진까지는 염하강이라는 좁은 해협이 길게 뻗쳐 있었고 섬이 눈앞에 보이는데도 배를 타지 않으면 건널 수 없었다.

"물러서라. 강화도가 너희들이 피난을 가는 곳이냐?"

김경징은 양반가의 부녀자들을 배에 태워 건네 줄 생각은 않고 자신의 인척들만 배에 태워 바다를 건너게 했다.

"검찰사님, 우리를 건너게 해주십시오. 청군이 들이닥치면 우리는 어떻게 하란 말입니까?"

강화로 건너가는 월곶나루는 울부짖는 부녀자들로 아수라장이 되었다.

김경징이 강화도에 들어갈 때 어머니와 아내는 각각 덮개 있는 가마에 태우고 계집종은 전모^{氈帽}를 씌웠으며, 짐바리가 50여 바리나 되었으니 경기도의 인부와 말이 거의 다 동원되었다. 가는 도중에 한 계집종이 탄 말의 발이 겹질리는 바람에 땅에 떨어지는 사건이 있자 수행하던 배리^{陪吏}를 노상에서 곤장을 때렸다. 경징이 배를 모아서 그의 가속과 절친한 친구를 먼저 건너가게 하고 다른 사람들은 함께 건너지 못하게 하였다. 때문에 사족남녀^{士族男女}가 수십 리나 뻗쳐 있었으며, 심지어 빈궁 일행이 나루에 도착해도 배가 없어서 건너지 못한 채 이틀 동안이나 밤낮을 추위에 떨며 굶주렸다.

《병자록^{丙子錄}》

김경징은 위급한 순간에 터무니없는 짓을 저지르고 있었던 것이다.

"조선의 계집들이다!"

그때 천지를 뒤흔드는 말발굽 소리와 함께 청나라의 기병이 갑자기 들이닥쳤다. 김경징이 혼비백산하여 배를 타고 건너자, 미처 배를 타지 못한 조선인은 청군의 사나운 말발굽에 차이고 밟혀 죽었다. 강화도 앞바다에서 아비규환의 참상이 벌어진 것이다. 조선인은 청군을 피해 이리 뛰고 저리 뛰었으나 기마병들을 피할 수가 없었다. 남자는 청군의 창에 찔리고 여자는 사냥을 당하듯 사로잡혔다. 일이 이렇게 절박해지자 청나라군에 끌려가 몸을 더럽힐까 봐 바닷물에 뛰어들어 죽는 여자도 있었다.

청태종 홍타이지의 영정

그밖에 부인들이 절개를 위하여 죽은 것은 모두 다 기록할 수 없었으며, 천인(賤人)의 아내와 첩도 자결한 사람이 많았다. 적에게 사로잡혀 적진에 이르러 욕을 보지 않고 죽은 자와 바위나 숲속에 숨었다가 적에게 핍박을 당하여 물에 떨어져 죽은 자들이 얼마나 되는지 알 수 없었다. 사람들이 전하기를 '머릿수건이 물에 떠 있는 것이 마치 연못물에 떠 있는 낙엽이 바람을 따라 떠다니는 것 같았다' 하였다.

《연려실기술》

김경징은 강화도를 방어해야 했다. 그러나 강화도가 안전하다고 생각한 그는 방어할 생각은 하지 않고 술에 빠져 지냈다. 마침내 청군이 강화도에 상륙하자 싸우지도 않고 달아나면서 할머니와 어머니, 부인과 첩에게는 자살하라고 위협했다. 청군에게 사로잡히면 여자들이 정조를 유린당할까 봐 한 짓이었다. 이에 할머니를 비롯해 어머니와 부인과 그리고 첩이 모두 자진했다. 청군이 강화도에 상륙하자 수많은 대신의 부인이 스스로 목숨을 끊었다. 집집마다 목을 맨 여자들의 시체가 대롱대롱 매달려 있었다.

청군은 인조를 압박하기 위해 세자빈을 비롯하여 봉림대군과 부녀자들을 포로로 잡아 강화도를 나왔다. 또 자신들이 유린한 여자를 말에 태우고 남편에게 말고삐를 잡고 끌게 했다.

"오랑캐에게 몸을 바친 여편네가 어찌 살아 있는가. 빨리 자결하라."

말고삐를 끌고 가는 남자들은 여자들에게 자살하라고 윽박질렀다.

"우리를 이렇게 만든 것이 잘난 남자들이 아닌가? 우리 보고 자결하라고 말하면서, 왜 자신들은 구차하게 목숨을 보존하겠다고 끌려가는가?"

말 위에 앉은 부인네들이 남자들을 비난했다. 청군의 포로가 되어 끌려가면서 서로를 비난하는 남편과 부인들의 모습은 안타깝기 짝이 없었다.

유서거의 처 이씨는 강화도의 수비가 무너졌다는 소식을 듣고 스스로 목을 매어 죽었다. 이성구의 아내 권씨는 아들 이상규의 아내 구씨 및 그 두 딸인 이일상과 한오상의 아내와 더불어 목매어 죽었다. 도정 권순창의 아내 장씨, 경력 우한의 딸도 목매어 죽었고, 권순정의 아내 장씨는 동생과 같이 목매어 죽었다. 심지담은 어머니, 아내와 첩과 자식이 모두 죽었는데, 몸으로 어머니의 시체를 가린 채 죽었다. 헌납 홍명일의 아내 이씨, 시림군의 딸은 배를 타고 피난을 가려고 하는데 적병이 가까워오자, 시어머니 황씨가 스스로 목을 찔러 넘어지고, 이씨는 곁에 있다가 그 남편의 생질 박세상의 아내 나씨와 서로 껴안고 물에 빠져 죽었다. 그 두 아들 자의와 자동은 겨우 예닐곱 살이었는데 바다에 뛰어들어 죽었다.

청나라가 강화도까지 침략했을 때 수백 명의 여자들이 스스로 목을 매거나 바다에 뛰어들어 자살한 이유는 성리학을 국시로 삼은 조선에서 여자의 절개를 목숨처럼 생각했기 때문이다. 남편을 따라 죽으면 절부, 절개를 지키다가 죽으면 열녀라고 하여 칭송하고 정려문을 세워 주었다.

여자는 태어나 말귀를 알아들을 때부터 절개를 교육받았다. 오직 한 남자를 위해 목숨을 바쳐야 한다는 교육을 받았기 때문에 청나라가 침입하자 다투어 바다에 몸을 던져 생을 마감한 것이다.

때문에 청나라로 끌려갔다가 돌아오는 환향녀^{還鄕女}들은 온갖 비난과 조롱을 받고 가족들에게조차 환영받지 못했다.

사대부의 아내와 첩으로서 적병에게 끌려갔다가 속환^{贖還}된 자들은 예전처럼 함께 살지 않으려 했다. 신풍 부원군^{新豊府院君} 장유

가 홀로 생각하기를 '절개를 잃은 여자와 부부가 되어서 선조의
제사를 받들 수 없다' 하여, 며느리가 속환된 후에 상소하여 아
들을 다시 장가들이기를 청하였다.

《연려실기술》

조선시대 명문장가로 이름이 널리 알려진 장유는 며느리가 환향
녀가 되어 돌아오자 아들과 이혼을 시키겠다고 상소를 올리기까지
했다.

"환향녀들을 이혼시키면 원한을 품는 부녀들이 많을 것이니 이를
허락할 수 없습니다."

문신 최명길은 환향녀라고 이혼을 시키면 안 된다고 주장했다.

슬프다. 무고한 우리 백성들이 이역 땅에 잡혀가서 골육을 그
리워한 나머지 죽음을 무릅쓰고 도망하여 돌아오기를 마치 그
물을 벗어난 토끼가 숲속으로 뛰어 들어가듯 하였다. 그러나 남
한산성의 조약이 엄중하다는 것을 어찌 알았겠는가. 몸을 숨겨
목숨을 부지하기에 바빠 이미 본업도 잃었는데, 일제히 찾아내
어 결박해 보내기를 도적들을 대하듯 하여, 자식은 부모를, 남편
은 아내를 이별하고 있다. 서로가 헤어질 때에 정리가 극도에 달
하여 스스로 목매어 죽기도 하고, 혹은 일부러 굶어 죽기도 하
며, 심지어는 수족을 잘라 이별을 보류하려는 자도 있다. 그리고
추위와 굶주림에 괴로움을 당하여, 가는 도중이나 옥중에서 죽
는 자도 많이 있다. 게다가 관리들이 엄한 독촉에 쫓기고 연루될
까 두려워하여 인족을 침노하는 등, 그 해독이 온 마을에 퍼지

게 되었다. 심지어는 여행하는 사람을 강제로 붙들어 그의 족속을 대신해 보내는 일도 있었다. 그러나 조정에서는 기한이 급박하여 일일이 판별할 수도 없어서 원통함을 안은 채 함께 사지로 끌려가고 있는 실정이다.

인조의 교시

인조가 내린 교시는 비참하기까지 하다. 인조는 포로들을 석방시키는 교섭을 하지 못하고 청나라의 강압에 따라 포로들이 탈출해 오면 돌려보내기까지 해야만 했다.

"서희가 얻은 땅을
어찌 거란에 돌려주겠는가?"
– 서희의 비밀

거란은 퉁구스와 몽고의 혼혈족으로 알려진 동호계東胡系의 한 종족이다. 5세기 중엽부터 요하 상류인 시라무렌西剌木倫 강 남쪽에서 유목 생활을 했다. 신라의 멸망과 고려의 건국, 발해가 멸망할 때 거란족 질라부迭剌部에 야율아보기라는 걸출한 영웅이 태어났다. 야율아보기는 처음에 흔덕근가한의 휘하에서 여러 작은 부족을 정벌하며 세력을 확장해 나갔다. 이 무렵은 당나라 말기였기 때문에 어지러운 중국 화북 지방을 침략한 후 한인漢人들을 포로로 사로잡아 거란의 초원으로 이주시켰다. 문화적으로 뛰어난 한인들을 등용한 후부터 거란의 정치 · 경제 · 문화는 크게 발전했다.

야율아보기는 시라무렌 강에 군사들을 배치한 뒤에 제부대인으로 불리는 족장들에게 회의를 한다고 통고했다. 초원에서 유목 생활을 하던 족장들이 용사들을 이끌고 달려왔다. 시라무렌 강 유역은 거란의 용사들로 뒤덮였다.

"나는 하늘의 계시를 받아 칸이 되려고 하는데 족장들이 반대한다. 이는 하늘의 계시를 반대하는 것이니 죽여야 한다."

야율아보기는 7명의 족장들을 모두 살해했다. 족장들의 목이 장대에 매달렸다.

"나는 하늘의 계시를 받아 거란 전 부족의 칸이 되었다. 나를 따르는 자에게는 황금과 양을 줄 것이나 반대하는 자에게는 죽음을 줄 것이다."

야율아보기는 수많은 거란 용사 앞에서 선언했다. 거란의 용사들은 깃발을 흔들며 환호했다. 야율아보기는 7부족의 족장을 모두 살해한 뒤에 거란을 통일하여 요* 나라를 건국하고 중국으로 진출하는 한편 만주 벌판에 있던 발해를 눈엣가시로 여기기 시작했다. 그는 "발해를 멸망시키는 것이 나의 소원이다"라고 대신들에게 누차 말할 정도로 발해를 증오했다. 야율아보기가 발해를 미워한 것은 발해의 팽창 정책으로 거란이 핍박을 받았기 때문이다.

야율아보기는 자신의 삼촌 야율할저를 발해에 거짓으로 투항시켜 군사 비밀을 낱낱이 탐지한 뒤에 거란으로 돌아오게 했다. 거란은 야율할저의 노력 덕분에 대군을 동원해 순식간에 부여성을 함락하고 사흘 만에 천리를 주파하여 발해의 도읍 상경용천부에 이르렀다. 거란이 노도처럼 들이닥치자 발해의 마지막 황제인 인선황제는 변변히 항전도 못하고 투항했다. 이때 많은 발해 유민과 태자 대광현이 고려로 망명했다.

고려 태조 왕건은 발해가 멸망하는 바람에 거란과 국경을 접하게 되자 요를 정벌할 준비를 은밀하게 추진했다. 태조 왕건은 발해 공주를 부인으로 맞아들였을 정도로 발해에 우호적이었고 고구려를 계승한다는 국시를 내세웠기 때문에 북진 정책을 추진하면서 발해 유민을 받아들였다.

태조 왕건 때까지는 고려와 거란이 본격적으로 대립하지 않았으나, 고려는 대대로 북진 정책을 암암리에 추진했다. 고려의 북진 정책은 그 후 왕건부터 2대 혜종과 3대 정종까지 이어졌다. 특히 정종은 광군^{光軍} 30만을 조직하기까지 했다. 중국으로 진출하려던 거란은 압박을 느꼈다.

고려의 북진 정책과 친송 외교에 불안을 느낀 거란은 동경유수^{東京留守}소손녕에게 지시해 고려를 침략하도록 했다. 993년 10월, 소손녕은 80만 대군을 이끌고 봉산군^{蓬山郡}의 방어진을 격파하고 고려에 서찰을 보냈다.

"대조^{大朝, 거란}가 이미 고구려의 옛 땅을 모두 차지했는데 지금 너희가 강계^{疆界}를 침탈하므로 이에 정토한다."

거란의 서찰을 받은 고려는 발칵 뒤집혔다. 조정에서는 항복하자는 견해와 서경^{西京, 지금의 평양 이북의 땅}을 떼어주고 화의하자는 할지론^{割地論}이 우세했다.

80만의 군사가 다다르리라. 만약 강^{江, 대동강}에 나와 항복하지 않으면 마땅히 모두 멸할 것이니, 군신^{君臣}이 빨리 진영 앞에 와서 항복하라.

소손녕은 거듭 항복을 요구했다. 그러나 민관어사 이지백이 거란과 담판을 지으라고 강력하게 주장했고 서희도 소손녕과의 담판을 요구했다. 때마침 소손녕도 안융진을 공격하다가 중랑장 대도수와 낭장 유방에게 대패해 고려의 대신과 회담을 요구해 왔다. 고려 제6대 왕 성종은 거란과의 회담에 서희를 파견했다.

서희는 고려에서 내의령^{內議令}을 지낸 서필의 아들이다. 할아버지를 비롯해 그의 가문은 고려의 호족으로 서희는 960년^{광종 11}년 3월에 과거에 급제한 뒤 순탄하게 벼슬길에 나섰다. 그는 외교적으로 뛰어난 능력을 보였는데, 982년에 십여 년 간 단절되었던 송나라에 사신으로 가서 국교를 회복하기도 했다. 그러나 그의 가장 큰 외교적 활약은 993년에 대군을 이끌고 침략한 거란의 대장군 소손녕과의 담판에 성공하여 이를 물리친 일이다.

외교를 잘하는 비술은 논리적인 말에 있다. 중국에선 말을 잘하는 사람들을 세객^{說客}이라 하는데 중국 춘추전국시대부터 유래되었다. 중국은 당시 수많은 나라가 존속했는데 침략과 연합을 일삼았다.

역사상 세객으로 가장 유명한 인물은 소진과 장의다. 스승에게 유세학을 배운 뒤 하산해 소진은 6국이 연합하여 진나라를 막는 합종론을 주장하여 명성을 떨쳤고, 장의는 약한 나라가 강한 나라와 연합하여 나라를 보존하는 연횡론을 주장하여 '합종연횡^{合縱連衡}'이라는 고사성어가 유래하게 되었다.

'강화 배경이 중요하다.'

서희는 소손녕을 만나러 가면서 거란과 송나라의 관계를 비롯해 동북아시아의 정세를 자세하게 분석했다. 서희가 거란의 군영에 도착해서 상견례를 할 때 소손녕의 부하들이 뜰에서 절하라고 윽박질렀다.

"뜰에서의 배례^{拜禮}란 신하가 임금에게만 하는 것이다."

서희는 단호한 태도로 거절하고 당당하게 맞서서 소손녕과 대등하게 예를 나누고 회담에 임했다.

"너희 나라는 신라의 옛 땅에서 일어났으며, 고구려 지역은 우리 소유인데, 너희들이 침입해 잠식했다. 또 우리와 국경을 접하고 있으면서도 바다를 건너서 송나라를 섬기고 있다. 그러므로 지금 군사를 일으킨 것이다. 만약 땅을 떼어서 바치고 조빙^{朝聘}을 한다면 아무런 일이 없을 것이다."

소손녕이 고려를 침략한 이유를 밝혔다.

"우리 고려는 바로 고구려를 이은 나라다. 그러므로 국호를 고려라 하고, 평양에 도읍한 것이다. 만약 지계^{地界}를 가지고 논할 것 같으면, 상국^{上國}의 동경^{東京}까지 모두 우리의 영역이다. 그런데 어찌 침입해 잠식하였다고 말하는가. 그리고 압록강 내외의 지역 역시 우리의 경내^{境內}이다. 지금 여진^{女眞}이 그 사이를 차지하고 있어 가는 길이 바다를 건너는 것보다도 더 어렵고 힘들다. 조빙을 통하지 못했던 것은 여진이 그 지역을 차지하고 있기 때문이다. 여진을 몰아내고 길이 통한다면 어찌 조빙하지 않겠는가?"

서희는 거란의 침략 목적이 고려가 송나라와의 관계를 끊고 거란과 관계를 맺게 하려는 것임을 알고 그와 같이 말했다. 소손녕과의 담판은 계속되었다. 서희는 강동 6주를 고려에 반환하라고 요구했고 소손녕은 거란을 상국으로 받들라고 요구했다. 치열한 외교전이 펼쳐진 결과 소손녕은 강동 6주를 고려에 반환하고 고려는 거란을 상국으로 받들기로 합의했다.

서희는 거란이 무엇을 원하는지 정확히 꿰뚫고 있었기 때문에 효과적으로 회담할 수 있었다. 거란은 강동 6주를 양보하는 대신 고려와 우호 관계를 맺어 배후의 근심 없이 송나라와 대적할 수 있게 되었다.

서희는 994년^{성종 13년}부터 3년간 거란이 양해한 대로 압록강 동쪽의 여진족을 축출하고, 장흥진長興鎭, 귀화진歸化鎭, 곽주郭州, 귀주龜州, 흥화진興化鎭 등에 강동 6주의 기초가 되는 성을 쌓고 고려인의 생활권을 압록강까지 넓히는 데 크게 공헌했다.

서희의 외교전은 논리의 승리였다. 서희는 거란의 침략 목적이 고려와의 관계 회복이라는 사실을 간파하고 논리적으로 소손녕을 설득하여 오히려 강동 6주를 되찾고 거란의 대군을 자발적으로 물러가게 한 것이다. 이는 명분이냐 실리냐의 문제이기도 하다. 거란에 조빙하는 것이 명분이었다면 강동 6주를 되찾은 것은 우리나라의 국경이 압록강 일대로 굳어지게 한 실리였다.

서희의 담판으로 고려는 강동 6주를 반환받았으나 거란 성종이 강조의 정변^{10여년, 강조가 목종을 폐위시킨 정변}을 구실로 또다시 고려를 침공해 왔다. 고려는 강조를 행영도통사로 삼아 30만 군을 거느리고 거란군과 싸우게 했다. 그러나 강조는 통주通州에서 대패했다.

"대군이 패했으니 항복할 수밖에 없습니다."

고려 대신들이 모두 항복할 것을 주장했다.

"우리 군사가 한 번 패했다고 항복할 수는 없습니다. 전략상 일시적으로 후퇴한 후 반드시 적을 격파할 것입니다."

강감찬은 항복을 반대하고 싸우자고 주장했다.

"적은 대군이다."

국립외교원에 있는 서희 동상

"서희가 얻은 땅을 어찌 거란에 돌려주겠는가?"

강감찬은 강력하게 싸울 것을 주장했다. 이에 현종이 나주로 피신했다. 현종이 피신하고 있을 때 양규가 곽주^{郭州}에서 거란군을 격파했고, 하공진이 담판을 벌여 거란군을 일시적으로 철군시켰다.

266

철군 조건은 현종이 거란의 도읍에 와서 성종에게 절한 후 강동 6주를 돌려주는 것이었다. 그러나 고려는 차일피일 미루며 조회^{朝會}하지 않고 강동 6주도 돌려주지 않았다. 이에 소배압이 10만 대군을 이끌고 다시 침략해 왔다.

강감찬은 이때 서북면 행영도통사로 고려군 상원수가 되어 부원수 강민첨 등과 함께 곳곳에서 거란군을 격파했다. 흥화진 전투에서는 1만 2천여 명의 기병을 산골짜기에 매복시키고, 성 동쪽의 냇물을 막았다가 적병이 이르자 일시에 둑을 터트려 거란군을 혼란에 빠뜨리고 이들을 추격하여 구주^{龜州}에서 대파했다. 10만 명 중에 살아 돌아간 거란군은 수천 명에 불과했다.

4장

여성들은
힘이 세다

"저들 모두가 자웅이고
너와 나도 자웅이다."

– 화랑의 비밀

설 날에는 조상을 생각하며 차례를 지내고 어른들께 세배를 드린다. 한 해를 무사히 잘 보냈다고 감사하며 새로운 해를 맞이해 더욱 알차고 보람 있게 보내겠다고 다짐하기도 한다. 어른들은 아이들에게 설빔을 입히거나 세뱃돈을 주고, 차례를 지낸 뒤에는 음식을 나누어 먹으면서 가족과 이웃의 화목을 도모한다. 추운 날씨에도 윷놀이, 제기차기, 널뛰기 등 전통적인 놀이를 즐기기도 한다.

추석도 예외는 아니다. 추석은 가을 저녁이라는 의미를 담고 있는 명절이다. 가을 저녁은 하루의 끝인 저녁 시간을 말하는 것이기도 하지만, 1년을 마무리하는 시간이라는 뜻도 담고 있다. 오곡이 풍성하고 하늘이 청명한 음력 8월에 우리의 조상들은 축제를 벌였다. 곡식을 풍성하게 수확하여 먹을 것이 넉넉하니 하늘에 감사드리고 이웃과 음식을 나누며 춤추고 노래한 것이다. 고구려는 음력 10월에 동맹^{東盟} 또는 한맹^{寒盟}이라는 제천의식을 지냈고, **부여에서는** 영고^{迎鼓}라는 이름으로 제천의식을 행했다.

추석도 제천의식과 추수감사절의 하나라고 할 수 있다. 추석은 신라의 가배^{嘉俳}에서 유래했다고 전해지는데, 한가위나 중추절로도 불린다. 햅쌀로 송편을 빚고 햇과일 따위의 음식을 장만해 차례를 지냈다.

《삼국사기》〈신라본기〉를 보면 '조선'의 유민들이 산골에 분산돼 살면서 여섯 마을을 이루었다고 한다. 조선은 고조선을 의미한다. 여섯 부족은 첫 번째 알천의 양산촌, 두 번째는 돌산의 고허촌, 세 번째는 취산의 진지촌(혹은 간진촌), 네 번째는 무산의 대수촌, 다섯 번째는 금산의 가리촌, 여섯 번째는 명활산의 고야촌이었다. 이것이 신라 또는 진한의 6부족이 됐다.

하루는 고허촌장 소벌공이 양산 기슭을 바라보니 나정^{蘿井}(우물의 이름) 옆의 숲 사이에 말이 꿇어 앉아 울고 있었다. 그가 즉시 가서 보니 말은 갑자기 사라져 보이지 않고 다만 큰 알이 있었다.

'이것이 대체 무엇인가?'

소벌공은 기이하게 여겨 사람들 앞에서 알을 쪼갰다. 그러자 알에서 어린아이가 나왔다. 그는 이 아이를 거두어 길렀다. 아이가 열 살이 넘으면서부터 지각이 들고 영리하며 행동이 조신했다. 여섯 마을 사람들이 그의 출생을 기이하게 여겨 높이 받들었고, 여섯 부족을 다스릴 임금이 필요하여 그를 추대했다. 그가 태어난 알이 박의 모양과 비슷하여 성을 박이라고 했다. 광채가 세상을 밝게 했다고 이름을 혁거세^{赫居世}라고 지어 박혁거세라 불렸다

박혁거세가 왕이 되고 5년이 되었을 때, 용이 알영정^{閼英井}(우물)에

나타나서 오른쪽 옆구리로 여자아이를 낳았다. 한 노파가 데려다 기르며, 우물 이름을 따서 그녀의 이름을 지었다. 알영은 자라면서 덕스러운 용모를 갖추었다. 박혁거세가 이 말을 듣고 그녀를 왕비로 맞아들였다. 그녀는 행실이 어질고 내조가 훌륭해 당시 사람들이 두 사람을 성인이라고 불렀다. 17년, 왕이 6부를 순행하며 위문하는 길에, 왕비 알영도 수행했다. 그녀는 백성들에게 농사와 양잠을 권하고, 농토를 충분히 이용하도록 했다.

신라의 시조 박혁거세에 이어 남해 차차웅(혹은 자충)이 왕위에 올랐다. 그는 박혁거세의 큰아들이다. 체격이 장대하고 성품이 침착하였으며 지략이 많았다. 어머니는 알영 부인이며, 왕비는 운제 부인(혹은 아루 부인)이다.

차차웅이 죽자 유리 이사금이 왕위에 올랐다. 그는 남해의 태자다. 왕비는 일지 갈문왕의 딸이다. 갈문왕은 신라 때, 왕의 아버지, 장인, 외조부, 형제 또는 여왕의 남편 등에게 내리던 칭호다. 왕과는 엄연히 구별되었지만 왕에 버금가는 높은 지위였다. 그러므로 이들의 관계는 근친혼이었다.

애초에 남해가 사망했을 때, 유리가 당연히 왕위에 올라야 하는데, 유리는 대보 탈해가 본래 덕망이 있다고 생각했으므로 왕위를 사양하고 석탈해에게 양보하려 했다. 그러자 석탈해가 말했다.

"임금이라는 자리는 보통 사람이 감당할 수 있는 것이 아닙니다. 훌륭하고 지혜로운 사람은 이빨이 많다고 들었습니다."

그들은 시험 삼아 떡을 깨물어 보았다. 그 결과 유리의 이빨 자국이 가장 많아 그를 받들어 왕위에 오르게 했다. 왕호를 이사금이라 했는데 '이사금'은 곧 '이빨 자국'이란 뜻이다.

신라는 시조인 박혁거세 때부터 농시와 양잠을 했다. 왕후 알영은 백성들에게 농사와 양잠을 권했다고 하니 국모의 품격을 지녔다고 할 것이다. 왕후는 백성들에게 양잠을 장려하고자 길쌈 대결을 펼치게 했다. 서라벌 여섯 마을 부녀자들을 두 패로 나누고 음력 7월 14일부터 8월 14일까지 거의 한 달 동안 길쌈을 하게 했다. 여섯 마을은 여섯 부족이니 신라 전체가 이 대결에 참여한 것이다. 두 패의 우두머리는 왕녀에게 맡겼다.

길쌈대회의 승패가 갈라지면 패한 쪽이 음식을 마련해 함께 먹고 춤추며 놀았다. 그러므로 가배는 여자들의 축제다. 가배嘉俳는 뛰어난 광대, 아름다운 놀이 등의 뜻이 있다. 8월 15일에는 서라벌에서 온 나라가 참여하는 엄청난 잔치가 벌어졌는데, 이는 곧 추석의 유래이기도 하다.

신라는 전통적으로 여권이 발달한 나라였다. 봉건시대에는 유례를 찾아볼 수 없을 정도로 여왕이 셋이나 나왔다. 화랑의 전신인 원화源花 제도도 여자가 중심이다. 《화랑세기》에는 미실이 원화에 취임하고 그를 축하하는 잔치가 벌어지는 모습이 묘사돼 있다.

서라벌에서 미실궁주가 원화에 취임해 거대한 축제가 벌어졌다. 상가가 철시하고 1만 명에 이르는 낭도와 1만 명에 이르는 유화柳花가 화려하게 성장하고 화관을 머리에 쓴 뒤 복숭아꽃이 활짝 핀 남쪽 정궁에 모여들었다. 진흥왕과 미실궁주는 곤룡포에 면류관을 갖추고 조하를 받았다.

"대왕폐하 만세!"

"미실궁주 만세!"

조하를 마치자 낭도와 유화들이 일제히 만세를 불렀다. 진흥왕과 미실궁주는 낭도와 유화들에게 꽃향기가 진동하는 정자에서 술을 마시고 춤추게 했다. 낭도와 유화들이 밤새 어울려 노래를 부르고 춤을 추며 놀았다. 서라벌 성안의 미녀 중에 이 행사에 나오지 않은 사람이 없을 정도였다. 환한 등불이 천지를 대낮처럼 밝혔고 환호성이 퍼졌다. 진흥왕과 미실궁주가 바라보는 가운데 낭도와 유화 한 명이 난간 아래를 지나가면서 만세를 불렀다. 진흥왕이 즐거워하면서 미실궁주와 함께 채전彩錢을 던져주었다.

"저들 모두 자웅雌雄, 암수이고 너와 나도 자웅이다."

진흥왕이 도도한 흥취를 이기지 못하고 웃었다.

《화랑세기》에 등장하는 유화가 정확하게 어떤 신분을 말하는지 알 수 없으나, 여성들이 남성과 함께 잔치를 즐겼다는 사실은 알 수 있다.

원화는《삼국사기》〈신라본기〉에도 그 실체가 나온다. 삼산공三山公의 딸 준정은 원화로서 낭도들을 거느렸다. 낭도는 무예가 출중해 그 우두머리는 언제나 왕이 임명했다. 낭도는 왕실이 운영하는 직할 부대와 같았다. 그런데 여자가 원화가 되어 이끌었다고 하니, 신라시대에는 여자가 군대까지 이끌었던 것이다.

법흥왕의 딸 남모공주는 백제에서 시집온 보과공주의 딸이다. 법흥왕은 국태공의 신분이었을 때 백제에 사신으로 갔는데, 그때 백제의 보과공주와 정을 통했다. 법흥왕이 신라로 돌아오자 공주가 백제를 탈출해 법흥왕을 찾아왔다. 법흥왕은 보과공주를 사랑하여 남모공주와 모랑을 낳았다.

신라의 귀족 미진부와 남모공주는 깊이 사랑했다. 지소태후(법흥왕의 모후)는 미진부를 총애해서 남모공주를 은밀하게 도왔다. 지소태후는 준정을 원화에서 물러나게 하고 공주를 원화로 세워 낭도들을 이끌게 하려 했다.

'원화는 난데, 미진부가 태후의 총애를 받는다고 남모를 원화로 세우려고 해?'

준정은 원화의 자리에서 쫓겨날지도 모른다는 생각에 절치부심했다.

박영실은 자신의 부인이던 옥진궁주를 법흥왕에게 빼앗겼다. 왕은 신과 같은 존재여서 감히 항변할 수 없었으나 마음속 깊이 원망을 품었다. 박영실은 왕궁에서 옥진궁주를 볼 때마다 자신의 품 안에 있던 그녀의 모습을 떠올렸다. 그러나 이제는 왕의 여자, 쓰라린 상처를 안고 법흥왕에게 충성을 바쳐 각간^{角干, 신라 최고 관위}의 지위에 올라 있었다.

준정과 남모공주의 대결은 박영실과 미진부의 대결이라고 할 수 있다. 박영실은 준정을 은밀하게 돕고 있었다. 준정과 남모는 서라벌에서 막강한 파벌을 형성하고 있는 두 세력의 대리전을 치르는 셈이었다.

'영실공이 각간이니 그와 손을 잡으면 내가 원화가 될 수 있다.'

박영실이 각간이 되자 준정은 그를 받들면서 남모공주와 대립했다. 지소태후는 법흥왕이 죽자마자 유명이라면서 준정에게 박영실을 계부^{繼夫}로 삼도록 했다.

'태후라고 내 남편까지 마음대로 바꾼다는 말인가?'

준정은 지소태후가 원망스러웠다. 그러나 신이나 다름없는 지소태후의 명이었기 때문에 박영실을 새 남편으로 받아들였다. 그러잖아도 박영실이 그녀를 은밀하게 돕고 있었다. 신라의 남녀 관계는 오늘날의 관점으로 보면 이해할 수 없는 경우가 많다. 왕이 남편이나 부인을 바꾸라고 명령하고, 권력이 있는 자가 남편이나 부인을 마음대로 선택했다.

"이제 원화의 자리에서 물러나라."

지소태후가 준정에게 명을 내렸다.

"신이 낭도들을 거느린 지 여러 해가 됐습니다. 어찌 신을 원화에서 내치십니까?"

준정은 하루아침에 자신을 원화의 자리에서 내쫓는 태후를 원망했다. 그래서 자신이 거느리던 낭도들을 부추겨 태후의 지시를 따르지 않도록 했다.

"우리는 오로지 준정을 원화로 모실 뿐이다."

준정의 사주를 받은 낭도들이 외쳤다.

'내가 각간을 남편으로 삼게 해주었는데도 대적하다니 용서할 수 없다.'

지소태후는 미진부에게 명해 준정의 무리를 처부수라고 지시했다. 그러나 준정이 오랫동안 낭도들을 거느렸기 때문에 그녀를 따르는 낭도가 많았다. 원화 자리 때문에 서라벌에 긴장감이 감돌았다.

"그대를 따르는 낭도에게 영을 내려 미진부를 돕도록 하라."

지소태후가 위화랑에게 명을 내렸다. 위화랑은 자신의 낭도를 미진부에게 넘겨주었다. 미진부는 낭도를 이끌고 준정의 낭도를 일제히 공격했다. 서라벌에서는 양쪽 낭도의 치열한 전투가 벌어졌다.

서라벌이 뒤집혀질 정도로 전투는 치열했으나, 지소태후와 위화랑의 지원을 받은 미진부의 낭도가 준정의 낭도를 격파했다.

"첩이 죄를 지었으니 살려주십시오."

준정은 마침내 지소태후에게 항복했다.

"네가 투항했으니 용서하겠다. 너의 낭도를 모두 남모공주에게 귀속시키고 너는 그의 수하가 되어 충성을 바치라."

지소태후가 차갑게 영을 내렸다. 그렇게 남모공주는 미진부의 도움으로 원화가 되었다. 지소태후는 남모공주를 원화에 임명하고 화랑을 지배했다. 화랑은 청년단 조직으로 인적 구성이 서라벌의 인재를 망라하고 있기 때문에, 화랑을 지배하는 자가 신라를 지배하는 것이어서 지소태후가 필사적으로 남모공주를 원화에 세운 것이다.

'나에게서 원화를 빼앗아 갔지만 반드시 되찾을 거야.'

준정은 피눈물을 흘리면서 맹세했다. 각간인 박영실이 도와주기를 바랐으나 그는 침묵을 지켰다. 준정은 원화 자리를 되찾으려면 남모공주를 죽여야 한다고 생각했다. 남모공주의 부하로서 낭도들을 통솔하는 일이 치욕스러웠다. 준정은 남모공주에게 충성을 바치는 체 하며 신임을 얻기 시작했다.

"공주께서 오늘 밤에 저희 집에 오세요. 제가 좋은 술을 대접할게요."

하루는 준정이 남모공주를 집으로 초대하자 공주가 그녀를 따라갔다. 준정은 하인에게 술상을 차리게 하고 공주를 방으로 안내해 상석에 앉혔다. 공주는 준정이 무서운 음모를 꾸미는 것도 모르고 술을 마시고 취했다.

'이제 너는 영원히 깨어나지 못할 것이다.'

준정은 남모공주가 술에 취해 잠이 들자 그녀를 끌어내 북천에 버리고 큰 돌을 쌓아 생매장했다.

"공주가 밤에 나가 돌아오지 않았다. 공주를 찾아라."

미진부는 이튿날 아침이 되어도 남모공주가 돌아오지 않자 낭도들에게 지시했다. 낭도들은 슬피 울며 그녀를 찾아다녔다. 준정은 살인이 들키지 않을 것으로 생각했으나 남모를 살해하는 장면을 목격한 사람이 있었다. 그가 노래를 지어 아이들로 하여금 거리에서 부르도록 했고, 노래를 들은 남모공주의 낭도가 북천으로 달려가 돌 속에 묻힌 시신을 찾아냈다.

'아아, 어찌 이리 비참하게 살해했는가?'

미진부는 남모공주의 시신을 끌어안고 통곡했다. 공주의 시체는 여러 날을 돌 속에 묻혀 있었는데도 살아 있는 것처럼 깨끗했다.

"천하에 악독한 계집아, 너를 살려둘 수 없다."

남모공주의 낭도들은 분개하여 준정을 난도질했다. 준정이 남모공주를 살해한 사실은 서라벌을 발칵 뒤집었고 지소태후에게 보고됐다.

"고약한 계집이다. 여자를 낭도의 우두머리로 삼아서는 안 되겠다."

지소태후는 원화를 폐지하고 선화仙化. 불교의 미륵선화를 의미하는 것으로 성스러운 존재를 화랑으로 삼고 낭도를 풍월이라고 불렀다. 풍월은 선도에서 나온 말로 낭도의 무리에서 가장 큰 세력이 풍월도였기 때문이었다.

원화는 폐지되었으나 가배놀이는 계속됐다. 신라가 멸망하면서 길쌈대결은 더 이상 계속되지 않았다. 그러나 곡식이 풍성하게 이는 음력 8월 15일, 떡을 하고 술을 빚는 잔치는 계속됐다. 길쌈대결이 아니라 해도 오곡을 풍성하게 수확하는 계절이니 떡도 하고 술도 빚고 가족이나 이웃과 나누고 싶었을 것이다. 신라시대에 이처럼 음식과 술을 마련해 이웃과 나누었고, 고려와 조선 시대로 넘어오면서 명절이 됐다. 고구려의 동맹, 부여의 영고, 신라의 가배놀이가 어우러져 지금의 추석이 된 것이다.

신라사^{新羅史}에 7월 보름에 왕이 왕녀로 하여금 육부^{六部}의 여자들을 거느리고 넓은 뜰에 모여 길쌈을 시작해 8월 대보름이 되면 그 성적을 따져서 지는 편이 술을 마련하여 서로 노래 부르고 춤추게 하는데, 이를 가배회^{嘉俳會}라 한다. 진 편의 한 여자가 일어나 춤추면서 회소곡^{會蘇曲}을 노래하기 때문에 이를 가회^{嘉會}놀이라 한다.

《오주연문장전산고》

추석절을 한가위^{漢嘉會}라 하여, 술·고기와 기타 음식을 많이 장만하여 서로 주고받는다.

《오주연문장전산고》

《오주연문장전산고》의 기록을 통해 한가위는 한가회에서 비롯되었다는 사실을 알 수 있다. 회소곡은 신라 유리왕 9년에 가배놀이를 할 때 진 편의 여자가 자리에서 일어나 '회소^{會蘇}회소' 하며 춤추었는데, 그 소리가 너무도 구슬프고 처량해, 후인^{後人}이 그것을 노래로 지어 불렀다고 한다.

> 회소회소 하면서 노래를 부르니
> 서풍이 널따란 뜰로 불어오고
> 밝은 달이 집에 가득하네
> 왕녀가 앉아 물레를 돌리니
> 여섯 마을 아녀자들이 가득 모이었네
> 네 광주리는 가득한데 내 광주리는 비었구나
> 술 거르고 웃으며 잔치를 즐기누나
>
> 《열조시집^{列朝詩集}》

《열조시집》에 실린 시에서 추석과 비슷한 풍경을 엿볼 수 있다. 여섯 부족이 모여서 잔치를 벌이니 신라 때 이미 추석의 전통이 시작된 것이다.

"지금까지 숨기고 있던 재주를 보이려 하니……."
– 검녀의 비밀

역사 드라마에는 정극과 퓨전 사극이 있다. 정극은 정통 역사를 배경으로 하는 것이고, 퓨전 사극은 배경만 역사를 바탕으로 한 채 이야기를 완전히 새롭게 창작한 것이다. 최근에는 퓨전 사극이 많다. 그동안의 퓨전 사극을 보면 중국 드라마처럼 대부분 허공을 날아다니는 정체불명의 검술이 등장하곤 했다. 그런데 한국 역사 드라마나 역사 소설에서 전통 무예를 찾기 힘든 건 우리 역사서에 조상들의 무예가 기록되어 있지 않고, 조선 후기에 등장하는 고소설에서도 무예를 찾아볼 수 없기 때문이다. 그러나 소설에는 없어도 드물게 검객 이야기를 다룬 기록물이 남아 있기는 하다.

조선 역사에서 유명한 검객이라면 김체건, 김광택, 백동수로 계보가 이어지는데, 특히 백동수를 소재로 몇 년 전 드라마가 만들어지기도 했다. 백동수는 이덕무, 박제가 등이《무예도보통지武藝圖譜通志》를

《무예도보통지》의 한 장면

편찬할 때 무술 시범을 보인 인물이다. 《무예도보통지》는 창술, 검술, 마상재, 왜국 검법까지 무예를 총망라한 교본이다. 김체건은 검선劍仙으로 불린 인물로 일본에까지 명성을 떨쳤다.

> 상(숙종)께서 체건을 불러서 시험하였는데, 체건은 칼을 휘두르며 발뒤꿈치를 들고 엄지발가락으로 서서 걸었다.
>
> 《무예도보통지》〈왜검조〉

《무예도보통지》〈왜검조〉에 있는 기록을 보면 김체건은 보법부터 이미 절정의 검술을 선보이고 있다. 그는 재 위에서도 검술 시범을 보였는데 잿가루가 날리지 않았다고 한다.

> 체건의 칼춤 실력이 신의 경지에 도달해서 땅 위에 가득 떨어진 꽃이 쌓인 것처럼 칼에 몸을 숨겨 보이지 않는다.
>
> 《김광택전金光澤傳》

실존 인물의 무예 실력이 기록으로 남은 것은 이 정도에 지나지 않는다.

한국 역사에 등장하는 무인 대부분은 활을 잘 쏘는 사람들이다. 고구려를 건국한 주몽이라든가 조선을 건국한 태조 이성계는 활 솜씨가 뛰어나 신궁이라고 불렸다.

조선시대에는 신기에 가까운 무술 솜씨를 지녔던 사람이 없었을까. 박지원의《광문자전》에는 김경방이라는 용호영 대장이 기생을 끼고 담장 위로 날아올랐다는 기록이 있고, 허균의《장생전蔣生傳》에는 장생이라는 인물이 여종을 옆구리에 끼고 한양의 지붕과 담장을 건너뛰어 경회루 위로 날아갔다는 표현이 나온다.

당대의 문장가이자 혁명가로 명성을 떨치던 허균은 젊었을 때 양반이면서도 서얼이나 천민들과 교분을 나누었다. 장생도 허균이 교분을 나눈 사람 중 하나였다. 어느 날, 기방에서 술을 함께 마시던 허균이 장생에게 물었다.

"자네의 성은 알겠는데, 이름은 어찌 되는가?"

"나는 내 이름을 모르오."

장생이 허균을 우두커니 바라보다가 대답했다.

"허허, 세상에 자신의 이름을 모르는 사람이 어디에 있는가?"

"누가 훔쳐 갈 것도 아닌데 이름은 기억해서 무얼 하오. 그저 장가라고 부르면 족할 것이오."

"자네의 무예 솜씨면 별감도 할 수 있을 터인데 어찌 거리에서 동냥질을 하는가?"

장생은 오랫동안 각설이 짓을 하면서 무예를 배웠다. 그의 벗 중에는 무인과 악인樂人. 음악인이 많았다. 거리에서 무뢰배들과 싸울 때면 주먹이 빠르고 걸음이 쾌하여 당할 자가 없었다.

"별감을 하면 매어 살아야 하는데 나는 그런 것이 싫소."

장생은 허균의 질문이 귀찮은 듯 갑자기 노래를 부르기 시작했다. 그가 노래를 부르자 다른 방에 있던 기생들이 우르르 몰려나와 구경했다.

"장님 흉내를 한번 내어 보세요."

기생들이 장생에게 술을 대접하며 사람들의 흉내를 내게 했다. 장생은 기분이 좋아서 장님이 눈을 끔벅거리고 지팡이를 짚고 다니는 모습을 흉내 내어 기생들을 포복절도하게 했다. 그뿐 아니라 무당 흉내, 소박맞은 과부의 넋두리, 비렁뱅이 장타령, 늙은 젖어미 흉내까지 못하는 것이 없었다.

"호호호, 과연 팔방미인이십니다. 이번엔 18나한 흉내를 내어 보세요."

장생은 기생들의 청을 거절하지 않았다. 갖가지 표정으로 18나한 흉내를 냈는데 똑같지 않은 얼굴이 없었다. 기생들이 박수를 치며 신기해했다.

"목이 마를 테니 술을 좀 드세요."

장생은 술을 좋아했다. 술을 주면 잔에 가득히 따라 들이켜고 노래를 불렀다. 그는 악기가 없어도 입으로 퉁소, 쟁, 비파를 타는 것처럼 흉내를 냈고, 온갖 짐승의 소리도 똑같이 흉내 냈다. 그가 밤중에 길을 가다가 개 짖는 소리를 내면 온 마을 개들이 따라 짖었다.

장생은 의식주를 동냥으로 해결했다. 아침에 동냥을 나가면 하루에 얻어 오는 것이 서너 말이나 되었다. 그중 두어 되로 밥을 지어 먹고, 나머지는 다른 걸인들에게 나누어 주었다.

악공 이한은 장생과 친하게 지냈다. 장생이 마땅히 거처할 곳이 없었기 때문에 이한의 집에서 머무는 날이 많았다. 당시 대갓집의 계집종 하나가 장생에게 호금^{해금}을 배우러 오곤 했는데, 오다가 십자로에서 자줏빛 꽃이 장식된 화려한 머리꽂이를 잃어버리고 장생에게 와서 훌쩍거리며 울었다.

"무엇 때문에 울고 있는 것이냐?"

장생이 계집종에게 물었다.

"아침에 십자로에서 잘생긴 젊은이를 만났어요. 웃으면서 농을 하고 몸이 닿을 듯이 스쳤을 뿐인데 머리꽂이가 없어졌어요."

계집종이 울음을 그치지 않고 말했다.

"어린놈이 몹쓸 짓을 했구나. 내가 찾아줄 테니 울지 마라."

장생이 계집종을 달래고 어디론가 사라졌다. 해가 저물자 장생이 계집종을 불러냈다. 그는 계집종을 데리고 십자로를 지나 경복궁 서쪽 담장을 따라 가다가 신호문 앞에 이르렀다. 잠시 후 커다란 띠로 계집종의 허리를 묶고 자신의 팔에 감아 하늘로 솟구쳐 올랐다. 계집종이 깜짝 놀랐으나 장생은 아랑곳하지 않고 겹겹이 된 대궐의 문을 빠르게 날았다. 그녀는 너무나 놀라 눈을 꼭 감았다. 장생이 계집종을 데리고 도착한 곳은 경회루 지붕 위였다.

"누가 이렇게 재주가 뛰어난가 했더니 형님이시구려. 오늘은 무슨 일로 아리따운 낭자까지 데리고 오셨소?"

젊은이 둘이 촛불을 들고 그들을 맞이했다.

"낭자가 잃어버린 물건이 있는데, 아무래도 아우님들에게 있는 것 같소."

장생이 그들을 향해 말했다. 두 젊은이가 유쾌하게 웃더니 경회루의 대들보 위에서 금은보석이 가득 들어 있는 보석 상자를 꺼냈다. 그 상자 안에 계집종의 머리꽂이도 있었다.

"아우님들은 행동을 조심해야 하오. 세상 사람들이 우리의 자취를 알아서는 안 됩니다."

장생이 젊은이들에게 일렀다. 그들도 웃으면서 그렇게 하겠다고 대답했다. 그사이 계집종은 보석 상자에 있는 머리꽂이를 찾아 머리에 다시 꽂았다. 장생은 계집종을 데리고 눈 깜짝할 사이에 집으로 돌아왔다. 이튿날 아침 장생을 찾아가 고맙다는 인사를 전하려 했으나 장생은 술에 취해 코를 골며 자고 있었다. 그가 밤중에 집을 나간 것을 아는 사람은 아무도 없었다.

1592년^{선조 25년} 4월 13일이었다. 장생은 갑자기 술을 몇 말 마시더니 십자로에서 노래를 부르고 춤을 췄다. 그는 하루 종일 쉬지도 않고 노래 부르고 춤추더니 수표교 위에서 꼬꾸라졌다.

이튿날 아침, 장생이 죽어 있는 것을 사람들이 발견했다. 그의 시체는 빠르게 부패해 벌레가 되었는데 모두 날개가 돋쳐 어디론가 날아갔다. 그가 죽은 자리에는 옷과 버선만이 남아 있었다.

이는 모두 정통 역사서에 나오는 이야기가 아닌 선비들의 문집에 나오는 이야기다. 문집에는 때때로 전설과 같은 이야기가 실리곤 하는데 조선 후기의 학자 안석경安錫徹의《삽교만록霅橋漫錄》에도 재미있는 검녀 이야기가 실려 있다.

《삽교만록》에 등장하는 검녀는 어느 대갓집의 여종이다. 어느 날 그녀가 의탁하는 주인집이 세도가에게 하루아침에 멸문지화를 당하게 된다. 검녀는 그 집 아가씨와 함께 원수들의 손에서 살아남아 구걸을 하면서 떠돌게 된다. 그녀들은 어찌어찌하다가 경상도까지 흘러갔다가 검술의 달인을 만나 무예를 배운다. 세월이 흘러 성인이 되자 그녀들은 높은 경지의 검객이 되었다. 검녀와 주인 아가씨는 한 번도 원수를 잊지 않고 재주를 공연하며 전국으로 원수를 찾아다녔다. 여러 해가 흘러 한양에 도착한 그녀들은 원수가 한양에서 부자로 살고 있다는 것을 알게 된다. 기회를 노리던 그녀들은 원수의 집에서 잔치가 벌어지자 재주를 공연하는 체하면서 접근해 그 일가를 모두 죽여 처절하게 복수했다.

"나는 이제 부모의 원수를 갚았으니 할 일을 다 했다. 나는 양갓집의 딸로 태어나 사람을 죽인 몸으로 사대부에 시집갈 수 없다. 그러나 너는 종의 신분이니 절의를 지킬 필요가 없다. 내가 보검을 줄 테니 이것을 팔아 좋은 남자에게 시집가도록 하라."

주인 아가씨는 부모의 산소 앞에서 제사를 지낸 뒤에 검녀에게 보검을 주고 자신은 목숨을 끊었다. 검녀는 아가씨의 유명을 받들어 장사를 지낸 뒤 곰곰이 생각했다.

'나의 낭군이 될 사람은 장부의 기개와 영웅의 풍모가 있어야 한다.'

검녀는 자신의 짝이 될 만한 사람을 찾아다니기 시작했다. 그러다가 그녀는 우연히 호남 지방에 살고 있는 진사 소응천이 지조가 높고 영웅의 풍모가 있다는 소문을 듣게 되었다. 검녀는 즉시 호남으로 달려가서 소응천에게 첩으로 삼아 달라고 청하여 3년을 살았다. 그러나 소응천은 영웅의 풍모를 갖고 있지도 않았고 장부의 기개도 없었다.

검녀는 소응천에게 실망하여 떠나기로 결심했다. 그러나 그냥 떠나면 소응천이 섭섭해할 것 같아 정체를 밝혔다. 주인집이 멸문지화를 당한 일부터 검술을 배우게 된 일을 낱낱이 이야기하자 소응천은 놀라 입을 다물지 못했다.

"저희는 검술을 배우기 시작한 지 다섯 해가 지나자 공중을 날아다닐 수 있었습니다. 아가씨와 저는 큰 도회지에 가서 이 재주로 수천 금을 벌어 보검 네 자루를 산 뒤에 원수를 찾아가 재주를 파는 사람들이라고 속여 접근하고는 달빛을 타고 칼을 휘둘렀습니다. 원수들은 순식간에 피를 흘리며 쓰러졌습니다. 베어진 머리가 수십이라 우리는 춤을 추면서 돌아왔습니다."

검녀가 원수 갚은 일을 소응천에게 고백한 대목이다. 이어 검녀는 소응천에게 당신은 큰 인물이 못 되니 도회지에서 아전의 자식이나 가르치면서 여생을 보내라고 충고한 뒤에 술을 권한다.

"서방님을 모신 지 3년이 되었으니 그냥 떠날 수가 없어서 지금까지 숨기고 있던 재주를 보이려 하니 이 술을 한껏 마셔서 담력을 키우십시오."

소응천은 경악하여 얼굴을 붉힌 채 벌벌 떨었다. 검녀는 소응천에게 10여 잔의 술을 권하고 자신은 말술을 들이켜더니 옷을 갈아입고 나왔다. 소응천이 검녀의 옷차림을 살피자 머리에는 푸른 모직으로 만든 수건을 쓰고, 위에는 붉은 비단 적삼, 아래에는 눈처럼 하얀 비단 바지에 황색 수를 놓은 허리띠를 매고 있었다. 신발은 무소 가죽으로 만든 것이었는데 손에 싸늘한 검기가 뿜어 나오는 연화검 한 쌍을 들고 있었다. 검녀는 소응천에게 두 번 절한 후 일어섰다.

검녀는 눈 위에 발자국을 남기듯이 사뿐히 마당으로 날더니 돌연 외마디 기합성과 함께 칼을 허공으로 던지고 몸을 날려 옆구리에 끼었다. 처음에는 매화꽃이 사방으로 흩어져 꽃잎이 자욱하게 떨어지는 듯싶더니 중간에 원을 그리며 돌 때마다 푸른 섬광이 천지 사방에서 번쩍였다. 그 사이사이로 검녀는 고니와 학처럼 공중에서 자유자재로 날았다. 사람도 보이지 않고 칼도 보이지 않았다. 문득 백광이 동서남북으로 치고 부딪치면서 번쩍이더니 휙휙 하는 바람 소리가 귓전을 어지럽히고 하늘이 싸늘하게 얼어붙는 것 같았다. 잠시 후 외마디 기합성이 허공에서 터져 나오더니 뜰에 있던 나무가 베어지고 사람이 우뚝 서 있었다. 그러나 허공에는 여전히 푸른 검광이 자욱하게 난무하고 싸늘한 기운이 사람을 감고 휘돌았다.

《삽교만록》

검녀의 검술은 가히 신기에 가까웠다. 소응천은 벌벌 떨다가 끝내는 정신을 잃고 쓰러져 검녀가 술을 데워 먹인 뒤에야 가까스로 정신을 수습했다. 이튿날 새벽, 검녀는 소응천에게 하직 인사를 다시 올린 뒤에 남장을 하고 떠났다. 그 후 검녀의 행방을 아는 사람은 아무도 없었다고 한다.

안석경의《삽교만록》에 나오는 검녀 이야기는 한 편의 무협 소설을 방불케 한다. 이와 비슷한 이야기가 조선 후기 임매^{任邁}의《잡기고담^{雜記古談}》에도 나오는데 주인공들이 아가씨와 여종이 아니라 자매였다.

"왕국을 만들어드리겠다고 합니다."

- 소서노의 비밀

고 대사를 다룬 드라마 중에는 강인한 남성상을 내세운 영웅 이야기가 많다. 드라마 〈주몽(2006)〉, 〈대조영(2006)〉, 〈광개토대왕(2011)〉 등이 모두 그렇다. 그렇게 보면 우리의 상고사에는 남성만 존재했던 것으로 보이기도 한다. 그러나 한국사에도 여성 영웅이 있었다.

고구려, 백제를 세우는 데 주도적 활약을 한 여성 소서노는 그 활약에 비해 지나칠 정도로 가볍게 평가받고 있다. 우리 상고사에 국모 위치에 있는 여인이 없다는 점을 감안할 때, 그녀를 우리나라 신화와 역사의 상층부에 올려 한국인의 어머니와 같은 여인으로 여겨도 지나치지 않을 텐데 말이다.

소서노가 여성이었기 때문일까. 그녀에게는 탄생 설화나 어릴 적 일화가 없다. 그녀는 북부여의 유력한 부족 출신이었고 해부루 왕의 서손인 우태의 부인이었다. 그러나 어떤 이유에서인지 우태가 일찍 죽는 바람에 그녀는 과부가 되었다. 그때 북부여에서 주몽이 그녀의 근거지인 졸본^{卒本, 중국 요녕성 혼강 부근}으로 탈출해 왔다.

"부여에서 온 자가 어떤 자인가요?"

우태가 죽은 후 부족을 이끌던 소서노가 가노^{家奴, 사내 종}에게 물었다.

"나이는 어리나 활을 잘 쏜다고 합니다. 스스로 천제의 아들이라 말하고 있습니다."

늙은 가노가 머리를 조아리며 대답했다.

"천제의 아들?"

"아무래도 졸본을 근거지로 삼아 나라를 세우려고 하는 것 같습니다."

소서노는 가노의 말에 귀가 번쩍 뜨이는 것 같았다.

"하나 아무것도 없으니 어떻게 나라를 세우겠습니까?"

"잘됐어요. 그자가 나라를 세운다고 하니 그와 연합해요. 그렇게 나라를 세운 뒤에 그 나라를 함께 다스리는 거예요."

이에 소서노는 가노를 주몽에게 보냈다. 가노가 주몽이 있는 곳에 이르자 그는 부하 셋과 함께 움막 같은 집을 짓고 있었다. 가노는 주몽을 만나 소서노의 뜻을 전했다.

"소서노는 과부인데 부인으로 맞이하라고? 나이도 많지 않소?"

"대신 왕국을 만들어 드리겠다고 합니다."

주몽은 유력한 부족인 소씨 일족의 지원을 얻기 위해 소서노와 혼인하고 나라를 세웠다. 고구려는 《유기^{留記}》라는 역사서를 편찬하고 있었는데, 서기 600년 영양왕 11년 태학박사 이문진에게 명하여 신집^{新集} 5권으로 개수하게 했다는 기록이 《삼국사기》에 보인다. 김부식이 《삼국사기》를 편찬할 때까지는 고구려의 역사서가 존재했다느 사실을 알 수 있다. 그러나 《삼국사기》 〈고구려본기〉에는 건국 과정은 있되, 유감스럽게도 소서노에 대한 기록은 없다.

주몽이 가다가 모둔곡毛屯谷에 이르러 세 사람을 만났다. 그중 한 사람은 마의麻衣를 입고, 한 사람은 납의衲衣를 입고, 한 사람은 수조의水藻衣를 입고 있었다. 주몽이 '너희들은 어디 사람인가? 성은 무엇이고 이름은 무엇인가?' 하고 물었다. 마의를 입은 사람이 말하기를 '이름이 재사입니다' 하고, 납의를 입은 사람이 말하기를 '이름이 무골입니다' 하고, 수조의를 입은 사람은 '이름이 묵거입니다'라 하였으나, 성은 말하지 않았다. 주몽이 재사에게 극씨, 무골에게 중실씨, 묵거에게 소실씨의 성씨를 주고, 무리에 일러 말하기를 '내가 바야흐로 하늘의 크나큰 명령을 받아 나라의 기틀을 열려고 하는데 마침 이 세 명의 현명한 사람을 만났으니 어찌 하늘이 주신 것이 아니겠는가' 하였다. 마침내그 능력을 살펴 각기 일을 맡기고 그들과 함께 졸본천卒本川에 이르렀다. 그 토양이 기름지고 아름다우며, 산과 물이 험하고 단단한 것을 보고 드디어 도읍하려 하였으나, 궁실을 지을 겨를이 없어 단지 비류수沸流水가에 오두막을 짓고 살았다. 나라 이름을 고구려高句麗라 하였는데 이로 인하여 고高로 씨氏를 삼았다.

《삼국사기》 〈고구려본기〉

왜 〈고구려본기〉에는 소서노에 대한 기록이 없을까. 그것은 주몽이 고구려를 건국하고, 나중에 2대 왕이 되는 유리 왕자와 주몽의 전부인 예씨가 북부여에서 왔기 때문이다. 주몽이 유리를 태자로

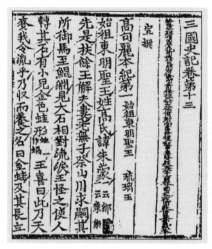

고구려 건국 과정을 기록한 김부식의 《삼국사기》〈고구려본기〉(왼쪽)와 평양에 있는 고구려 시조 동명성왕의 석상(오른쪽)

삼고 전 부인을 더욱 사랑했기 때문에 소서노는 비류와 온조를 데리고 남하했다. 때문에 고구려는 새로운 나라를 세운 소서노를 자신들의 역사서에 으뜸으로 기록할 수 없었을 것으로 추정된다.

"처음에 대왕이 부여에서 난을 피하여 우리 땅에 도망해 오자 어머니께서 가산을 모두 기울여 나라를 세웠으니 그 공로가 적지 않았다. 그런데 부여에서 유리 왕자가 왔다. 대왕께서 세상을 떠나면 나라가 유리 왕자에게 돌아갈 것이니 우리는 비참하게 될 것이다. 차라리 어머니를 모시고 남쪽으로 내려가서 나라를 세우는 것이 좋지 않겠는가?"

비류 왕자가 온조 왕자를 설득했다. 이 말을 추정해 보면 소서노가 고구려 건국에 많은 재산을 쏟아 넣었다는 사실을 알 수 있다. 고구려 건국 시대의 가장 중요한 재산은 땅이나 재물이 아니라 생산

력과 전투력을 지닌 사람이었다. 소서노는 이때 많은 부족을 거느렸고, 이 부족이 고구려 건국의 초석이 되었던 것이다. 그녀의 전남편 우태는 유력한 장사꾼이었고, 소서노는 장사를 통해 창업건국이 얼마나 중요한 일인지를 배워 알고 있었다.

"과연 형님의 말씀이 옳습니다."

온조가 찬성했다. 비류와 온조는 소서노를 설득했다.

"너희들의 뜻이 그렇다면 내가 어찌 반대하겠느냐?"

소서노는 고구려를 떠나기로 결정했다. 고구려를 떠나면서 주몽과 어떤 형태로든지 협상을 벌였을 것으로 보인다. 그녀는 고구려에서 상당수의 부족과 두 아들을 데리고 압록강을 건너 남으로 내려오다가 한강 유역에 이르렀다.

소서노의 부족은 드디어 한산漢山에 이르러 부아악負兒岳, 북한산에 올라 넓은 강 유역을 살폈다.

"여기보다 서쪽 바닷가가 도읍으로 삼기에 더 좋을 것 같습니다, 어머님."

비류가 소서노에게 말했다.

"이 강 하류의 땅은 북쪽으로 한수漢水를 띠처럼 끼고 있고, 동쪽으로 높은 산을 의지하였으며, 남쪽으로 비옥한 벌판을 바라보고, 서쪽으로는 큰 바다에 막혔으니 이렇게 하늘이 내려준 험준함과 지세의 이점을 얻기는 좀처럼 쉬운 일이 아닙니다. 그곳에 도읍을 세우는 것이 또한 좋지 않겠습니까?"

십제열 명의 신하가 반대했다. 소서노는 난처한 입장에 빠졌다.

"네가 미추홀을 도읍으로 삼으려는 것은 옳지 않다. 십제는 많은 경험이 있으니 여기가 좋은 땅이라는 것을 알고 있다. 그러니 여기에 도읍을 건설하고 나라를 세우도록 하자."

소서노가 비류를 설득했으나 듣지 않고 자신을 따르는 무리를 이끌고 미추홀로 떠났다. 온조는 강 남쪽 위례성에 도읍을 정하고 열 명의 신하들과 나라를 세우고 국호를 십제^{十濟}라 정했다.

비류는 미추홀에 나라를 세웠으나 성공하지 못했다. 미추홀은 지금의 인천 지역으로 평야 지대였으나 당시는 땅이 비옥하지 못했다.

비류가 떠나자 소서노는 온조와 함께 백제의 기틀을 잡는 데 전력을 기울였다. 낯선 망명객 주몽과 함께 고구려를 건국했던 그녀의

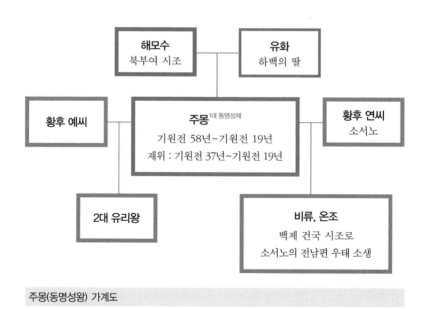

주몽(동명성왕) 가계도

경험과 능력은 백제 창업에도 유감없이 발휘되었다. 한강 유역을 도읍지로 정한 그녀의 판단은 미추홀을 선택한 비류가 '습하고 물이 짜서 백성이 편하게 살 수 없다'고 후회했다는 사실에서도 탁월함이 입증된다.

"왕모^{王母}가 61세에 세상을 떠났다."

그나마 《삼국사기》에 온조 왕조 13년^{기원전 6년}으로 소서노의 죽음이 기록되어 있다. 《삼국사기》에 왕모의 죽음에 대한 기록이 희소하다는 점이 소서노의 위상을 짐작케 해 준다. 비록 고구려를 창업한 공은 남편 주몽에게, 백제 창업의 공은 아들 온조에게 돌아갔으나 두 나라를 건국할 때 소서노의 역할은 결정적이었다. 남성 중심의 역사관 때문에 그녀의 이름은 역사서에서 점차 지워져 그 편린밖에 남아 있지 않을 뿐이다.

비류왕의 아버지 우태는 북부여왕^{北夫餘王} 해부루의 서손^{庶孫}이었고, 어머니는 소서노로 졸본^{卒本} 사람 연타발의 딸이었다. 처음에 우태에게 시집가서 아들 둘을 낳았는데 큰아들은 비류라 하였고, 둘째는 온조라 하였다. 우태가 죽자 졸본에서 과부로 지냈다. 뒤에 주몽이 부여에서 용납되지 못하자 남쪽으로 도망하여 졸본에 이르러 도읍을 세우고 국호를 고구려라고 하였으며, 소서노를 맞아들여 왕비로 삼았다. 주몽은 그녀가 나라를 창업하는 데 큰 도움을 주었기 때문에 총애하고 대접하는 것이 특히 후하였고, 비류 등을 자기 자식처럼 대하였다. 주몽이 부여에 있을 때 예씨에게서 낳은 아들 유류가 오자 그를 태자로 삼았고,

왕위를 잇기에 이르렀다. 이에 비류가 아우와 함께 무리를 이끌고 패수浿水와 대수帶水를 건너 미추홀에 와서 살았다고 한다.

《삼국사기》〈백제본기〉

《삼국사기》〈백제본기〉는 이설異說로써 그녀의 이름을 전하고 있다. 소서노가 백제 건국에도 지대한 공을 세웠다는 것을 이 기록에서도 알 수 있다.

비류는 미추홀에서 실패하고 위례慰禮로 돌아왔다. 온조는 십제와 함께 나라를 잘 이끌어 도읍이 안정되고 백성들이 평안했다.

"어머니의 말씀을 따르지 않은 내가 부끄럽구나."

비류는 자신의 잘못을 후회하다가 죽었다. 그를 따르던 신하와 백성은 모두 백제에 귀부歸附했다. 백제의 본래 국호는 십제였으나, 백성들이 즐겨 따랐다고 하여 후에 백제百濟로 바꾼 것이다.

5장

궁중의 사생활
재발견

"아버님, 우리
저 아이를 데려가요."
- 인현왕후의 비밀

요즘 〈해치(2019)〉라는 드라마에서 젊은 영조의 모습을 그려 화제가 되고 있다. 숙종시대 궁중 암투의 주인공이던 인현왕후 민씨와 희빈 장옥정의 뒤에는 드라마 〈동이(2010)〉에도 등장하는 숙빈 최씨가 있는데 그녀는 영조의 모후이다. 그녀의 이름은 최복순, 아버지는 최효원이다.

전라남도 담양군 월산면 용흥리에 소재하는 용흥사의 사적에는 숙빈 최씨의 이름은 복순으로 전염병^{장티푸스}에 걸린 가족과 함께 절로 피신해 온 것으로 되어 있다. 부모는 전염병으로 죽고 그녀는 산신령의 인도를 받아 나주목사를 우연히 만나게 되고, 나주목사 부인의 소개로 인현왕후의 여종이 되었다는 것이다. 또 숙빈 최씨는 야사에 무수리 출신, 또는 인현왕후의 여종이라고 기록되어 있는데 어느 정도는 맞는 것으로 추정된다.

숙종시대는 남인과 서인의 대립이 치열했고, 숙종은 교묘하게 이들을 이용하여 자신의 정치적 입지를 강화해 왔다. 조선 후기에 이르면 정적을 몰아내는 수단으로 자주 천주교를 탄압하는데, 숙종은 기이하게 자신의 부인들을 이용하는 것도 서슴지 않았다.

서인들이 몰락할 때는 인현왕후가 폐비되고 남인이 득세했다. 인현왕후가 복위할 때는 서인이 다시 득세하고 남인이 몰락했다. 이 와중에서 숙종의 후궁인 남인 오정창의 딸 곤빈, 서인 김수항의 손녀딸 김씨도 사가로 쫓겨나 역사에 제대로 기록되지 못했다. 오정창은 남인의 영수 격으로 딸들이 장안을 떠들썩하게 할 정도로 미인이었다. 그중 언니는 숙종의 후궁이 되었고 동생은 한림 정한주에게 시집갔는데 혼례를 마치고 정한주의 할아버지 정약에게 인사를 올렸다. 정약은 신부의 얼굴을 보고 너무나 아름다워 깜짝 놀랐다.

"손부가 우리 집의 재앙이 되겠구나. 여자의 미색이 지나치게 출중하면 경국지색이라 하여 나라를 망친다고 했는데 하물며 집안을 망치는 것은 손바닥 뒤집기보다 쉬울 것이다. 우리 집안이 장차 어떻게 되려고 저런 요물이 들어왔느냐? 당장 내쫓아라."

정약이 신부를 노려보며 고함을 질렀다 한다. 조선시대는 성리학의 영향을 받아 여인의 아름다움色을 멀리하는 것이 선비의 자랑이었다. 정한주의 처는 단지 아름답다는 이유만으로 시집에서 구박을 받게 된 것이다. 결국 여러 해가 지나 정한주의 집에서 내쫓긴 채 자살하고 만다. 소박당한 그녀를 남편인 정한주가 도와주지 않아 죽을 때 원망이 깊었다고 한다. 정한주는 벼슬이 한림학사에 이르렀으나 더는 출세하지 못하고 일찍 죽었는데 이는 부인의 원한이 깊었기 때문이라고 호사가들이 전한다.

장희빈, 즉 장옥정은 역관 출신인 장형의 딸로 그 어머니가 남인 조사석의 여종 출신이었기 때문에 비천하다는 말을 들었다. 그러나 그녀의 당숙인 장현은 국부國富라고 불릴 정도로 부자였다. 숙종시대는 상인들이 정치 자금을 대면서 이권을 얻으려고 했다. 숭선군崇善君 이징의 아내 신씨는 장옥정을 기화奇貨, 기이한 보물로 여겨 자주 그 집에 불러들여 보살펴주었다.

《조선왕조실록》의 기록에 의하면 장희빈은 뛰어난 미인이고 교태가 출중한 여인이었다. 정한주의 처 오씨는 아름다워서 비극적인 일생을 살았으나 장옥정은 아름다워서 출세하게 된다.

여흥 민씨 민유중의 딸인 인현왕후는 한양의 감고당感古堂, 지금의 덕성여고 자리에서 태어났다. 그녀는 명문가 규수로 인품이 훌륭하고 정숙한 여인이었다. 야사에 의하면 그녀가 어릴 때 민유중은 영광군수로 발령을 받았다. 그는 어린 딸을 등에 업고 영광으로 가다가 태인면 거산리에 있는 대각교에서 남루한 옷차림을 한 숙빈 최씨를 발견했다. 그녀는 전염병으로 부모를 잃고 방황하다가 대각교까지 오게 된 것이다.

"아버님, 우리 저 아이를 데려가요."

심성이 고운 인현왕후는 남루한 숙빈 최씨에게 먹을 것을 나누어주며 이같이 말했다.

"저 아이는 왜 데려가느냐?"

"그냥 두면 굶어 죽을 거예요. 데려가서 음식을 먹이고 돌봐 줘요."

최씨는 인현왕후에게 구원을 받고 그녀의 여종이 되었다. 최씨가 이때 인현왕후에게 구원받지 못했다면 그녀는 굶어 죽었을 것이고 영조는 태어나지 못했을 것이다. 민유중이 임기가 끝나 한양으로

중전까지 올랐다 희빈으로 다시 강등된 장옥정의 묘

올라올 때 인현왕후와 최씨도 함께 올라왔다.

　인현왕후가 열여섯 살이 되었을 때 천연두가 전국을 휩쓸었다. 천연두는 임금이 있는 대궐까지 침범하여 숙종의 첫 번째 왕비인 인경왕후가 병에 걸렸다. 인경왕후는 때마침 만삭이었다. 그녀는 사경을 헤매고 있었으나 숙종은 전염이 두려워 궁궐을 옮겼다. 인경왕후는 결국 스물의 젊은 나이에 천연두를 앓다 세상을 떠났다. 인경왕후가 죽자 왕비이자 국모의 자리가 비게 되었다. 숙종은 전국에 간택령을 내리고 새로운 부인을 맞아들이는데 이때 선택된 여인이 병조판서 민유중의 딸인 인현왕후였다. 인현왕후는 여종 최씨를 데리고 대궐로 들어갔다.

숙종은 이때 이미 장옥정을 사랑하고 있었다. 장옥정은 권모술수에 능했다. 인경왕후가 살아 있을 때도 여러 차례 모함하다가 숙종의 어머니인 명성왕후의 미움을 받고 사가로 쫓겨나기도 했다. 인현왕후는 숙종이 장옥정을 몹시 사랑한다는 사실을 알고 그녀를 다시 대궐로 불러들이려고 했다.

"임금의 은총을 입은 궁녀가 오랫동안 민간에 머물러 있는 것은 사체事體, 사리와 체면가 지극히 미안하니 다시 불러들이는 것이 마땅할 듯합니다."

인현왕후가 대비인 명성왕후에게 아뢰었다.

"중전이 그 사람을 아직 보지 못하였기 때문이오. 그 사람은 매우 간사하고 악독하오. 주상은 평일에도 희로喜怒의 감정이 느닷없이 일어나시는데, 만약 꾐을 받게 되면 국가의 화가 됨은 말로 다할 수 없을 것이니, 내전은 후일에도 마땅히 나의 말을 명심해야 할 것이오."

명성왕후가 반대했다.

"어찌 아직 일어나지도 않은 일을 미리 헤아려 국가의 사체를 돌아보지 않으십니까?"

인현왕후가 권했으나 명성왕후는 끝내 허락하지 않았다. 그러나 명성왕후가 죽자 숙종은 장옥정을 다시 대궐로 불러들였다. 그들의 사랑은 맹렬하게 타올랐다. 장옥정은 대궐에 들어온 지 얼마 지나지 않아 회임하고 아들을 낳았다. 그동안 아들이 없었던 숙종은 옥정이 아들을 낳은 지 얼마 지나지 않아 시원임 대신時原任 大臣, 전현직 대신에게 대궐로 입시하라는 영을 내렸다.

"국본國本, 세자을 정하지 않아 민심이 매인 곳이 없다. 만약 서뜻 결단하지 않고 머뭇거리며 관망만 하고, 감히 이의를 제기하는 자가 있다면 벼슬을 내놓고 물러가라."

숙종은 자신의 뜻에 반대하려면 벼슬을 내놓으라고 못을 박았다. 장옥정의 아들을 원자로 세우는 데 반대하지 말라는 협박이었다.

"전하께서 오래도록 자손의 경사가 없으시다가 지난해에 후궁이 비로소 왕자를 낳았는데 어찌 관망하는 사람이 있겠습니까?"

김수흥이 떨리는 목소리로 간신히 대답했다.

"오늘 여러 대신에게 묻는 것은 바로 왕자의 명호名號, 왕자의 호칭를 정하려는 일이다."

"전하께서 하문하심이 의외의 일에 미쳤으니 신은 대답할 바를 알지 못하겠습니다. 하지만 중궁께서 춘추가 아직 한창이시고 다른 날의 일을 알 수 없으니, 갑자기 이런 일을 의논하는 것은 어찌 너무 급하지 않겠습니까? 신은 물러가기는 하겠습니다만 말하지 않을 수가 없습니다."

이조판서 남용익은 인현왕후의 나이가 젊은데 벌써 왕자의 명호를 정하는 것은 옳지 않으므로 전하의 뜻에 반대하며 벼슬을 내놓고 물러가겠다고 말했다. 대신들은 한결같이 인현왕후의 춘추가 한창이라 아들을 낳을 수 있으니 명호를 정하는 것은 너무 빠르다고 주장했다.

"전하께서도 춘추가 한창이시고 왕자께서 탄생하신 지 겨우 두어 달밖에 되지 않았는데, 어찌 이처럼 서둘러 명호를 정하려 하십니까? 이제 대사大事를 물으시면서 벼슬의 진퇴進退를 가지고 아랫사람들을 위협하려고 하시니, 전하께서 아랫사람을 대접함이 또한 너무 박하십니다."

최규서 또한 벼슬로 신하들을 위협하는 것은 야박하다고 아뢰었다.

"옛말에 이르기를 '불효에 세 가지가 있는데 후사가 없는 것이 가장 큰 불효'라고 하였다. 내 나이 거의 서른이 되도록 아들이 없어 밤낮으로 근심하고 두려워하다가 이제야 비로소 왕자를 낳아 명호를 정하려 하는데 어찌 빠르다고 하겠느냐?"

숙종이 다시 영을 내렸으나 대신들이 여전히 반대했다.

"왕자의 명호를 정하는 것은 나라의 큰일이라 창졸간에 결정할 수 없습니다."

남용익이 완강하게 반대했다.

"대계는 이미 정해졌다."

"신은 결코 영을 받들 수가 없습니다."

남용익이 필사적으로 반대했다.

"신하가 어찌 임금의 영을 이토록 거역하는가? 이는 필시 다른 마음이 있는 것이니 끌어내라."

숙종은 남용익을 어전에서 축출하고 엄중하게 조사하라는 영을 내렸다. 서인들의 얼굴은 사색이 되었다. 숙종은 대신들을 물러가게 하고 장옥정이 낳은 왕자를 원자에 책봉한 후 종묘에 고했다. 이때 유림의 원로 송시열이 충청도 회덕에 은거해 있다가 원자 정호를 반대하는 상소를 올렸다.

"일전에 여러 신하와 원자의 명호를 정한 것은 종사의 큰 계책이었다. 그리하여 명호가 이미 정해졌는데 송시열이 상소를 올려 '송*

의 천종은 열 살이 되도록 번왕^{藩王}으로 있었다'고 하여, 은연중에 오늘날의 일을 너무 이르다고 하였다. 송시열이 이와 같이 말한 것은 무슨 뜻이냐?"

숙종이 대로해 대신들에게 물었다. 서인 대신들은 당황해 대답하지 못했다.

"송시열의 뜻은 비록 다른 것이 없더라도 말은 망발한 것입니다."

남인 이현기와 윤빈이 송시열을 비난했다.

"유림의 영수이면서도 그 말이 이와 같으니 논의가 장차 분분해질 것이다."

숙종은 송시열의 위치 때문에 조정이 혼란에 빠질 것이라 말했다. 송시열은 유림의 원로로 영의정 김수흥을 비롯하여 수많은 문인을 제자로 거느리고 있었다. 숙종은 송시열을 삭탈관직하고 문외 출송하라는 영을 내리고 나서 서인 정권을 숙청하기 시작했다. 서인 대신들이 줄줄이 파직되고 권대운, 김덕원, 목래선, 여성제와 같은 남인 대신들이 발탁되었다. 정권을 잡은 남인들은 서인에 대한 복수에 나섰다.

남인들의 정치 보복은 잔인했다. 김수흥, 김수항, 홍치상 등 서인 대신 18명이 사약을 받아 죽고 50여 명이 유배를 갔으며, 대부분의 서인이 파직을 당하거나 삭탈관직을 당했다.

숙종은 송시열을 제주도로 유배 보냈다가 남인들이 상소를 올리자 그를 국문하라는 영을 내렸다. 송시열이 제주도에서 정읍으로 올라오자 수많은 유림 인사가 몰려들었다. 숙종과 남인은 83세 노인인 송시열을 국문하는 것에 부담을 느끼고 그에게 사약을 내렸다. 수많은 유림 인사가 그가 사약을 받는 모습을 지켜보면서 눈물을 흘렸다. 서인의 몰락은 인현왕후에게까지 영향을 주었다. 숙종이 인현왕후를 폐위하겠다고 선언한 것이다.

내 나이 서른에 비로소 원자를 두었으니 이것은 종묘사직의 무한한 복이다. 진실로 어진 중전이라면 경사스럽게 여기는 마음과 돌보고 아끼는 정이 자기가 낳은 자식과 다름이 없어야 한다. 그러나 중전이 하는 바는 이와 전혀 다르다. 이러한 사람이 하루인들 일국의 국모로 군림할 수 있겠는가? 나의 이번 조치는 만부득이한 데서 나온 것이다. 경들이 나의 말을 믿을 수 없다고 한다면 내가 망언한 책임을 감수할 것이다. 그러나 그것이 사실인데도 중전을 위하여 절의를 세우려 한다면, 내가 무슨 면목으로 다시 여러 신하 위에 군림할 수 있겠는가? 과인을 국부로 섬김으로써 스스로 수치를 더하지 말기 바란다.

《조선왕조실록》

숙종이 인현왕후를 폐위하겠다면서 한 말이다. 인현왕후의 죄가 뚜렷이 명시되지 않은 것으로 보아 억지로 쫓아내려는 것을 알 수 있다. 《조선왕조실록》의 기록으로 보면 장옥정은 숙종에게 자주 교태를 부렸다. 심지어 궁중 법도가 엄중한 대궐에서 숙종에게 '나 잡아 봐라' 하고 뛰어다니다가 인현왕후를 만나자 뒤에 숨으면서 "중전마마, 살려주세요"라고 희롱하기도 했다. 이에 인현왕후가 장옥정을 불러 회초리로 종아리를 때렸다. 장옥정은 앙심을 품고 인현왕후를 모함했다.

장옥정은 아들을 낳자 자신이 왕비가 되려고 했다. 숙종은 장옥정을 왕비에 앉히려고 인현왕후를 내쫓기로 한 것이다. 인현왕후는 사람들이 위로하자 "나의 죄이거늘 어떻게 하겠는가? 전하께서 폐출시켜도 어쩔 수 없다"라고 처연하게 말했다. 그런데 이 말이 숙종에게 들어가 꼬투리가 되었다.

"어제가 중전의 생일이었으나 문안을 받지 말라고 했다. 그렇게 했으면 당연히 송구스러워해야 하는데, 끝내 스스로 반성하지 않은 채 문득 성난 말로 '진실로 나의 죄이다. 어찌할 것인가? 폐출시키려거든 폐출시키라' 하였다. 그의 마음이 이러한데 어떻게 감화되기를 바랄 수 있겠는가?"

숙종은 인현왕후가 서인 계열의 후궁 김씨를 폐출할 때 동정을 베풀었다고 비난했다. 인현왕후는 결국 폐출되어 사가인 감고당으로 돌아왔다. 이후 6년 동안이나 감고당에서 죄인처럼 살았다. 사람들과의 왕래를 철저하게 금하고 얼굴도 단장하지 않았다. 어쩌다가 친정 사람들이 들여다보면 잡초가 한 길이 넘게 자라 있고 인현왕후는 수척하게 말라 있었다고 한다.

그러나 여러 해가 지나자 숙종은 자신이 장옥정을 총애하여 인현왕후를 몰아내고 왕비에 책봉한 것을 후회했다. 이때 숙빈 최씨가 인현왕후가 무고하다고 숙종에게 아뢰었다. 숙빈 최씨는 왕비인 장옥정과 직접 싸우지 않고 인현왕후를 내세우기로 한 것이다. 이에 숙종은 인현왕후를 복위시키고 장옥정을 희빈으로 강등했다.

장옥정은 자신이 왕비의 자리에서 내쫓긴 것이 인현왕후 탓이라 여겨 그녀를 증오했다. 대궐에 신당을 차리고 왕비를 저주했다. 인현왕후는 그 탓인지 복위된 지 얼마 지나지 않아 죽는다.

"내가 복위한 뒤 조정의 의논이 세자의 사친^{私親, 장희빈}을 봉공하는 등의 절목을 운위하면서, '마땅히 여러 후궁들과는 차별이 있어야 한다'고 하였는데, 이때부터 궁중의 사람들이 모두 다 희빈에게로 기울어졌다. 궁중의 구법^{舊法}에 의한다면 빈어에 속한 시녀들은 감히 대내^{大內} 근처에 드나들 수가 없는데, 후궁에 속한 것들이 항상 나의 침전^{寢殿}에 왕래하였으며, 심지어 창^窓에 구멍을 뚫고 안을 엿보는 짓을 하기까지 하였다. 그러나 침전의 시녀들이 감히 꾸짖어 금하지 못하였으니, 일이 너무나도 한심했지만 어찌할 수가 없었다. 지금 나의 병 증세가 지극히 이상한데, 사람들이 모두 말하기를 '반드시 빌미가 있다'고 한다. 궁인 시영^{時英}이란 자에게 의심스러운 자취가 많이 있고, 또한 겉으로 드러난 사건도 없지 아니하였으나, 어떤 사람이 주상께 감히 아뢰어 주상으로 하여금 이것을 알게 하겠는가? 다만 나는 갖은 고초를 받았으나, 지금 병이 난 두 해 사이에 소원은 오직 빨리 죽는 데 있으나, 여전히 다시 더하기도 하고 덜하기도 하여 이처럼 병이 낫지 아니하니, 괴롭다."

인현왕후는 죽기 전에 오빠 민진후가 문안을 올리자 장희빈을 저주하며 눈물을 줄줄 흘렸다. 인현왕후의 죽음을 계기로 장희빈 또한 사약을 받고 죽음을 당한다.

숙빈 최씨가 평상시에 왕비가 베푼 은혜를 추모하여, 통곡하는 마음을 이기지 못하고 임금에게 몰래 고^告하였다.

실록의 기록이다. 서인과 남인의 치열한 당쟁, 인현왕후와 장희빈의 섬뜩한 궁중 암투는 결국 두 여인 모두를 비참한 죽음으로 내몰았다. 그러나 숙빈 최씨는 세상의 비난에서 벗어났을 뿐 아니라 아들 영조가 왕이 되어 보위에 오르기까지 한다. 결국 최후의 승자는 숙빈이었던 것이다.

숙빈 최씨에 대해서는 앞서 이야기한 것을 포함해 여러 설이 있다. 한 번 더 부연하자면, 인현왕후가 어릴 때 그 부친인 민유중이 영광군수가 되어 한양으로 부임하게 된 겨울, 정읍 태인면의 대각교라는 다리에 이르렀다. 그때 가마에 타고 있던 부인 송씨와 딸 민규수가 너무 오랫동안 가마를 타서 어지럽다고 호소했다.

"다리에 굶주린 거지가 있습니다."

하인이 민유중에게 고했다. 민유중은 설원으로 변한 들판을 감상하고 있었고 부인 송씨와 민 규수는 사방을 둘러보며 맑은 공기를 쐬고 있었다.

"먹을 것을 좀 주어라. 이런 날에 먹을 것이 없으면 얼어 죽는다."

민유중이 눈살을 찌푸리면서 말했다. 하인들이 어린 최씨에게 음식을 가져다주자, 최씨는 며칠 동안 굶주렸는지 음식을 허겁지겁 먹기 시작했다. 찬바람을 쐬던 민 규수와 송씨가 최씨를 보고 측은하게 여겼다.

"내가 이 아이를 데리고 갈래요."

민 규수가 어린 최씨를 보고 말했다. 민유중이 허락해 거리에서 굶어 죽을 위기에 처해 있던 최씨는 구원을 받았다. 최씨는 그렇게 하여 민 규수를 따라 영광군으로 갔다. 민유중은 영광군에서 군수

보물 제1535호 〈숙빈 최씨 소령원도〉 | 숙빈 최씨의 아들 영조

를 지내고 다시 한양으로 올라왔다. 최씨도 한양으로 올라왔다. 민규수는 최씨를 자매처럼 돌봐주었고 훗날 그녀가 숙종의 계비가 되자 대궐로 함께 들어오게 되었다.

또 하나의 설은 태인 지역 일대에서 전해져 오는 이야기다. 그러나 이 야사는 조금 문제가 있는 것으로 보인다. 이인좌가 난을 일으켰을 때 민간에는 김춘택이 귀양을 가다가 태인에서 걸인이었던 숙빈 최씨를 종으로 거두어들여 한양으로 올라온 뒤에 간음하다가 임신하자 대궐로 들여보내 숙종의 총애를 받게 했다는 이야기가 나돌았다. 이 이야기가 사실이라면 영조는 숙종의 아들이 아니라 김춘택의 아들이어서 임금이 될 수 없는 신분이므로 이인좌는 이 소문

312

을 정중 독살설과 함께 기병의 명분으로 삼은 것이다. 하지만 모두 소론의 과격파가 퍼트린 유언비어에 지나지 않고 숙빈 최씨는 한양의 여경방余慶坊에 살았다 한다.

영조는 임금이 되었을 때 숙빈 최씨의 생가를 자주 방문했다. 임금이 추모동追慕洞에 거둥하여 비각碑閣을 살피고 여경방의 사제私第를 두루 들렀다. 동洞은 곧 인현왕후가 탄강誕降한 옛터이고, 방坊은 곧 숙빈 최씨가 강생降生한 옛집이었다.

《조선왕조실록》

인현왕후는 추모동에서 태어났고 숙빈 최씨는 여경방에서 태어났다. 추모동과 여경방은 모두 경복궁 바로 이웃이다. 최씨가 걸인이 되어 태인면 일대를 떠돌았다면 고아였으므로 부모와 형제들은 존재할 수 없다. 그러므로 인현왕후와의 인연은 최씨가 같은 동네에서 가난하게 살았기 때문에 그녀를 따라 궁녀로 들어갔다고 보는 쪽이 더 설득력 있다.

"비가 누구와
관계하였더냐?"

– 공민왕의 비밀

〈쌍화점(2008)〉이라는 영화가 개봉돼 화제가 된 적 있다. 이 영화는 뜻밖에 공민왕이 동성애자라는 설정을 바탕으로 하고 있었다.

공민왕의 재위 기간은 오랫동안 원나라의 지배를 받던 고려가 동북아시아의 정세 변화로 해방이 되던 시기였다. 중국에서 주원장이 명나라를 건국하여 원나라는 초원으로 쫓겨 가고 있었다. 기나긴 대몽 항쟁 기간을 거쳐 원나라의 속국이 된 고려는 그동안 왕의 시호에 충忠자를 넣어서 원나라에 충성하고 원나라 공주와 혼인하며 굴욕의 시대를 보냈다. 원나라에 조공을 보냄은 물론 극심한 내정 간섭을 받았다. 그러다 원나라가 기울면서 고려는 31대 공민왕을 중심으로 쌍성총관부를 수복하는 등 반원 정책을 단행했다.

그런데 개혁주의자인 공민왕이 느닷없이 혼음한 짓을 저지르기 시작했다. 1372년, 공민왕은 즉위한 지 21년이 되자 자제위子弟衛를 설치했다.

겨울 10월에 자제위를 설치하여, 나이 어리고 얼굴이 아름다운 자를 뽑아서 여기에 소속시키고, 대언代言 김흥경에게 맡게 하였다. 홍륜 · 한안 · 권진 · 홍관 · 노선 등이 음란함으로써 왕의 사랑을 얻어 항상 침실에서 모시었다.

《고려사》

공민왕에게는 아들이 없었기 때문에 이들을 자신의 네 부인과 간통하게 해 아들을 얻으려고 했다. 공민왕은 이들에게 자신의 부인과 간통하라는 영을 내렸다.

"폐하, 어찌 이런 망극한 영을 내리십니까?"

홍륜 등은 경악해 사색이 되었다. 공민왕의 요구는 터무니없는 것이었는데, 이 무렵 공민왕은 거의 미치광이 같은 작태를 보였다.

"너희들이 내 말을 듣지 않으면 모조리 참수할 것이다."

공민왕이 술에 취해 눈을 부릅뜨고 호통을 쳤다. 홍륜 등은 공포에 질려 왕의 명령에 복종하겠다고 대답했다.

"천하에 이런 일이 있습니까? 첩은 죽어도 영을 따를 수 없습니다."

공민왕의 부인인 정비, 혜비, 신비는 얼굴이 하얗게 변해 명을 따르지 못하겠노라고 말했다. 일국의 왕이 그런 명령을 내린다는 것은 상상도 할 수 없는 일이었다. 공민왕은 화를 벌컥 내고 이들을 쫓아 버린 뒤에 익비를 침전으로 불렀다.

"네가 나의 영을 따르겠느냐?"

공민왕이 익비에게 물었다.

"어찌 감히 폐하의 영을 따르지 않겠습니까? 첩은 폐하의 여자입니다."

익비가 다소곳이 고개를 숙이고 아뢰었다.

"그렇다면 홍륜과 침전에서 동침하라. 네가 아들을 낳으면 나의 왕자로 삼을 것이다."

"폐하!"

익비의 얼굴도 하얗게 변했다. 그녀는 공민왕이 황음한 짓을 자주 저지르는 것은 알고 있었으나 이 정도일 줄은 생각조차 못했다. 그녀는 공포에 질린 눈으로 공민왕을 쳐다보았다.

"명을 따르겠느냐? 죽겠느냐?"

공민왕이 살기를 뿜으면서 위협했다. 익비는 어쩔 수 없이 명을 따르겠노라고 대답했다.

왕이 대를 이을 아들이 없음을 걱정하여 홍륜과 한안의 무리로 하여금 여러 비와 강제로 관계시켜서 사내아이를 낳게 하여 자기 아들로 삼으려 하였다. 정비, 혜비, 신비 세 비는 죽음으로 항거하고 따르지 않았다.

《고려사절요》

"인도가 없어졌으니 다시 무엇을 말하겠는가. 더구나 왕이 형벌을 주고 은전을 베풀어 벼슬을 주기도 하고 빼앗기도 하는 모든 일을 항상 여러 소인과 의논하고, 군자와는 의논하지 않으니, 오늘날

공민왕과 원나라 노국공주의 영정

의 사세는 매우 위태하다.”

조선왕조의 개국 공신인 조준이 탄식했다. 조준을 비롯하여 많은
대신이 공민왕을 비난했다. 공민왕은 정사를 신돈에게 맡긴 채 황
음한 짓만 저질렀다. 왕이 폭정을 일삼고 있을 때 왜구와 홍건적, 여
진까지 침입하니, 말 그대로 내우에 이어 외환이 겹쳐 고려 사회가

어지러워지고 백성들은 고통스러운 삶을 살았다.

　　왕은 항상 스스로 분장하여 부인의 모양을 하고, 먼저 연소한
　　궁녀를 방 안에 들여 보자기로 그 얼굴을 덮고는 김흥경과 홍륜
　　등의 무리를 불러 난행하게 하고, 왕은 옆방에서 구멍으로 들여
　　다보다가 마음이 동하면 곧 홍륜의 무리를 데리고 침실로 들어
　　가 자기에게 음행하게 유도하되 남녀 간에 하듯이 하여 번갈아
　　수십 명을 치르고야 그치곤 하였다. 이로 말미암아 아침 늦게 일
　　어나며 혹 뜻에 맞으면 헤아릴 수 없이 많은 상을 내렸다.

《동사강목東史綱目》

조선 후기 학자 안정복의 《동사강목》에서는 《고려사》의 기록을
빌려 공민왕이 자제위 소년들과 궁녀들을 간음하게 하고 자기에게
음행을 유도한 뒤에 '남녀 간에 하듯이 수십 명을 치르고야……'라
는 사실史實을 기록하면서 이는 문리가 이루어지지 않아 무슨 말인지
알 수 없어서 《고려사》의 찬술을 믿을 수 없다고 주장했다.
　안정복이 기록을 이해하지 못하여 그런 말을 한 것인가. 안정복은
동성애를 도저히 이해할 수 없었던 것이다. 그러나 이 기록으로 말
미암아 공민왕이 동성애자라는 사실이 설득력을 갖게 되었다.
　홍륜 등과 간통한 익비가 마침내 임신했다.
　"신이 익비전에 가니 익비께서 임신한 지 벌써 5개월이 되었다고
말씀하였습니다."
　내시 최만생이 왕을 따라 변소에 가서 은밀하게 고했다.
　"내가 일찍이 영전影殿을 부탁할 곳이 없음을 걱정하였는데 익비가

이미 임신하였다니 내 무슨 근심이 있으랴."

공민왕은 크게 기뻐했다.

"비가 누구와 관계하였다더냐?"

한참 동안 생각에 잠겨 있던 공민왕이 최만생에게 물었다.

"익비께서 홍륜이라고 말씀하셨습니다."

"내일 창릉^{昌陵}을 배알하고 거짓으로 술주정을 부려 홍륜의 무리를 죽여 입을 막을 것이다. 너도 이 모책^{謀策}을 알고 있으니 역시 죽음을 면치 못할 것이다."

공민왕의 말에 최만생이 몸을 부르르 떨었다.

"대신 내가 너의 가족은 잘 돌보아 주겠다."

최만생은 공민왕을 두려워하여 홍륜 등에게 달려가 그와 같은 사실을 알렸다. 홍륜 등도 크게 놀라 공민왕을 시해하기로 모의하고, 이날 밤 삼경에 침전으로 숨어들었다. 그들은 왕이 잠에 취한 틈을 노려 최만생이 먼저 칼을 들어 찌르고 홍륜의 무리가 다투어 공민왕을 난도질해 시해했다.

왕이 왕위에 오르지 않았을 적에는, 총명하고 인후하여 백성의 마음이 모두 그에게 쏠렸었다. 왕위에 올라 정성을 다하여 정치에 힘쓰므로, 조정과 민간에서 크게 기뻐하여 태평 시대가 오기를 기대하였는데, 노국공주^{魯國公主}가 세상을 떠난 후로는 지나치게 슬퍼하여 본심을 잃고, 신돈에게 정사를 맡겨 공신과 현인을 내쫓고 죽이며, 토목의 역사를 크게 일으켜 백성의 원망을 사고, 못된 젊은 아이들을 가까이 하여 음란한 행동을 방자히 하며, 무시로 술주정을 부리며 측근 신하를 구타하였고, 또 후사가

없음을 걱정하여 다른 사람의 아들을 데려다가 책봉하여 대군^大
^君으로 삼았다. 외인이 이를 믿지 않을까 염려하여 비밀히 폐신^嬖
^臣으로 하여금 후궁과 관계하여 더럽히게 하였으며, 후궁이 임신
하게 되자 관계한 그 사람을 죽여서 입을 막으려고 하였으니, 패
란^{悖亂}함이 이와 같고도 화를 면하고자 한들 되겠는가.

《고려사절요》

　공민왕은 이렇게 내시와 자제위 소년들에게 시해되고 고려는 신
돈의 아들인지 공민왕의 아들인지 분명하지 않은 우왕이 즉위하면
서 왕조 멸망의 길을 재촉하게 되었다.

　백관이 거리에서 왕을 시해한 최만생과 홍륜의 사지^{四肢}를 수레에
매고 끌어 당겨서 찢어 죽이고, 한안, 권진, 홍관, 노선과 그들의 여
러 아들을 목 베어 머리를 매달고, 가산을 적몰하고, 처와 첩들은 나
누어 관비로 삼았다.

　고려의 멸망은 공민왕을 비롯한 여러 왕의 폭정에서 시작되었다.
왕이 폭정을 일삼자 대신들과 귀족들도 백성을 수탈했고, 고려 백
성들은 피폐한 삶을 살았다. 수많은 백성이 굶주려 죽거나 외적의
침략으로 죽어 사회가 어지러웠다. 결국 고려는 500년 왕업을 이성
계에게 빼앗긴다. 지도자들이 덕을 잃으면 사회가 어지러워지고, 사
회가 어지러워지면 나라의 멸망으로 이어진다는 것을 방증하는 것
이다.

"내가 마땅히 너를 왕후로 삼겠다."

– 왕실 근친혼의 비밀

역 사는 계속되고 왕조는 흥망성쇠를 되풀이한다. 중국은 하나라와 은나라 왕조가 500년 가까이 명맥을 이었으나 나머지 왕조는 대부분 200~300년을 버티지 못하고 바뀌었다. 그러나 고구려, 백제를 비롯하여 신라는 500년을 훨씬 넘어서까지 존속했다. 백제는 서기 660년에 멸망하고 고구려는 668년에 신라와 당나라의 연합군에 멸망한다.

신라는 거의 천 년을 존속했다. 삼국을 통일한 신라는 통일 이후에도 수백 년 동안 번영을 누렸다. 그러나 신라 말기에 이르자 조정이 부패하고 귀족들과 권력자들이 부패하면서 백성을 수탈하게 되었다. 신라의 도성 서라벌은 금입택(金入宅)이라고 하여 금으로 집을 칠하고 숯불로 밥을 해 먹을 정도로 사치가 극에 달했다. 도성이 사치와 향락으로 세월을 보낼 때 백성은 흉년과 질병으로 죽어 갔다.

신라 화랑들의 이야기를 다룬 김대문의 《화랑세기》 필사본에는 신라에 유화柳花가 1만 명이나 있었다고 기록되어 있다. 유화는 대개 기생을 일컫는 말로 서라벌 전체가 향락에 물들어 있었다는 사실을 의미한다. 이에 대한 반발로 후삼국 시대가 열리고 태조 왕건이 후삼국을 통일해 고려를 건국했다.

> 휘諱는 건이며, 자字는 약천이요, 성은 왕씨이다. 한주漢州 송악군松嶽郡 사람으로 금성태수 융의 맏아들이며, 어머니는 한씨이다. 당나라 희종 건부 4년, 신라 헌강왕 3년 정유(877) 정월 14일 병술에 태조를 송악 남쪽 사제私第에서 낳으니, 신비한 광채와 자줏빛 기운이 종일토록 방 안에 비치고 뜰에 가득히 서리고 둘러 있었는데 형상이 마치 교룡蛟龍과 같았다. 어려서부터 총명했으며, 용모는 용안龍顔과 일각日角이며 턱이 풍만하고 이마가 넓었다. 기우氣宇와 도량이 크고 깊었으며, 목소리가 우렁차면서도 컸고, 너그럽고 후하여 세상을 구제할 도량이 있었다. 왕위에 있은 지는 26년이고, 수壽는 67세였다.
>
> 《고려사절요》

태조 왕건은 고려를 효과적으로 다스리고자 여러 귀족이나 호족과 정략결혼을 했다. 그는 귀족의 딸을 부인으로 맞아들여 왕권을 공고히 하려 했다. 나주의 오씨, 청주의 유씨 등 공식적으로 기록에 남은 부인만 29명이나 되는데 대부분이 그 지방의 호족이었다.

고려는 건국 초기, 근친혼에 아무런 제약이 없었다. 왕조가 바뀔 때는 개혁적인 이념이 필요하지만, 고려는 신라의 불교를 그대로 받아들이면서 사회 풍속도 이어갔다. 조선이 건국되었을 때 불교를 배척하고 유학을 받든 것과는 전혀 다르다. 고려는 왕실의 적통을 지켜 나가기 위해 오히려 삼촌이나 사촌 관계의 결혼을 적극적으로 이용했다.

　고려의 2대 국왕은 혜종으로, 나주 출신 장화왕후 오씨의 아들이다. 왕건이 나주에 갔을 때 그녀와 동침했는데, 돗자리에 체외 사정을 하자 오씨가 재빨리 주워 담느라 얼굴에 돗자리 자국이 남았다는 전설의 주인공이다. 재위 기간이 불과 2년 7개월밖에 안 되었던 혜종이 죽자 왕건의 셋째 아들인 정종이 3대 왕으로 즉위했다. 왕건의 둘째 아들은 일찍 병으로 죽었다.
　정종은 강력한 호족인 충주 유씨가 외가였기 때문에 무력으로 왕위에 올라 견훤의 사위인 박영규의 딸이자 태조 왕건의 열일곱째 부인인 박씨의 두 동생을 왕비로 맞아들였다. 피는 섞이지 않았으

장군 시절의 태조 왕건과 장화왕후 오씨 부인을 형상화한 그림

나 서모의 동생들이니 이모인 셈이었다.

"대왕에게 우리 두 자매가 시집을 가라고요? 어떻게 그럴 수가 있어요?"

박영규의 두 딸은 아버지에게 항의했다.

"혼인하지 않겠다는 말이냐?"

박영규가 눈을 부릅뜨고 소리를 질렀다.

"그는 우리 조카예요. 우리에게 이모라고 불렀는데 어떻게 혼인해요?"

"너희가 대왕과 혼인하면 우리 일족이 더욱 귀해진다."

박영규가 단호하게 말했다. 결국 박영규의 두 딸은 가문을 위해 정종의 왕후가 될 수밖에 없었다.

태조 왕건의 넷째 아들인 광종도 근친혼을 했다. 첫째 왕비 대목왕후는 태조의 왕비인 신정왕후 황보씨의 딸로 광종의 이복누이다. 둘째 부인 경화궁 부인은 형 혜종의 딸로 조카가 된다.

고려의 5대 왕 경종의 첫째 왕비 헌숙왕후 김씨는 광종의 친누이 낙랑공주와 신라 경순왕 김부 사이에 태어나 경종과 고종사촌이다. 둘째 왕비 헌의왕후 유씨는 광종의 동생경종의 삼촌인 문원文元대왕의 딸로 경종과 친사촌이다. 셋째 왕비 헌애왕후 황보씨와 넷째 왕비 헌정왕후 황보씨는 자매 사이로, 경종 어머니 대목왕후의 동생인 대종戴宗, 경종 외삼촌의 딸이다. 경종과는 두 왕비가 모두 외사촌이다. 경종은 친사촌, 고종사촌, 이종사촌 모두를 왕비로 삼은 것이다. 자매가 한 남자에게 시집가는 것도 서슴지 않았다. 고려의 근친혼은 귀족들을 통해 백성들에게도 그대로 전해졌고 고려인이 자유로운 연애와 성생활을 하는 계기가 되었다.

신라의 성 풍속사나 사회사는 그동안 자세히 알려지지 않았으나 《화랑세기》 필사본이 발견되자 그 안에 담긴 신라 왕실의 근친혼과 성 풍속사가 큰 화제가 되었다.

진흥왕의 아들인 동륜태자가 장성하자 지소태후는 만호공주를 배필로 삼게 했다. 만호공주는 갈문왕 입종의 딸이다.

"아이야, 네가 태자와 친하게 지내 정을 통해 아들을 낳으면 내가 마땅히 너를 왕후로 삼겠다."

진흥왕의 부인 사도왕후가 미실궁주에게 은밀하게 말했다. 미실 궁주가 크게 기뻐하면서 태자와 정을 통해 임신했다. 진흥왕은 그 사실을 모르고 미실궁주에게 입시하도록 영을 내리고 색공을 바치게 했다. 미실궁주는 색공에 뛰어나 진흥왕의 총애를 받았다. 미실 궁주는 왕후에 못지않은 권력을 가진 전주殿主가 되었다.

미실궁주의 남성 편력은 점점 화려해진다. 그는 남편인 세종이 있음에도 진흥왕과 동륜태자 모두와 사통했다. 동륜태자의 동생 금륜태자도 미실궁주를 좋아하여 그녀에게 접근했다.

"귀하신 태자께서 어찌 첩을 원하십니까?"

미실궁주가 요염하게 교태를 부리면서 말했다.

"그대를 색공지신이라고 하는데 나는 아직 맛을 알지 못하오. 그 맛을 알게 해준다면 무엇이든지 보답할 것이오."

금륜태자가 미실궁주의 손을 덥석 잡았다.

"호호호, 첩의 몸은 황금으로도 살 수 없습니다."

"내가 왕이 되면 그대를 왕비로 책봉하겠소."

결국 미실궁주는 금륜태자와 후일을 기약하고 정을 통했다. 미실은 놀랍게도 신라의 정권을 좌우하면서 진흥왕과 진흥왕의 두 아들을 섬긴 것이다. 이외에도 미실이 섬긴 신라의 왕과 귀족은 수십 명에 이르렀다.

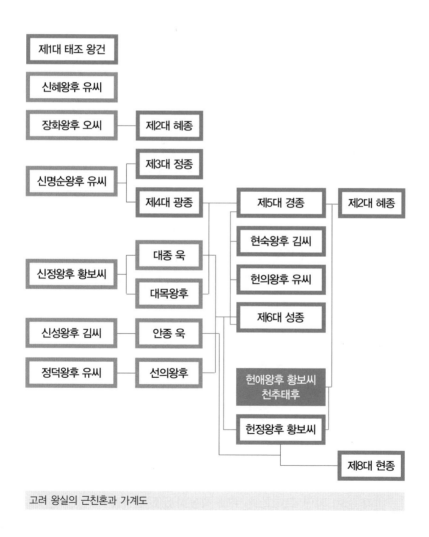

고려 왕실의 근친혼과 가계도

신라에는 골품제도가 있었는데 가장 신분이 높으며 왕을 배출하는 성골(聖骨)은 남자뿐 아니라 여자를 통해서도 이어졌다. 특히 진흥왕 시대에 이르면 성골이 대부분 없어져 진골(眞骨)에서도 왕이 배출되었다. 신라에 여왕이 셋이나 있었다는 점은 성골이 여자들, 왕비 쪽을 통해서도 이어졌다는 사실을 보여준다.

> 신라는 같은 성씨끼리 혼인하는 행위를 그치지 않았고, 사촌이나, 고종, 이종 누이까지 아내로 삼았다. 비록 외국과 우리나라의 풍속이 각각 다르다고는 하지만 중국의 예법을 기준으로 따지자면 이는 대단히 잘못된 일이다. 오랑캐들이 어미나 자식을 간음하는 것은 또한 이보다도 더욱 심한 경우다.
>
> 《삼국사절요》

《삼국사절요》의 기록이다.《화랑세기》 필사본의 기록이 터무니없지 않다는 것이 여기서도 드러난다. 고려는 신라의 근친혼을 그대로 받아들였고 민간에서도 예외가 아니어서 혼인과 이혼이 자유로웠고 자유연애도 성행했다. 고려에 많은 연시가 존재한다는 것도 이를 입증한다. 〈가시리〉〈예성강곡(禮成江曲)〉〈제위보가(濟危寶歌)〉 등 많은 속악(俗樂)이 남녀의 사랑을 노래하고 있다.

〈제위보가〉의 내용은 다음과 같다. 제위보는 고려 개경에서 죄를 지은 사람이 일정 기간 노역을 하는 곳이다. 고려의 한 여인이 죄를 지어 제위보에서 빨래를 하는데 지나가던 과객이 보았다. 백마를 탄 과객이 다리 위에서 보니 수양버들이 휘휘 늘어진 냇가에서 빨래를 하는 여인이 지극히 아름다웠다. 과객은 말에서 내려 여인에게 다가가 간절하게 사랑을 고백했다. 여인은 망측한 일이라면서 반발했다. 그러나 과객은 여인의 손을 잡고 달콤하게 사랑을 속삭이기 시작했다.

"나는 죄인의 몸이라 선비와 사랑을 논할 수가 없습니다."

여인이 과객의 손을 뿌리치는 시늉을 했다.

"그대의 죄는 큰 죄가 아니니 조만간 석방될 것이 아니오?"

과객이 여인의 손을 다시 덥석 잡았다. 한동안 두 남녀가 실랑이를 벌인 후 마침내 여인이 다소곳해졌다.

"정히 그러시면 죄가 풀릴 때 다시 오세요."

"내 반드시 그대를 데리러 오리다."

여인은 얼굴을 붉히면서 과객의 손에서 자신의 손을 빼냈다. 과객은 아쉬운 듯이 자꾸 돌아보면서 멀어져 갔다. 여인도 과객의 모습이 보이지 않을 때까지 바라보았다. 그러나 다시 오겠다고 굳게 약속한 사내는 하루가 지나고 이틀이 지나도 오지 않았다. 여인은 과객을 그리워하면서 노래를 지어 불렀다.

빨래하는 시냇가 모래 터의 늘어진 버들 옆에서	浣紗溪上傍垂楊
내 손잡고 정을 논하던 백마 탄 낭군이여	執手論心白馬郎
석 달 동안 그치지 않고 비가 내려도	縱有連恕三月雨
손에 묻은 낭군의 그윽한 체취 씻어지지 않네	指頭何忍洗餘香

《고려사악지高麗史樂志》〈제위보가〉

〈제위보가〉의 노래만 본다면 백마를 타고 온 남자와 마음을 주고 받은 것으로 보인다. 마음을 주고받았다는 것은 무엇을 뜻하는가.

얼마나 강렬한 사랑을 주고받았기에 손에 묻은 남지의 채취가 석 달 동안이나 씻어지지 않는단 말인가. 이는 마음과 몸을 모두 주고받았다는 사실을 의미한다.

고려 왕실에서는 근친혼은 물론 남색男色까지 나타났다. 제7대 목종은 우리가 천추태후라고 부르는 헌애왕후의 소생이다. 그가 어린 나이에 왕으로 즉위했기 때문에 생모인 천추태후가 섭정을 하고 그녀의 간부姦夫인 김치양이 정권을 휘둘렀다. 왕권이 천추태후와 김치양에게 돌아가자 실망한 목종은 유행간이라는 미소년을 옆에 두고 남색을 즐기기까지 했다.

유행간은 얼굴이 아름다우므로 왕이 그를 사랑하여 남색으로 총애하였다. 매양 교할 때마다 반드시 먼저 행간에게 묻고 난 후에 시행하므로, 이로 말미암아 왕의 사랑을 믿고 교만하여 백관을 업신여겨 마음대로 턱짓을 부리니, 근시近侍들이 그를 왕과 같이 대하였다.

김치양과 천추태후는 노골적으로 부부 행세를 하면서 아들까지 낳고 자신의 아들을 왕으로 세우려고 했다. 이를 눈치챈 목종은 서북면 도순검사인 강조에게 편지를 보내 김치양을 제거해 달라고 요구했다. 이에 강조가 군사를 이끌고 달려와 김치양을 제거하고 목종까지 폐위한 뒤에 제8대 현종을 옹립했다.

강조가 왕을 폐하여 양국공讓國公으로 삼고, 합문통사사인閤門通事舍人 부암 등을 시켜 왕을 지키게 하였다. 군사를 보내어 김치양

부자와 유행간 등 7명을 죽이고, 그 무리와 태후의 친속 30여 명을 바다 가운데 섬으로 귀양 보냈다.

고려 왕실의 근친혼은 왕실을 지나치게 방종하게 만들었고 고려 많은 왕이 방탕한 삶을 살았다. 근친혼으로 비롯된 문란한 성 풍속은 원나라가 지배하던 시기까지 그대로 이어져 자식이 아버지의 후궁을 간음하는 패륜도 일어났다. 이런 문란한 성 풍속은 고려 왕실에 부패와 혼란을 가져왔고 결국 사회 전체로 파급되어 나라가 망하는 하나의 실마리가 되었다.

"사랑하는 임이여, 잡은 손을 놓을 수가 없네."

- 취수제도의 비밀

고구려는 주몽과 소서노가 건국한 이후 대륙의 강대국이 되었다. 3대 대무신왕을 비롯한 역대 왕들이 영토를 확장하고 주위의 작은 부족 국가를 정복해 나갔다. 해인국, 북옥저, 황룡국을 비롯하여 부여국까지 요동에서 차례로 사라지고 고구려만 남았다. 부여에는 동부여, 북부여 등 여러 국가가 존재했으나 고구려 건국과 동시에 다른 부족 국가들과 함께 고구려에 흡수되거나 정복되었다. 이 시대는 만주와 한반도 북쪽 지역에 수많은 국가가 존재했는데 역사에 기록되지 않고 사라진 국가도 적지 않았다.

고구려 제9대 왕인 고국천왕은 제8대 신대왕의 둘째 아들로 신대왕이 죽자 제가회의의 추대를 받아 왕이 되었다. 제가회의는 고구려 5개 대부족의 족장들이 모여 중요한 정책을 결정하는 회의 기구인데 심지어는 왕까지 추대했다. 고구려는 부족연맹 국가로서 초기에는 이들 5부족이 따로 종묘에 제사를 지내는 등 강력한 자치권을 갖고 있었다.

《삼국사기》에는 고국천왕이 '키가 9척이고, 풍채가 웅장하며, 일의 처리에 있어서 관용과 예리함을 겸비하였다'고 기록돼 있다. 고국천왕은 왕이 되자 고구려 제나부提那部, 혹은 절노부의 족장 우소의 딸을 왕비로 맞아들였다. 제나부는 고구려의 강대한 부족으로 고국천왕은 그녀의 헌신적인 내조를 받아 고구려를 강성하게 만들었다. 고국천왕은 재상 을파소를 발탁하여 내정을 안정시켰고, 좌가려와 어비류의 반란을 진압했으며, 흉년으로 굶주린 백성들을 구휼했다. 그러나 얼마 지나지 않아 임종했다.

고국천왕과 왕비 우씨 사이에는 아들이 없었다. 왕비 우씨는 고국천왕이 병을 앓자 불안해지기 시작했다. 그녀는 왕비의 자리에

옛 고구려 영토인 만주 벌판

서 물러나고 싶은 생각이 없었기 때문이다. 그녀는 형이 죽으면 동생이 형수를 처로 삼고, 동생이 죽으면 형이 제수를 처로 삼는 고구려의 취수제도^{取嫂制度}를 떠올렸다. 취수제도는 고대 유목민에게서 볼 수 있는 제도로 많은 부족이 이를 허용하고 있었다. 고대 유목민들에게 여성은 노동력을 생산하는 중요한 재산이었기 때문에 남자가 죽었다고 해서 다른 부족이나 집안으로 시집보내지 않았다.

고대 국가가 국가를 강성하게 하는 정책 중 하나가 인구 증산 정책이다. 인구가 많은 나라는 강대하고 인구가 적은 나라는 약소국이었다.

오월동주^{吳越同舟}, 와신상담^{臥薪嘗膽} 등의 고사성어로 잘 알려진 춘추전국시대에 월나라는 오나라와의 전쟁에서 대패했다. 월왕 구천은 오왕 부차의 노예로 끌려갔다. 백성들과 땅도 빼앗겼다. 쓸개를 씹으면서 마부 노릇을 하고 온갖 굴욕을 겪은 구천은 부국강병을 이루기 위해 재상 범려에게 특단의 대책을 세우게 한다. 중국에서 재신^{財神}이라고까지 불리는 범려는 오나라에 복수하기 위해 획기적인 인구 증산 정책을 세웠다.

젊은 남자는 늙은 여자와 결혼하지 마라. 젊은 여자는 늙은 남자와 결혼하지 마라. 여자가 열일곱 살이 되어도 시집을 보내지 않거나 남자가 스무 살이 되어도 장가를 보내지 않으면 부모가 벌을 받게 하라. 임산부는 나라에서 극진히 돌봐주고 아들을 낳으면 개 한 마리와 술을 주고 딸을 낳으면 돼지 한 마리와 술을 줘라. 쌍둥이를 낳으면 한 명은 나라에서 양육비를 부담하고 세 쌍둥이를 낳으면 둘의 양육비를 나라에서 부담하라.

구천은 현명한 재상 범려의 제안을 받아들여 이를 선포했다. 이는 2천여 년 전의 일이지만 현재 우리나라의 출산 정책과도 비슷한 면이 있다. 고대나 현대나 인구는 국가의 경쟁력이다.

고구려가 취수제도를 허락했듯, 신라에는 근친혼이 성행했다. 《화랑세기》 필사본에 등장하는 미실은 수많은 왕족과 혼인하는데 그녀가 진정으로 사랑한 남자는 화랑 사다함이었다. 미실은 사다함이 가야를 정벌하러 출정할 때 그를 위해 〈출정가〉까지 부른다.

바람이 분다 하되 임 앞에서 불지 말고
물결이 친다 하되 임 앞에서 치지 마오
임이여 어서 돌아와 안아 주오
사랑하는 임이여, 잡은 손을 놓을 수가 없네

《화랑세기》 〈출정가〉

《화랑세기》 필사본에 나오는 미실의 노래는 상당히 애절하다. 사다함은 가야를 정벌하고 돌아왔으나 미실은 진흥왕의 여자가 되어 있었다.

청조야 청조야
저 구름 위의 청조야
어찌하여
내 품속에 내려왔는가
청조야 청조야
내 콩밭의 청조야

어찌하여 다시 날아올라

구름 속으로 들어갔는가

이미 왔으면 가지나 말지

또 가려거든 무엇하러 왔는가

눈물을 비처럼 흘리게 하고

애가 타고 몸이 말라

죽어 가게 만드는가

나 죽으면 무슨 귀신이 되려나

나 죽으면 신병神兵이 되리

위용이 당당한 대궐에 날아가

아침이나 저녁이나

청조 부부 보호하며

천만년 동안 길이 사라지지 않으리

《화랑세기》〈청조가〉

〈청조가青鳥歌〉는 사다함이 미실을 새에 빗대어 노래한 애절한 사랑 노래로, 대궐에서 살다가 자신의 마음을 흔들고 다시 대궐로 들어간 미실에 대한 원망으로 시작한다. 갈기갈기 찢어지는 사다함의 심정을 절묘하게 표현하고 있다.

신라는 성골과 진골을 보호하기 위해 동복남매끼리의 결혼도 허락했는데 당나라에서 이를 비난하자 신국神國, 신라의 일에 내정 간섭을 한다면서 오히려 당나라를 비판하기까지 한다.

《화랑세기》 필사본에서 볼 수 있듯 2천 년 전 고구려의 취수제도와 신라의 근친혼은 가문을 보호하기 위한 수단이었다. 근친혼이 금지된 것은 유학이 들어오고 조선에 성리학이 자리 잡은 뒤의 일이다.

마침내 고국천왕이 운명하자 우씨는 왕의 죽음을 비밀에 부쳤다. 그녀는 한밤중에 황궁을 비밀리에 나가 고국천왕의 첫째 동생 발기를 찾아갔다. 발기는 한밤중에 찾아온 우씨가 탐탁지 않았다. 내키지 않았으나 그녀를 맞아들여 차를 대접했다.

"어찌하여 한밤중에 황궁을 나오신 것입니까?"

"대왕께서 위중하십니다. 대왕이 돌아가시면 후사를 정해야 하는데 나는 그대가 후사를 이을 만한 인물이라고 생각합니다. 그대는 나를 어찌 생각합니까?"

우씨는 은밀하게 자신이 발기를 왕위에 추대하겠다는 뜻을 내비쳤다.

"왕비는 왕비일 뿐이오."

발기가 은은하게 노기를 띤 채 잘라 말했다.

"고구려에 취수제도가 있습니다."

"하늘의 역수易數는 돌아가는 때가 있는데 어찌 이를 가볍게 의논하리오? 부인이 야행을 하는 것은 더욱이 예가 아니오."

발기는 화를 벌컥 내면서 우씨를 비난했다. 그녀는 얼굴을 붉히고 부끄러워하며 발기의 집에서 물러났다.

'왕위 계승자가 너만 있는 것이 아니다.'

우씨는 고국천왕의 둘째 동생 연우를 찾아갔다. 연우는 우씨가 찾아오자 정중하게 맞이하고 음식을 대접했다.

"대왕께서 돌아가셨으므로 발기가 어른이 되어 왕위를 잇는 것이 마땅합니다. 그러나 그는 나에게 이심異心이 있는 것처럼 말하고 폭만무례暴慢無禮하기 짝이 없어서 걱정이에요."

우씨가 연우의 눈치를 살피며 말했다. 연우는 좋은 술과 음식을 권하면서 그녀의 마음을 사로잡으려고 했다. 우씨는 왕위에 오르면 자신을 왕비로 삼을 뜻이 있느냐고 은근하게 물었다. 연우는 왕비의 뜻을 따르겠다고 말하고 우씨를 대접하려고 친히 칼을 뽑아 고기를 썰다가 손가락을 베었다. 우씨가 깜짝 놀라는 시늉을 하면서 치맛자락을 찢어 연우의 상처를 싸매 주었다. 치맛자락을 찢는 것은 속살을 보이는 행위다. 연우와 우씨는 눈이 맞았다.

"밤이 깊어 무슨 일을 당할지 모르니 그대는 나를 궁까지 호위해 주오."

우씨가 연우에게 눈웃음을 치면서 연우를 유혹했다.

"왕비마마의 영을 따르겠습니다."

연우가 허리 숙여 인사했다. 우씨는 그의 손을 잡고 수레를 타고 무사히 궁으로 돌아와 고국천왕이 죽었다는 사실을 내외에 선포한 후, 제가회의 때 고국천황의 유언이라며 연우를 왕으로 삼았다. 제가들은 왕의 유언이라는 말에 반대하지 못했다. 연우는 산상왕으로 불리게 되고 형수인 우씨를 왕비로 맞이했다. 고구려의 대신들은 깜짝 놀랐으나 어쩔 수 없는 일이었다.

왕후는 부끄러워하며 곧 연우의 집으로 갔다. 연우가 일어나서 의관을 갖추고, 문에서 맞이하여 들여앉히고 술자리를 베풀었다. 왕후가 말하기를 '대왕이 돌아가셨으나 아들이 없으므로,

발기가 어른이 되어 마땅히 뒤를 이어야 하겠으나 첩에게 다른 마음이 있다고 하면서 난폭하고 거만하며 무례하여 아재^叔를 보러 온 것입니다' 하였다. 이에 연우가 더욱 예의를 차리며 친히 칼을 잡고 고기를 썰다가 잘못하여 손가락을 다쳤다. 왕후가 치마끈을 풀어 다친 손가락을 싸주고, 돌아가려 할 때 연우에게 말하기를 '밤이 깊어서 예기치 못한 일이 있을까 염려되니, 그대가 나를 궁까지 바래다주시오' 하였다. 연우가 그 말에 따랐다. 왕후가 손을 잡고 궁으로 들어가서, 다음 날 새벽에 선왕의 왕명이라 속이고, 여러 신하들에게 명령하여 연우를 왕으로 삼았다.

《삼국사기》

《삼국사기》의 기록에 의하면 우씨는 시동생의 부인이 되어 권력과 부를 누리게 되었다. 진취적이며 정치적인 그녀는 남편인 고국천왕이 죽자 과감하게 남편의 동생을 유혹하여 권력과 부를 계속 누렸다. 우씨 뒤에는 제나부라는 강대한 부족이 있었고, 우씨는 부족의 힘을 이용해 권력을 잡았고 제나부는 우씨를 이용해 고구려를 장악했다.

우씨처럼 탁월한 정치력을 발휘한 여인은 흔치 않다. 그녀는 형제 간인 두 남자를 남편으로 거느렸고 나중에는 태후가 되어 세 명의 국왕을 실질적으로 지배했다. 그러나 우씨는 산상왕^{연우}과의 사이에서도 아이를 낳지 못했다. 산상왕이 주포촌에서 한 여자와 동침하여 아들을 낳자 우씨는 이들을 죽이려고 했으나 끝내 성공하지 못했다. 주포촌의 여자는 소후^{小后}가 되고 그녀가 낳은 아들은 산상왕이 죽자 동천왕이 되었다.

세월이 흘러 우씨도 어느새 늙고 병들어 임종이 가까워졌다.

"행실이 나쁜 내가 죽은 후에 무슨 낯으로 고국천왕의 옆에 묻히겠는가? 나를 산상왕릉 곁에 묻어달라."

우씨는 그와 같은 유언을 남겼다. 고구려 사람들은 그녀의 유언대로 산상왕릉 곁에 우씨를 묻어주었다.

"어제 왕비 우씨가 산상왕의 곁에 묻힌 것을 보고 분함을 이기지 못해 그와 싸웠다. 물러나 가만히 생각하니 낯이 뜨거워 백성들을 대할 수가 없다. 너는 조정에 알려서 내 무덤을 울타리로 막아달라."

죽은 고국천왕의 영혼이 한 무당의 꿈에 나타나 이렇게 말했다고 한다. 이에 사람들이 고국천왕 왕릉 앞에 소나무를 일곱 겹으로 심어 울타리를 만들었다.

고국천왕이 자신의 부인이었던 왕비 우씨와 동생 산상왕을 보지 않겠다며 울타리를 쳐달라고 한 것은 차라리 인간적이다. 자신의 부인을 빼앗아 간 동생 산상왕과 싸웠다는 대목에선 실소마저 나온다. 무당을 매개로 고국천왕의 영혼이 나타났다는 것은 설화겠지만 엄연하게 《삼국사기》에 기록되어 있다. 능동적인 여성을 비하하려는 역사 기록자의 의도가 엿보인다.

"공주님, 저희들이 왕을 죽이겠습니다."

- 충혜왕의 비밀

고려는 918년 태조 왕건이 개국해 1392년까지 존속했으니 474년 동안 왕씨가 다스린 나라였다. 500년 가까이 영광과 굴욕의 시대를 보내다가 34대 공양왕 때에 이르러 멸망했다. 그러나 고려의 역사는 상당 부분 굴욕의 역사라 할 수 있다. 굴욕의 역사란 고려가 몽고에 항복한 뒤 지배를 받은 기간으로, 몽고의 침략으로 충렬왕부터 충정왕까지 종속되었던 시대를 의미한다.

고려는 30여 년 동안 처절한 항몽 투쟁을 벌였으나 세계가 두려워하던 칭기즈칸의 푸른 군대를 막을 수 없었다. 몽고가 침략했을 때, 고려는 무신 정권의 시대였다. 무신들은 권력을 농단했으며 정권은 최씨 일가에 세습되었다. 때문에 몽고군이 침략했을 때 국왕을 중심으로 일사분란하게 항전할 수 없었다.

몽고군이 경상도 상주까지 휩쓸자 무신 정권은 강화도 천도를 의논했다. 강화도는 사방이 바다에 둘러싸여 있으므로 기마군단인 몽고구이 바다를 건널 수 없을 것이라는 전략적 판단에서였다. 그러나 몽고군은 강화도를 공격하는 대신 고려의 전 국토를 짓밟았다.

무신 정권의 지도부가 강화도로 도망갈 궁리를 하고 있을 때 오히려 몽고를 상대로 용맹하게 투쟁한 이는 지방 군사들과 백성들이었다. 김경손은 고려의 맹장으로 1231년^{고종 18년} 정주분견장군^{靜州分遣將軍}이 되었을 때 몽고군이 침략하자 정주에서 맹렬하게 싸웠으나 패하고, 구주, 균성에서 박서와 합세하여 몽고 대군을 격퇴했다. 그러나 중앙 정부의 지원을 받지 못한 고려의 백성들은 제대로 싸울 수 없었다.

고려는 몽고와 싸워서 이길 확률이 없자 화의를 제안했다. 이후 고려는 몽고에 완전히 항복할 때까지 30여 년 동안 화해와 전쟁을 반복했다. 몽고는 중국과의 전쟁을 앞두고 있었기 때문에 고려에는 유연한 정책을 실시했다. 특히 고구려가 수나라와 당나라를 격파한 일을 잘 알고 있었기 때문에 높이 평가하고 있었다.

고려는 몽고의 1차 침략에 굴복하여 강화조약을 맺었다. 그러나 몽고군이 물러가자 곧바로 강화도로 천도하기 시작했다. 개경의 백성들도 강제로 이주하게 되었다. 수천수만의 백성이 예성강에서 배를 타고 강화도로 이주했다. 때마침 가을장마가 시작되고 있었다. 길은 진흙탕이었고 빗줄기가 사납게 쏟아졌다.

그때 10여 일이나 장맛비가 내려서 진창이 무릎까지 빠지고 사람과 말이 쓰러졌으므로 높은 직위의 관리와 양가^{良家}의 부녀들 중에 맨발로 이삿짐을 이고지고 가는 사람까지 있었다. 홀아비, 과부, 고독한 사람들은 몸 둘 곳이 없어서 울며불며 헤매었다.

《고려사》〈열전〉

기록을 통해 백성들의 고통이 얼마나 심했는지 알 수 있다.

1232년 8월 몽고군은 고려가 강화도로 천도하자 대로하여 2차 침입했다. 몽고군에 항전하기 위해 고려는 내륙의 백성들을 소개시키기로 했다. 송길유 장군은 경상도 수로방호별감水路防護別監이 되어 야별초를 거느리고 경상도 주현州縣을 돌아다니면서 몽고의 침략에 대비, 백성들을 산이나 섬으로 소개시키는 임무를 수행했다. 전라도 수로방호별감도 각 주현을 돌아다니며 백성들을 소개시키기 시작했다.

"백성들은 들으라. 몽고가 침략해올 것이니 즉시 산이나 섬으로 피신하라."

송길유는 경상도 지역을 순행하며 영을 내렸다.

"몽고가 침략하면 나가서 싸워야지 어찌 산이나 섬으로 도망을 가는가? 우리가 떠난 뒤에 몽고 병사들이 집과 토지를 불태우면 어떻게 할 것인가?"

백성들이 송길유의 명령에 반발했다.

"명을 듣지 않는 자는 죽여도 상관이 없다."

송길유는 명령에 따르지 않는 백성들을 때려죽이고 피난을 가지 않는 자들의 집과 토지를 불태웠다. 경상도 지역은 송길유의 무자비한 탄압 탓에 원성이 하늘을 찔렀다.

몽고군은 9월 초에 압록강을 돌파하고 11월에는 남경南京, 한양을 함락시키고 경기도 광주로 진출했다. 몽고군의 대원수 살례탑은 정예

병을 거느리고 고려를 휩쓸면서 용인으로 진격했다. 그러다 살례탑은 용인의 처인성處仁城을 공격하던 중 화살에 맞아 죽었다.

> 살례탑이 처인성을 공격하니, 한 중僧이 난리를 피하여 성에 있다가 살례탑을 쏘아 죽였다. 국가에서 그 공을 가상하게 생각하여 상장군의 벼슬을 주었으나, 중이 공을 다른 사람에게 돌리며, '한창 싸울 때에 나는 활과 화살이 없었는데, 어찌 감히 함부로 과분한 상을 받겠습니까?' 하며 굳이 사양하고 받지 않았다. 이에 섭랑장攝郎將으로 삼았으니, 이 중이 바로 김윤후다.
>
> 《고려사절요》

《고려사절요》의 기록이다. 몽고군은 원수가 죽자 썰물처럼 철수했다. 몽고는 고려보다 금나라를 공격하는 데 전력을 기울였다. 몽고군의 대대적인 공격에 대륙의 강대한 나라인 금나라도 무너졌다. 금나라를 멸망시킨 몽고군은 다시 고려를 침략했다. 고려는 또다시 처절히 항쟁하지 않을 수 없었다.

고려의 왕족이나 귀족들은 모두 강화도로 피난해 있었고 백성들은 내륙에서 몽고군과 맞서 싸웠다. 고려는 30년 동안 몽고와 전쟁을 벌이다가 결국 항복했다.

고려는 왜 항복한 것일까. 당시 고려 조정은 강화에 피신해 있었고 몽고군이 6차에 걸쳐 침략했을 때 항전을 계속했다. 고려의 정권은 최씨 무신 정권에서 김준에게로 옮겨 갔다. 최씨 정권이 망했는데도 왕권이 돌아오지 않자 고종은 무신 정권을 끝내기 위해 몽고에 투항하는 방법을 생각한 것이었다. 무신 정권에 농락당하기보다 원나라에 지배받기를 선택한 것이다.

결국 그는 임종이 임박하자 세자 왕전을 몽고에 보내 투항했다. 고려의 투항은 전쟁에서 패했기 때문이 아니라 무신 정권을 끝내려는 고종의 고육책에서 비롯된 것이다.

고려는 이후 몽고의 지배를 받게 되고 왕들은 몽고에 충성한다는 것을 보여주기 위해 시호에 충忠자를 넣어야 했고, 원나라 공주를 왕비로 맞아들여야 했다. 왕의 부인이 원나라 황제의 딸이니 왕보다 권세가 더 높았다. 25대 충렬왕은 자신의 의지로는 아무것도 할 수 없었고, 원나라 공주가 지팡이로 때리자 왕이 구석으로 쫓겨가 울기까지 했다고 한다. 왕조차 이러한데 전란과 굴욕의 시대에 고려 민중의 삶은 더욱더 피폐했다.

> 푸른 장막 꽃 좌석에
> 서로 모여 참으로 기쁘도다!
> 무희들은 옷소매 들고 돌며
> 악사들은 화려한 옷차림에
> 풍악 갖추고 곡조 맞춰 노래 부르니
> 더욱 청아하여라!
> 좋은 술 금잔에 가득 찼으니
> 취한다 사양 말고 긴긴날을 유쾌히 놀아 보리
> 좋은 손님 반가울사 손님들도 즐기시라

고려시대의 궁중무용 〈포구락抛毬樂〉을 공연할 때 부르는 노래다. 〈포구락〉은 조선시대에도 널리 공연되었는데 중국에서 전래되어

344

고려에서 크게 유행했다. 전란과 굴욕의 시대에 고려인들은 이와 같은 노래와 춤을 즐기면서 시름을 달랬다. 그러나 왕들은 선정을 베풀지 않았다. 봉건 국가에서 왕은 절대자였고 전쟁 상황에서 민중과 고난을 함께할 지도자는 나오지 않았다. 난세에 영웅호걸이 등장한다는데 여몽 항쟁기엔 걸출한 인물이 보이지 않았다. 왕들의 정치 또한 나라와 백성을 위한 것이 아니라 자신들을 위한 것이었다.

10여 년 동안 원나라에서 생활한 26대 충선왕은 고려로 귀국하라는 원나라 황제의 말도 듣지 않고 원나라에 계속 머물렀다. 자신이 다스리는 나라보다 원나라에서 생활하는 것을 더 좋아했으니 그에게서 국가를 경영하는 지도자의 모습은 털끝만큼도 찾아볼 수가 없다. 고려는 왕이 없는 나라가 되었고 충선왕은 원나라에서 전지傳旨로 통치했다. 국가의 왕이면서도 국가를 다스리려고 하지 않은 충선왕, 이러한 왕이 통치하는 고려의 국정은 혼란에 빠질 수밖에 없었다.

28대 충혜왕은 즉위 초에는 고려를 대대적으로 혁신하려 했으나 권력 쟁탈을 일삼는 대신들 탓에 폭군으로 변한다. 그는 자신의 서모까지 음간하며 부인만 126명을 두었다. 민간에서 음간한 여인들은 제외한 숫자다.

왕이 예천군醴泉君 권한공의 둘째 아내 강씨가 얼굴이 잘생겼다는 말을 듣고, 호군護軍 박이라적을 시켜 궁중에 들어오게 하였다. 그런데 이라적이 먼저 간음했다가 그 일이 발각되니, 왕이 노하여 그들을 모두 때려죽였다.

《고려사절요》

경화공주 백안홀도는 몽고 여자로 27대 충숙왕이 원나라에 있을 때 혼례를 올렸다. 충숙왕이 죽은 후 충혜왕이 영안궁永安宮에서 수차 연회를 차리고 공주를 초대했으며 공주도 충혜왕을 맞이해 연회를 베풀었다. 충혜왕이 은근히 그녀에게 마음을 품었기 때문이다. 하루는 충혜왕이 내시들을 시켜 경화공주에게 왕을 위해 연회를 베풀라고 부추겼다. 공주가 마지못해 연회를 베풀자 충혜왕은 거짓으로 취한 체하고 돌아가지 않았다. 충혜왕은 한밤중에 공주의 침실에 들어가서 덮쳤다. 공주가 격렬하게 반발하자 내시 송명리宋明理 등을 시켜 공주의 팔다리를 잡고 움직이지 못하게 한 후 입을 막고 강간했다.

"짐승 같은 놈!"

경화공주는 피눈물을 흘리고 충혜왕을 저주했다. 이튿날 공주는 수치스러워 원나라로 돌아가려고 사람을 시켜 말을 사들이게 했으나 충혜왕이 이엄과 윤계종 등에게 명령을 내려 말 시장馬市을 금지하여 말을 사지 못하게 만들었다.

"공주님, 저희들이 왕을 죽이겠습니다."

심왕의 부하인 조유가 경화공주에게 말했다. 경화공주가 허락하자 조유 등이 왕궁을 습격했으나 위사衛士들에게 발각되어 화살을 맞고 죽었다. 위사들은 그들의 시체를 순군청 남쪽 다리 밑에 버렸다.

원나라는 충혜왕이 파렴치한 음행을 저지르는 것을 모르고 다시 국왕에 책봉했다.

'아아 무도한 왕이 아직도 살아 있구나.'

경화공주는 원나라에 밀사를 보내 충혜왕을 고발했다. 원나라에서 그제야 경악하여 중서성 단사관 두린과 직성사인 구통을 파견했다.

"원로에 고생이 많으셨습니다. 왕궁에 들어가 편히 쉬십시오."

충혜왕은 선의문[宣義門]까지 나가서 원나라 사신들을 맞이했다.

"황제의 명으로 경화공주를 먼저 뵈어야 하니 왕은 돌아가 있으시오."

두린 등이 충혜왕에게 싸늘하게 말했다. 그들은 경화공주 궁에 먼저 가서 황제가 보낸 술을 전하며 위로했다.

"충혜왕은 짐승과 같은 자입니다."

경화공주가 두린에게 울면서 호소했다. 두린은 분개해 치를 떨며 충혜왕의 관저로 갔다. 두린이 황제의 명령으로 충혜왕을 체포해 원나라로 압송했다.

경화공주는 찬성사 정천기를 정동성에 가두었다.

충혜왕은 원나라에서 가혹한 조사를 받았다. 원나라의 관리들은 그를 망나니로 취급했다. 그러나 충혜왕이 원나라 관리들에게 많은 뇌물을 뿌려 다시 살아 돌아왔다. 원나라 조정의 조사까지 받으면서 국가적 망신을 당하고 고려에 돌아왔으나 충혜왕의 음행은 그치지 않았다.

충혜왕의 패륜이 계속되자 그에 대한 반발도 끊이지 않았다. 내시 현효도가 왕에게 독약을 먹이려다 발각되어 사형당했다.

충혜왕은 자신의 심복들에게도 잔인했다. 내시 전자유의 집에 가서 그의 처 이씨를 강간했고, 총애하던 신하 호첩목아를 형장으로 때리고 그 혀와 생식기를 태운 뒤 섬으로 귀양 보냈다. 그가 귀양길을 떠나서 청교역[靑郊驛]에 도착하자 길 가던 사람들까지 모두 기뻐했다. 그러나 충혜왕이 곧 그를 소환하고 의사를 보내 치료하게 했는데 사람들은 오히려 그가 죽지 않을까 봐 근심했다.

밤에 충혜왕은 죽은 호군 박이라적의 첩의 집에 가서 잤다. 그의 음행은 하루도 거르지 않고 계속되어 일일이 기록하기가 어려울 정도였다.

한편 1342년 6월에 충혜왕은 홍법사^{興法寺}에 가서 중 학선을 만나 장생하는 비결을 물었다.

"사람의 명이란 정한 분한이 있어 그 한도를 넘을 도리가 없습니다. 그런데 다만 악한 일을 하여 수명을 단축시키지 말아야 합니다."

학선이 대답했다.

"서운관에서 이르기를 이 땅에 절을 두면 역적이 반드시 생길 것이라 하여 나는 조유 같은 자가 또 생길까 두려워하는 까닭에 철거하려고 하였노라."

충혜왕이 말했다.

"목종^{고려 7대 왕} 때부터 이 절이 있었는데 그동안에 역적이 몇 명이나 있었습니까?"

학선의 말에 충혜왕이 고개를 끄덕거렸다.

1343년 3월에는 충혜왕이 동교에서 화살로 사람을 쏘며 희롱했다. 길 가던 사람들이 대경실색하여 모두 도망쳤다. 밤에 충혜왕이 재상 배전의 집에 가서 그의 처와 그의 아우 배금오의 처를 간음했다. 배전은 원나라에 가고 없었다. 개경 사람들 사이에 근거 없는 소문이 파다하게 나돌았다.

"왕이 민가의 어린아이 수십 명을 잡아다가 새 대궐 짓는 주춧돌

밑에 파묻으려고 한다.”

유언비어가 나돌자 백성들이 놀라 집집이 어린아이들을 안고 도망쳤다. 악소년들은 이 틈을 타서 민가의 재물을 강탈했다.

“우물골井洞에 처녀가 있는데 얼굴이 예쁘게 생겼습니다.”

충혜왕의 총애를 받던 신하 최원이 보고했다. 왕은 밤이 되자 최원과 함께 그 집에 가서 처녀를 찾았다.

“우리 집에는 본래부터 처녀가 없습니다.”

노파가 얼굴이 하얗게 변해 말했다. 충혜왕은 노파가 숨기는 줄로 의심하였고 또 최원이 속였는가 의심해 두 사람을 함께 죽였다.

충혜왕은 강간한 죄인 세 명을 돌로 눌러 압사시키는 잔인한 짓까지 저질렀다. 자신도 무수한 여인을 강간하고 음행을 저질렀으면서도 다른 사람들이 그와 같은 짓을 저지르자 잔인한 벌을 내린 것이다. 그러나 그의 종말은 서서히 다가오고 있었다.

11월이 되자 원나라에서 하늘에 제사告郊 지내고 대사령을 반포하겠다는 구실로 대경 타적과 낭중 별실가 등 여섯 명을 보냈는데, 왕이 병을 구실로 마중 나가려 하지 않았다.

“우리 황제가 왕이 불경하다고 항상 말씀하였는데 만일 마중 나가지 않는다면 황제의 의심이 더욱 심할 것입니다.”

내시 고용보가 충혜왕에게 아뢰었다. 고용보의 원나라 이름은 투만디르로 원나라에 들어가 내시로서 순제의 총애를 받아 자정원사資政院使가 되었다. 그는 내시 박첩목아불화와 손을 잡고 기자오의 딸을 순제의 제2 황후로 승격시키고 측근이 되어 활약했다.

충혜왕은 고용보의 조언에 따라 백관들을 인솔하고 조복을 입고 교외에 나가 원나라 사신을 영접하고 정동성에 가서 황제의 조서를 들기로 했다.

"황제의 명이니 이자를 체포하라."

타적이 영을 내리자 군사들이 일제히 달려들어 묶으려 했다. 충혜왕은 격렬하게 반발했으나 타적과 내주 등이 발로 차면서 포박했다.

"용보는 어디 있는가? 용보는 나를 구하라."

충혜왕이 다급하게 고용보를 불렀다.

"네가 감히 무슨 염치로 구해 달라고 하는가? 너 같은 무뢰한은 유사 이래 일찍이 없었다."

고용보는 오히려 충혜왕을 꾸짖었다. 원나라 군사들이 모두 칼을 빼 들고 충혜왕을 시종하던 무리를 체포했다. 이때 고려의 백관들은 대경실색하여 도망가 숨고 좌우사 낭장 김영후, 만호 강호례, 밀직부사 최안우, 응양군 김선장 등은 창에 맞고 지평 노준경과 용사 두 명은 피살되었다. 이 외에도 칼이나 창에 맞은 사람이 무수히 많았다.

"서둘러 원나라로 돌아가자."

타적 등은 곧 충혜왕을 강제로 말에 태워 달려갔다.

"조금만 쉬었다가 갑시다."

충혜왕이 조금 지체할 것을 간청했다.

"흥! 잠시 지체하면 그대를 구하러 고려군이 올 것 같은가? 죽기 싫으면 서둘러라."

타적 등은 칼을 빼어 들고 충혜왕을 위협했다. 번민이 극심해 충혜왕이 술을 요구하자 어떤 노파가 술을 바쳤다. 왕이 체포되어 원나라로 끌려가기 시작하자 고려는 발칵 뒤집혔다.

고용보가 사람을 보내 왕을 시종하던 악소년 무리 박양연, 임신, 최안의, 김선장, 승신 등 10여 명을 잡아 가두었다. 그는 또 기철, 홍빈, 채하중과 더불어 내탕고를 봉인하고 은천옹주 등 충혜왕이 데리고 놀던 궁인 126명을 추방했다.

'아아, 이제 다시는 고려에 돌아오지 못하리라.'

충혜왕은 비통하여 눈물을 흘렸다. 원나라로 끌려가는 길은 비참했다. 음력 11월이라 찬비가 내리고 나자 살을 엘 듯한 삭풍이 휘몰아쳐 왔다. 충혜왕은 덜덜 떨었으나 원나라 군사들은 사정없이 길을 재촉했다. 충혜왕은 숙주肅州에 도착하자 고을 원 안균에게 이불을 요구했다.

"왕이 음탕하다가 죄를 짓고 또 나의 이불까지 탈취하려고 하니 이를 어찌해야 합니까?"

안균이 타적에게 말했다. 그는 타적에게 아부하기 위해 한때 자신의 임금이었던 충혜왕을 비난한 것이다.

"네가 이 고을 원이 된 것은 누가 시킨 것이냐? 너의 왕이 추워서 이불을 찾는데 네가 주지 않았으니 그것이 남의 신하 된 의리겠는가?"

타적이 눈을 부릅뜨고 꾸짖었다.

"저자는 발피潑皮, 부랑자입니다."

안균이 당황하여 얼버무렸다.

"너는 그런 말을 할 자격이 없다."

타적은 안균을 철척鐵尺으로 때려서 거의 죽게 만들었다. 충혜왕은 10여 일 만에 원나라 도읍에 도착해 옥에 갇혔다. 12월에 원나라 황제가 충혜왕을 함거檻車에 태워 게양현揭陽縣으로 귀양 보내면서 말했다.

"그대 왕정은 남의 윗사람으로서 백성들의 고혈을 긁어먹은 것이 너무 심했으니 비록 그대의 피를 온 천하의 개에게 먹여도 오히려 부족하다. 그러나 내가 사람 죽이기를 즐겨 하지 않기 때문에 게양으로 귀양 보내니 그대는 나를 원망하지 말고 가라."

게양은 연경에서 거리가 2만여 리나 되는 곳이었다. 원자, 훗날의 29대 충목왕이 배전을 시켜 옷 한 벌을 바쳤다. 배전은 옷을 바치고 즉시 떠나며 충혜왕이 불렀으나 돌아오지 않았다. 배전은 충혜왕이 자신의 부인과 동생의 부인을 강간했기 때문에 분개하고 있었다.

충혜왕의 귀양길은 비참했다. 온갖 부귀와 사치를 누리던 충혜왕이었으나 귀양길에는 따르는 신하가 한 사람도 없었다. 게다가 전거傳車, 역마와 같은 것에 실려서 급히 달려가는 바람에 천신만고를 겪어야했다. 그는 압송하는 군사들이 주는 거친 음식을 먹으면서 겨우겨우 연명하다가 악양현岳陽縣에 이르러 죽었다.

몽고는 고려를 여섯 차례에 걸쳐 침략했다. 고려는 강화도로 피난해 몽고와 대항하는 전략을 세웠으나 실제로는 지도부가 도망간 것에 지나지 않았다. 고려는 몽고가 침략했을 때 이를 막을 전략도 세우지 못했고 몽고군을 격퇴하기 위한 정책도 세우지 못했다.

고려 역사에서 가장 불행했던 때가 몽고의 지배를 받던 이 기간이다. '충' 자 돌림의 왕 중에 몽고에 저항하고, 백성을 위한 정치를 펼친 왕은 없었다.

6
장

우리 역사에
등장하는
기인들

"광산의 일편운을 그대에게 남겨놓고 가네."
- 우주인의 비밀

한 때 드라마 〈별에서 온 그대(2013)〉가 인기를 끌면서 외계인
과 UFO가 화제였다. 조선시대에 과연 도민준(〈별에서 온 그
대〉의 주인공)과 같은 사람이 있었을까. 〈별에서 온 그대〉는 방송이
끝난 뒤에 중국에서도 화제가 되었고, 경상남도 진주에서 운석이
발견(2014)되면서 한국의 UFO 출몰에도 관심이 커졌다.

UFO는 오래전부터 전 세계적으로 화제였다. UFO 소동으로 큰
화제를 몰고 온 것은 로스웰사건이다. 로스웰사건은 미 공군이 인
형을 태운 낙하 훈련을 했다는 것이 공식 입장인데 목장 주인이나
UFO를 신봉하는 사람들은 외계인이 지구에 내려왔다고 주장해 아
직까지 논쟁이 계속되고 있다. 몇 년 전, 한국에서도 이상한 빛줄기
가 나타나 수많은 사람이 목격하고 화제가 되어 방송에 보도되기까
지 했다.

조선시대에는 UFO 현상을 어떻게 받아들였을까.《조선왕조실록》

에 UFO나 혜성, 패성^{孛星} 등이 처음으로 기록된 것은 태종 때의 일이다. 패성에 대해서는 신라시대 이미 등장했다.

초저녁에 패성이 북방에 나타나서 선회하고 유전하다가 한참 만에 자취가 없어졌다. 그 크기는 주발^{周鉢}만 하고 청적색^{靑赤色}이었다. 임금이 친히 보고 서운관^{書雲觀}에서 수경^{守更}하던 조호선에게 물으니 알지 못한다고 대답하므로 하옥하라고 명하였으나, 이튿날 그를 석방하였다.

《조선왕조실록》

태종 13년^{1413년} 7월 22일의 일이다. 수경은 물시계와 해시계를 지켜보다가 일경이나 이경 등 시간을 알리는 일을 하는 관리다. 기록은 간단하지만 패성의 크기가 밥그릇만 하고 청적색이라고 상당히 구체적으로 묘사했고 주발은 뚜껑이 있는 놋그릇을 말하는데 비행접시와 비슷한 모양이라는 것을 알 수 있다. 숙종 37년 5월 20일에는 좀 더 자세한 기록이 있다.

경상도 김해, 양산, 칠원 등의 6읍이 해시^{亥時}에 하늘이 이상하게 검더니 잠시 후에 화광^{火光}이 낮과 같았고 하늘 위의 한 물건이 위로 뾰족하고 아래는 넓었으며 그 크기는 항아리[缸] 같았는데, 동쪽으로부터 서쪽으로 흘러갔다. 소리는 대포^{大砲}와 같은 것이 세 번 났으며, 천둥 소리가 계속하여 나더니 마치 별이 떨어지는 것 같은 현상이 있었는데, 화광 또한 따라서 없어졌다.

《조선왕조실록》

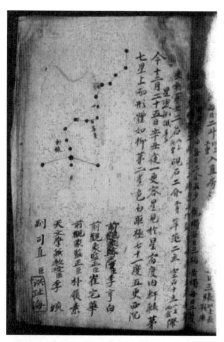

이 기록을 보면 운석이 밤 9시에서 11시 사이에 떨어진 것으로 보인다. 얼마 전 공교롭게도 진주에서 운석이 발견되었는데, 조선시대 운석도 경상남도 지역에 떨어졌었다. 조선시대 유성의 궤적과 비슷한 경로로 운석이 떨어진 것이다.

조선시대 사람들은 패성과 혜성은 태양의 주위를 떠도는 별이고 객성은 떠돌이별 혹은 새로 발견된 별이라고 생각했다.

조선시대 때 하늘의 변화를 관측해 편찬한
《성변등록星變謄錄》

태백성이 낮에 나타났다. 김응기와 조지서가 서계書啓하기를,

"지난밤에 혜성이 위성危星 6도度에 옮겨 있었는데, 북극과의 거리는 65도였습니다."

하니, 전교傳敎하기를,

"그대들이 그것이 혜성임을 어떻게 아는가?"

하였는데, 김응기 등이 대답하기를,

"패성은 광망光芒이 사방으로 뻗어나가고, 혜성은 해가 동쪽에 있으면 꼬리는 서쪽을 가리키고 해가 서쪽에 있으면 꼬리는 동쪽을 가리키는데, 꼬리의 방향이 해가 있는 위치 따라 달라집니

다. 남쪽과 북쪽에 대해서도 그러한데, 옛사람들의 의논이 그러하므로, 신 등이 혜성이라고 한 것입니다. 지난 신묘년에 그러한 별이 있어서 여러 날 밤을 관찰한 다음에 그런 줄을 알았고, 지금 신등도 처음에는 감히 혜성이라고 이름 짓지 못하였습니다만 지난밤에서야 비로소 알았습니다."

하니, 전교하기를,

"아뢴 것이 과연 옳다. 다만 옛사람의 말에 '객성客星'이라고 하고, 혹은 빛이 2척尺이다, 혹은 2척 남짓하다고 하였는데, 어찌하여 그것이 객성이 아님을 알고서 혜성이라고 하였는가? 여러 책 중에서 혜성, 패성, 객성을 기록한 것을 고찰하여 아뢰라."

하므로, 김응기 등이 《사기史記》《송사宋史》《문헌통고文獻通考》등의 글을 상고하여 아뢰기를,

"패성과 요성妖星을 통틀어 혜성이라고 하였고, 객성의 경우는 광망光芒의 장단長短에 대해서 의논한 곳이 없으므로 신등이 그것을 혜성이라고 한 것입니다."

하였다.

《조선왕조실록》

성종 21년의 일이다. UFO는 지금도 존재 여부로 논쟁이 분분하다. UFO 논쟁이 끝나지 않았는데 외계인 논쟁을 벌이는 것은 부질없는 일일 것이다.《조선왕조실록》이나《승정원일기》등에서 도민준 같은 사람을 찾기도 어렵다. 그러나 문집에는 조금 흥미로운 기록이 남아 있다.

전영달은 조선시대 선조 때 인물이었다. 그가 하루는 전주 어느

연못가에 있는 정자에서 책을 읽고 있었다. 그의 책 읽는 목소리가 하도 낭랑해 선계仙界까지 들렸다. 하늘의 선녀가 그 소리에 취해 하늘에서 내려왔다.

밤이 깊어 전영달이 잠을 자려고 누웠는데 발자국소리가 조용히 들리더니 안팎으로 문이 차례로 열리며 아름다운 여인이 들어왔다. 전영달은 여인과 수작하는 것이 옳지 않다고 생각하여 눈을 감고 자는 체했다. 여인은 낮고 조용한 목소리로 전영달을 몇 번이나 불렀다. 그는 잠든 체하고 누워 있다가 잠이 들고 말았다. 여인은 그가 잠들어 버리자 그의 꿈속으로 들어갔다.

"이 무심한 선비여, 내 그대의 아름다운 용모와 책 읽는 소리에 취하여 왔는데 잠들어 일어나지 않으니 슬퍼하면서 가노라. 연잎에

1531년 에드먼드 핼리가 발견한 핼리 혜성

358

시 한 수를 저어 놓고 먹 한 자루를 두고 가노니 잘 간직히리."

전영달이 놀라서 깨어나니 여인은 이미 사라지고 없었다. 전영달이 괴이한 일이라고 생각하며 아침에 일어나 사방을 살폈는데 과연 연잎에 〈광산편운光山片雲〉이라는 시 한 수가 적혀 있고 그 옆에는 먹한 자루가 놓여 있었다.

먼 곳에서 오신 손님 잠들어 불러도 대답하지 않고　　遠客沈營喚不聞
달빛 비춘 연꽃만 물결 위에서 춤을 추는구나　　水荷搖月舞波紋
오늘 밤 좋은 만남 하늘도 애석하게 생각하니　　今宵佳會天應惜
광산의 일편운을 그대에게 남겨놓고 가네　　留與光山一片雲

선녀가 연잎에 써놓고 갔다는 시다. 문집의 기록은 밑도 끝도 없이 선녀가 나타난 것을 설화처럼 기록해 놓았다. 선녀는 어디에서 왔을까. 조선시대 사람들의 의식으로는 우주나 태양계, 외계인, UFO 같은 것은 존재하지 않았을 것이다. 하늘에서 왔으니 선녀일 뿐이다. 전영달을 찾아온 선녀가 외계에서 왔다고 말하면 지나친 억측일까.

《조선왕조실록》에 전영달에 대한 기록은 두 번밖에 나오지 않는다. 하나는 황해도 강음 현감 시절 뇌물을 받았으니 파직하라는 것이고, 다른 하나는 선산도호부 시절 지진이 일어났다고 보고한 내용이다. 전영달 이야기에 등장하는 선녀는 다른 야사들에서처럼 깊은 산에 산다든가, 연못에서 나왔다든가 하는 게 아니라 하늘에서 내려왔다고만 기록된 점이 조금 다르다.

조선시대에도 많은 유성이 관측되고 운석이 떨어졌다. 조선시대 사람들은 우주에서 날아온 돌멩이인 운석을 하늘에서 재앙을 내리는 것으로 생각했다.

운석은 우주에서 떠돌고 있는 수많은 돌덩어리다. 작게는 주먹만 한 것도 있고 크게는 소행성만 한 것도 있다. 이것들이 수백, 수천 년 동안 우주에서 떠돌다가 우주의 어떤 작용에 의해 지구로 가까이 오고, 지구의 중력에 의해 빨려 들어오다가 대기권에 진입할 때 불덩어리가 된다. 그리하여 유성이 비처럼 쏟아지게 되는데 대기권에서 타버리지 않고 지구 표면에 떨어지는 것을 운석이라고 부른다. 아마도 진주에서 발견된 운석도 대기권을 진입하며 불덩어리가 되었다가 공중에서 대부분 소멸되고 일부가 남아서 떨어진 것일 것이다.

36

"나는 보지 못했지만
본 사람이 한둘이 아니랍니다."

– 늑대소녀의 비밀

조선의 민중들은 어떻게 살았을까. 정치인이나 양반이 아닌 일반 평민, 그들에게도 나름의 삶이 있었지만, 역사는 그들을 제대로 기록하지 못했다. 그러나 문학 작품 속에는 그들 삶의 일부가 남아 있다.

황량하고 음산한 땅에서 추위와 굶주림에 떨며	幽陰追凍癩
시체가 되어 토굴 속에 즐비하게 누웠지요	沈積委土窟
오직 두 여자 살아남아	獨有兩女子
빈산과 들에 우뚝 솟아 있었답니다	空山入突兀
봄가을 계절이 바뀌는 것도 모르고	不之春與秋
샘물 마시고 과일 따 먹으니	飮水食木實
몸은 가벼워지고 털이 무성하게 나서	毛成體輕擧

옷이 필요없어졌어요　　　　　　　　無復懷被褐
　　　　　　　　　　　　　　　　　《백두록》〈모녀〉

　이 시는 영정조 때의 저명한 문신 신광하의 〈모녀[毛女]〉라는 장편 서사시의 일부다. 모녀는 몸이 온통 털로 뒤덮인 짐승 같은 여인을 말한다. 마치 전설 속의 설인[雪人]과 같은 여자인데 시를 자세히 읽으면 마치 '늑대인간'과 같다는 느낌을 받게 된다. 그러면서도 시는 섬뜩하면서도 신비롭고, 신비로우면서도 애절한 사연을 담고 있어 가슴을 저리게 한다.

　신광하는 성균관에 입학해 공부하다가 유림의 영수 격인 송시열을 비판했다는 이유로 동료 학생들에게 축출당한다. 신광하가 살던 시대는 송시열이 유림의 절대적 인물이었고 송시열이 속했던 서인들의 시대였다. 이후 신광하는 벼슬에 나서지 않고 포의문사로 20여 년을 보내며 주옥같은 시를 많이 남겼다. 그가 남긴 〈모녀〉라는 시는《백두록[白頭錄]》에 수록돼 있는데 내용은 다음과 같다.

　함경도 경원 지방에 대살[大殺]이라고 부를 정도의 참혹한 흉년이 들어 많은 사람이 굶어 죽게 되었다. 백성들은 흉년을 견디다 못해 마을을 떠나기로 한다. 이때 마을을 떠나기로 한 주민은 자그마치 300호, 약 천 500명에 이른다.

　모녀는 함경도 경원 땅에서 평화롭게 살고 있었다. 경원부는 조선 시대 세종 때 개척한 6진의 하나로 태조 이성계가 군벌로 성장하여 조선을 건국하는 배경이 된다. 이성계가 조선을 건국하며 많은 사람이 개경과 한양으로 이주하여 두만강 일대에는 사람들이 살지

조선의 늑대소녀가 활동했던 백두산의 장백폭포

않게 된다. 세종은 두만강 일대를 국경으로 정했는데 백성이 없어
4군 6진을 설치하고 죄수들까지 보내 개척한다. 그곳에 사는 사람
에게는 세금과 부역을 면제해 주는 특단의 조치를 취하기도 했다.
그 바람에 서부개척시대 황금의 땅을 찾는 사람들처럼 많은 사람
이 몰려왔다.

두만강 일대는 조선의 가장 북쪽이다. 겨울에는 날씨가 몹시 추웠
고 혹독한 기후 탓에 많은 이주민들이 적응하지 못하고 죽어 나갔
다. 밤에는 맹수들이 습격하고 여진인들도 습격해 왔다. 이러한 사
정으로 이주민들이 뿔뿔이 흩어져 세종은 많은 고심을 해야 했다.

"6진에 사는 자들에게는 죄수와 천민도 양민이 되게 하라."

세종이 영을 내렸다. 천민이나 죄수들에게는 두만강 일대가 기회의 땅이었다. 나라에서 많은 혜택을 주었기 때문에 기후와 맹수, 여진인의 공격에도 백성이 몰려왔다. 그들의 노력으로 마을이 형성되고 조선 중기에는 대촌大村으로 발전했다. 그러나 함경도 북부지방은 농토가 척박했다. 그러잖아도 척박한 땅에 가뭄이 겹치자 많은 사람이 굶어 죽게 되었다. 그해의 흉년은 유독 심했다.

"이 땅은 사람이 살 곳이 못 되는 것 같소. 백두산 중턱에 1년 내내 꽃이 피고 과실이 열리는 땅이 있다고 하니 그리로 갑시다."

누군가가 낙토樂土가 있다고 마을 사람들에게 말했다.

"그 땅에서는 농사를 지을 수 있다고 합니까?"

"맹산은 농사를 지을 땅뿐만 아니라 겨울에도 따뜻한 물이 나오는 온정溫井, 온천이 있다고 합니다."

백두산 일대 어딘가에 낙토가 있다는 말에 사람들이 마을을 떠나기로 결정했다. 마을 사람 중 낙토를 믿지 않는 사람들은 그대로 남았다. 마침내 300호에 이르는 사람들이 이고 지고 마을을 떠나기 시작했다. 그야말로 엑소더스가 이루어진 것이다. 그들은 백두산 중턱에 있다는 맹산, 낙토를 찾아 산을 넘고 내를 건넜다.

300호는 300가구를 말한다. 1가구당 5명의 가족이 있다면 약 천 500명이 된다. 천 500명이 소와 말, 닭과 같은 가축까지 이끌고 낙토를 찾아 가야 하는 경원에서 백두산까지는 천 리 길이다. 게다가 함경도 북부 지역이 험준한 산악 지대여서 봉우리 하나를 넘는 데도 하루가 걸렸다. 수십 개의 봉우리, 수십 개의 내川를 건너다 보니 여러 달이 걸렸다. 그동안 그들은 지치고 병들었다. 그들이 소대류小大柳라는 곳에 이르렀을 때는 상당수가 대오에서 탈락해 있었다.

"낙토가 어디 있습니꺼? 우리가 길을 잘못 든 것이 아닙니꺼?"

주민들이 불안하여 웅성거리기 시작했다.

"우리가 속았어."

"맞아 낙토는 없어."

너도나도 흥분하여 소리를 질렀다.

"낙토가 있다는 말은 잘못된 것 같소. 그러나 이곳은 산도 높고 골이 깊어 겨울엔 혹독하게 추울 것이오. 우리 모두 겨울을 날 곳을 찾아봅시다."

촌장이 주민들을 달래어 길을 재촉하던 어느 날, 그들은 폭설을 만났다.

"큰일 났습니다. 눈이 쉬지 않고 내립니다."

"동굴이라도 찾아봅시다."

주민들은 당황해 산을 헤매다가 간신히 동굴을 찾았다. 폭설은 쉬지 않고 쏟아져 하룻밤 새 석 장이나 쌓였다.

"눈이 이렇게 많이 오니 어떻게 하지?"

"우리는 동굴 속에 갇혀버렸소."

동굴에서 밖을 내다보니 온 천지가 하얗게 변해 있었고 바람이 사납게 몰아쳤다. 그들은 동굴 속에서 닭과 개, 소와 말까지 잡아서 고기를 먹고 피까지 마시면서 겨울을 견디려고 했다. 그러나 기나긴 겨울 동안 눈은 녹기도 전에 다시 내리기를 거듭하여 주민들은 동굴 속에 완전히 고립되었다.

백두산 일대는 9월부터 겨울이 시작되고 4월에도 눈이 녹지 않는 지역이 있다. 결국 동굴 속에 고립돼 추위와 굶주림으로 차례차례 죽어갔다. 봄이 왔을 때는 주민들 모두가 죽어 일고여덟 살의 어

린 두 소녀만 살아남았다. 두 소녀는 백두산 근처에서 야생 인간이
되어 갔다. 산짐승처럼 과일을 따먹고 연약한 짐승들을 잡아먹었다.
동물처럼 사냥하고 맹수들을 피하다 보니 성인이 되었을 때는 몸이
비호처럼 빨라져 나뭇가지 위를 날아다녔다.

　신광하의 시에서 몸에 털이 났다는 것은 머리카락이 온몸을 뒤덮
었다는 의미로 해석해야 할 것이다. 원시림에 사니 옷을 입을 필요
도 없었을 것이고 그녀들이 너무 어려 옷을 만들어 입을 줄 몰랐다
는 편이 맞을 것이다. 이 이야기는 서양에 내려오는 늑대인간 전설
과 흡사하다.

　"백두산에 이상한 여자가 살고 있대."

　"이상한 여자라니?"

　"몸에 털이 나고 나무에서 나무로 날아다니는 여자래."

　백두산 일대에 모녀가 산다는 소문이 약초꾼들에 의해 널리 퍼
졌다.

　"그게 무슨 말이오?"

　호랑이 사냥꾼이 그 이야기를 듣고 약초꾼에게 물었다.

　"몸에 털 난 여자가 백두산에 살고 있답니다."

　"직접 보았소?"

　"나는 보지 못했지만 본 사람이 한둘이 아니랍니다."

　포수 하나가 밀림을 돌아다니다 그들을 발견하고 한 명을 생포했
다. 포수가 잡고 보니 여자라, 옷을 입히고 사연을 물으니 경원 지방
의 흉년으로 고향을 떠난 일이며, 동굴 속에서 300호의 마을 주민이
굶어 죽은 이야기, 봄이 되어 동굴에서 나온 후 밀림에서 살아남기
위해 온갖 고생을 한 이야기 등을 더듬더듬 말했다.

포수는 모녀가 측은히여 정원으로 데리고 외 따뜻한 밥을 주었으나, 자꾸 산속으로 달아나려고 해서 방에 가두었다. 포수는 모녀에게 사람의 삶을 살게 하고 싶었다.

나를 산속으로 보내 주세요	願還兒山中
울부짖는 소리 천둥소리 같더라	慟哭聲如鐵

모녀는 방에 틀어박히자 산으로 보내 달라며 짐승처럼 울부짖었다. 그 소리가 마치 천둥소리 같고 쇳소리와 같았다. 짐승에서 인간이 된 여인은 결국 새로운 환경에 적응하지 못하고 사흘 만에 죽었다. 산에 남은 한 여인은 어찌되었는지 아무도 모른다고 한다.

신광하는 백두산을 오르다가 이 이야기를 전해 듣고 기록으로 남긴 것이다. 그의 시는 아득한 전설과 같지만, 그 시에는 조선시대 함경도 지방의 풍속과 사회사가 고스란히 드러나 있다.

"임이시여,
나에게 어찌하란 말이오?"

– 공무도하가의 비밀

임이여 강을 건너지 마오 　　　　　　　公無渡河

임이 결국 강을 건너시다가 　　　　　　公竟渡河

물에 빠져 죽으니 　　　　　　　　　　墮河而死

장차 우리 임을 어찌하리오? 　　　　　將奈公何

《고금주》〈공무도하가〉

　우리나라에 전해져 오는 오래된 노래 중 하나인 〈공무도하가^{公無渡}
河歌〉. 가사를 가만히 음미해 보면 참으로 애절하다. 중국 진^晉나라의
고전 《고금주^{古今注}》에 실려 있는 이 노래의 가사는 후대로 내려오면
서 여러 문집에 전하는데 내용은 크게 다르지 않다.

　조선의 진졸^{津卒, 나루터를 지키는 병사} 곽리자고가 어느 날 새벽 배를 저어
가는데 건너편에서 백수광부^{白首狂夫}가 호리병을 들고 머리를 풀어 헤
친 채 강을 건너려 하고 있었다.

'저 사람이 취한 것인가? 어찌 이 깊은 강을 건너려고 하는 것인가?'

곽리자고는 깜짝 놀랐다. 그러나 거리가 멀어서 그에게 가까이 갈 수 없었다. 곽리자고가 건너편 강변을 살피자 백수광부의 부인인 듯한 여인이 애타게 부르면서 달려오고 있었다. 그러나 그들이 백수광부에게 이르기 전에 그는 깊은 강으로 들어가 거센 물결에 휩쓸려 사라지고 말았다.

곽리자고는 빠르게 노를 저어 강변으로 달려갔다.

"건너지 말라고 했는데 기어이 건너면 나는 어떻게 합니까?"

곽리자고가 가까이 다가가자 여인이 눈물을 흘리며 슬퍼하다가 공후^注를 타면서 노래를 지어 불렀다. 그 소리가 너무나 애절하여 사람의 간장을 끊어 놓는 것 같았다. 노래를 끝낸 백수광부의 아내는 곽리자고가 만류할 새도 없이 강물에 몸을 던졌다. 그녀 또한 강물 속으로 빠르게 사라졌다.

'아, 어찌 저럴 수가 있는가?'

곽리자고는 두 부부의 모습에 크게 감동 받았다.

"내 오늘 아주 슬픈 일을 보았소."

곽리자고는 집으로 돌아와 아내 여옥에게 말했다.

"무슨 일인데요?"

여옥이 바느질을 하다가 곽리자고에게 물었다. 곽리자고는 자신이 목격한 일을 여옥에게 상세히 이야기했다.

"너무나 애절하군요. 그 노래를 기억하세요?"

"기억하고말고……. 한 자도 빼놓지 않고 기억한다오."

"그럼 나를 위해 노래를 불러주세요."

여옥이 말하자, 곽리자고는 슬픈 목소리로 그 노래를 재연해 불렀다.

임은 가람 건너지 마옵소서 하였으나	公無渡河
임은 기어이 가람 건너시다가	公終渡河
물에 빠져 죽었네	公淹而死
임이시여 나에게 어찌하란 말이오?	當奈公何

《열하일기》〈공무도하가〉

"아, 정말 슬픈 노래네요."

곽리자고의 노래를 들은 여옥은 공후를 타며 그 노래를 부르기 시작했다. 공후는 여러 종류가 있으나 하프와 비슷한 현악기로 중국과 고조선에서 널리 사용되었던 악기다.《열하일기熱河日記》를 남긴 박지원은 연경에 갈 때 공후가 어떤 악기인지 알고 싶어 하인들을 시켜 공후를 찾아보게 했으나 찾지 못했다고 한다.

연암 박지원의 《열하일기》

"무슨 노래인데 그렇게 애절해요? 나에게도 가르쳐주세요."

여옥의 이웃집에 사는 여자 여용이 듣고 물었다.

"오늘 강에 빠져 죽은 부부의 이야기랍니다."

여옥은 백수광부의 이야기를 들려주고 노래도 가르쳐주었다. 여용이 노래를 따라 부르자 순식간에 하북

16세기 중국의 화가 치우잉이 그린 그림으로 공후를 타는 여인이 보인다

일대에 널리 퍼지게 되었고 문인들이 이를 기록했다. 이 노래를 후세 사람들이 〈공무도하가〉 또는 〈공후인〉이라 불렀다.

이 시는 글자 그대로만 읽으면 하나의 연애시로 애절한 유행가 가사에 지나지 않는다. 그러나 수천 년 전 시를 문자 그대로만 해석하면 참뜻을 이해하지 못하게 된다. 옛 시나 노래는 내용만으로 해석할 것이 아니라 만들어진 시대의 역사적 배경까지 살펴서 해석해야 하기 때문이다.

백수광부는 '흰머리의 미친 남자'라는 뜻이다. 그는 무엇 때문에 미치광이처럼 호리병을 들고 강으로 뛰어들어 스스로 목숨을 끊었을까. 이 이야기의 원형을 역사에서 찾아볼 필요가 있다.

이와 비슷한 이야기가 중국의 고대 역사에 등장한다. 전국시대 초나라의 대부 굴원은 초 회왕이 자신의 직언에 귀를 기울이지 않고 오히려 간신들의 말에 넘어가 자신을 강남으로 귀양 보내자, 머리를 풀어 헤치고 미친 듯이 강가를 오르내리다가 돌을 끌어안은 채 멱라강에 뛰어들어 죽었다. 이때 굴원이 남긴 시가 〈이소경離騷經〉과 〈회사부懷沙賦〉다.

아침에는 모란에서 떨어지는 이슬을 마시고　昭飮木蘭之墜露兮
저녁에는 가을 국화의 떨어지는 꽃잎을 먹는다　夕餐秋菊之落英
진실로 내 마음이 곱고 한마음이라면　苟余情其信姱以練要兮
오랫동안 굶주리고 초췌한들 어찌 마음이 상하리　長顑頷亦何傷
《초사》〈이소경〉

굴원의 강개한 충심이 느껴지는 〈이소경〉의 일부다. 굴원은 자신의 충심을 알아주지 않는 초 회왕이 야속했다. 비통한 마음을 금할 수 없었다. 그는 슬픔이 지나쳐 머리가 하얗게 되었고, 분노를 참지 못해 술을 퍼마시고 미치광이처럼 강변을 뛰어다닌 것이다. 이 때문에 조선의 많은 선비가 굴원을 충신의 표본으로 삼았다.

세상이 혼탁하여 알아주는 이 없으니　世溷不吾知
임금의 마음을 일깨울 수 없구나　人心不可謂兮
죽음을 물리칠 수 없는 것을 알고 있으니　知死不可讓兮

중국 최초의 시가집 《시경》

원통하다 여기지 마라 　　　　　　　願勿愛兮

분명히 초나라 사람들에게 말하노니 　明以告君子兮

나 이제 충신의 무리가 되리라 　　　吾將以爲類兮

　　　　　　　　　　　　　　　《초사》〈회사부〉

〈회사부〉의 일부다. '회사부'는 모래를 품고 강으로 뛰어든다는 뜻이다. 《초사楚辭, 중국 초나라 굴원이 지은 글을 모은 책》에 실린 시로 충절의 상징으로 높은 평가를 받았다.

사서오경의 하나로 알려진 《시경詩經》은 춘추전국시대 민간에서 널리 불리던 평범한 노래를 공자가 채집하여 주석을 달면서 오경이 되었다. 원래는 3천여 편에 이르는 방대한 양이었으나 공자가 305편으로 간추렸다.

그대가 나를 사랑하다면

나는 치마 걷고 진수溱水라도 건너가리라

그대가 나를 사랑하지 않는다면

세상에 남자가 너뿐이랴

이 바보같이 어리석은 녀석아

《시경》〈건상〉

　이 시는《시경》'정풍鄭風편'에 나오는 〈건상褰裳, 치마 걷고〉이라는 제목
의 시다. 지극히 평범한 사랑을 노래한 시인데 공자는 이 시를 임금
과 백성으로 바꾸어 놓았다. 임금이 백성을 사랑하면 백성은 강물
속에라도 뛰어든다는 것이고, 임금이 백성을 사랑하지 않으면 임금
을 따르지 않겠다는 것이다. 이런 식으로 주석을 달면 평범한 사람
들은 해석하기 어렵다.

옛 고조선 땅으로 추정되는 중국의 송화강

그렇다면 백수광부는 왜 강물 속에 뛰어든 것인가. 이를 지켜본 곽리자고는 조선의 나루터를 지키는 일개 병사다. 조선은 어디를 말하는 것일까. 고조선이라고 말하는 사람도 있고 한나라 때의 직례성 조선현이라고 말하는 사람도 있다. 〈공무도하가〉를 최초로 기록한 사람이 중국 사람이었기 때문에 중국 노래라고 말하는 사람도 있다. 그러나 조선현은 현재의 중국 하북성에 있으므로 고조선 노래로 보는 게 타당하다.

백수광부 또한 임금에게 직언을 올리다가 간신들의 모함을 받아 진졸로 강등되었으며, 나라가 망하게 되자 비통해 하면서 스스로 목숨을 끊은 것이다. 즉, 백수광부는 고조선이 망하자 이를 슬퍼해 술을 마시고 미치광이처럼 돌아다니다 자살한 어느 충신의 이야기이면서 임금에게 충언을 올리다 강등되어 망국의 슬픔을 노래한 시라고도 볼 수 있다. 곽리자고가 나루터를 지킨 곳은 고조선 위치를 상고하면 흑룡강이나 요하, 송화강 등으로 추정된다.